KB130721

그저 지나가게 하라

그저 지나가게 하라

흐르는 대로 살아가는
인생의 지혜

박영규 지음

청림출판

한 그루의 나무가 모여 푸른 숲을 이루듯이
청림의 책들은 삶을 풍요롭게 합니다.

들어가는 말

인생을 흔히들 마라톤에 비유한다. 과히 틀린 말은 아니지만 내 경우를 놓고 볼 때 인생은 장거리 허들(장애물) 넘기 시합이라는 것이 더 적절한 비유 같다. 마라톤도 42킬로미터가 넘는 장거리를 달리는 시합이라 고되긴 하다. 그렇지만 중간 중간 장애물이 있는 건 아니기에 가다가 발을 헛디디거나 넘어지는 경우는 잘 없다. 체력이 고갈돼서 중도에 포기하는 일은 있어도 넘어졌다 일어나기를 반복하지는 않는다. 60이 넘은 나이에 지나온 인생을 반추해볼 때 나는 넘어졌다 다시 일어서는 동작을 수없이 반복했던 것 같다. 어릴 때는 어린 마음에 뭘 몰라서 넘어졌고, 젊을 때는 젊은 혈기 때문에 넘어졌다. 머릿속에 든 지식이 조금 더 늘어나고 혈기가 많이 누그러진 지금도 마찬가지다. 여전히 실족했다가 일어서는 일이 일상적으로 반복된다.

초등학교에 다니던 시절, 어머니께서는 시장에서 좌판을 놓고 생선을 파셨다. 학교에서 집으로 돌아가는 길목에 시장이 있었기 때문에 생선을 팔고 있는 어머니의 모습을 자주 볼 수 있었다. 그때마다 나는 일부러 옆길로 빙 둘러서 가곤 했다. 머리에 수건을 질끈 동여맨 채 생선을 다듬거나 손님들과 가격을 흥정하는 어머니의 모습이 왠지 부끄럽게 느껴져 그 곁을 바로 지나가지 못했다. 돌이켜보면 그것이 내 인생의 첫 번째 장애물이었다.

지금 그 시절의 내 모습을 떠올리면 무척 부끄러워진다. 치매로 요양원에 계시는 어머니를 생각하면 더욱더 죄스러운 마음이 든다. 어려서 뭘 몰랐다는 말로는 나 자신이 쉽게 용서되지 않는다. 비슷한 처지에 있었으면서도 그렇게 행동하지 않은 또래 친구도 많았기 때문이다. 다시 그 시절로 돌아갈 수만 있다면 나는 길을 둘러가지 않고 어머니 곁으로 가서 일을 거들어드리고 싶다. 그리고 일을 마친 어머니가 좌판을 머리에 이고 집으로 돌아갈 때 어머니의 손을 잡고 시장 길을 같이 걷고 싶다.

결혼 후 직장생활을 하면서는 아내에게 성실한 남편, 아이들에게 다정한 아빠가 되지 못한 점이 늘 마음에 걸린다. 그것이 내 인생의 두 번째, 세 번째 장애물이었다. 아이들이 보채거나 울 때 그 마음을 잘 헤아리지 못했고, 지혜롭게 대처하지 못했다. 다시 그 시절로 돌아갈 수 있다면, 우는 아이를 품에 안고 "자장자장 우리 아기, 울지 마라 우리 아기, 우리 아기 착한 아기, 자장자장 우리 아기……"라고 자장가를 불러주면서 다정하게 눈을 맞추고 싶다.

얼마 전에는 이런 일이 있었다. 35년간의 교직 생활을 마감하고 명예퇴직을 한 아내가 지난날의 물건들을 정리하면서 대학 시절의 사진과 결혼 초기의 일기장을 내게 보여줬다. 꿈 많던 처녀 시절 풋풋했던 아내의 모습을 보노라니 새삼 잘해주지 못했던 예전의 내 허물이 도드라져 보였다. 일기장을 보는 순간에는 회한이 파도처럼 밀려오기도 했다. ○○○○년 ○○월 ○○일이라는 날짜가 윗줄에 적힌 신혼 시절 일기장 한가운데에는 눈물 자국이 선명하게 남아 있었다. 얼마나 결혼 생활이 고단했으면 일기를 쓰면서 저리 눈물을 뚝뚝 흘렸을까? 이때 마음이 얼마나 아팠길래 30년이 넘은 지금까지도 눈물 자국이 저리 선명하게 남아 있을까? '82년생 김지영'에게뿐 아니라 1960년대에 태어난 내 아내에게도 결혼 생활은 너무도 고달픈 일이었다. 지금 그 시절로 다시 돌아갈 수 있다면 일기를 쓰면서 눈물을 흘리는 아내의 등을 토닥여주고 싶다. 그래도 아내에게 위로가 되지 않는다면 옆에서 같이 눈물이라도 흘려주고 싶다.

지금도 장애물은 여전하다. 하지만 지난날에 비하면 그 높이도 그리 높지 않고, 장애물에 걸려서 넘어진 후에도 쉽게 툭툭 털고 일어난다. 마음의 품이 조금은 넓어진 탓일 테다. 밥 먹은 후 설거지도 너무도 귀찮고 힘들었던 과거와 달리 요즘은 '우리 가족에게 이렇게 맛있는 밥을 먹여줬는데 내가 이 정도 수고는 해야지'라는 마음으로 나 자신을 다독이면서 장애물을 피한다. 아내와 이런저런 일로 여전히 다투곤 하지만 그때마다 '내가 져야지' 하는 마음으로 먼저 손을 내민다. 예전에는 짧으면 사나흘, 길게는 일주일도 넘게 가던 차가운 마음이 지금은 반나절을 넘기지 않는다.

장 폴 사르트르 흉내를 내보자면 '인생이란 H(허들)와 H(허들) 사이의 R(길)이다'. 인생길을 걷다 보면 부득불 장애물을 만나게 된다. 어떤 사람도 이 법칙에서 예외일 수는 없다. 예수에게는 예수의 장애물이 있었고, 석가모니에게는 석가모니의 장애물이 있었다. 내가 흠모하여 말년의 인생 멘토로 삼고 있는 법정 스님도 예외는 아니었다. 철두철미하게 무소유를 실천하다가 가셨지만, 그도 인간인지라 살면서 이런저런 장애물을 만났다. 법정 스님이 만났던 대표적인 장애물은 이해인 수녀님과 주고받은 편지였다. 잘 알려진 대로 두 사람은 자주 편지를 주고받으면서 수행자로서, 구도자로서의 고단함을 나누면서 서로를 위로했다.

이해인 수녀님은 어느 비 오는 날, 법정 스님께 보내는 한 편지글에서 특유의 감성적인 필치로 법정 스님과의 인연에 대해 이야기했다. 이전에 법정 스님이 이해인 수녀님께 '비 오는 날이면 가벼운 옷을 입고 소설을 읽고 싶다. 시란 앉아서 읽지 말고 누워서 먼 산을 바라보며 두런두런 소리 내어 읽어야 제맛이 난다'고 하면서 '가끔 삶이 지루하거나 무기력해지면 밭에 나가 흙을 만지고 흙냄새를 맡아보라' 고 권유하는 편지를 보냈는데, 이를 언급한 것이다. 이해인 수녀님은 며칠 전 스님의 책을 읽다가 문득 생각이 나 오래 묵혀둔 법정 스님의 편지들을 다시 읽어보았는데 '그 글들이 한 폭의 아름다운 수채화를 닮은 스님의 수필처럼 향기로운 빛과 여운을 남기고 있었다'며 옛 추억을 회상했다. 그리고 이해인 수녀님이 감당하기 힘든 일로 괴로워할 때 회색 줄무늬의 정갈한 한지에 정성껏 써서 보내 준 법정 스님의 글은 '불교의 스님이면서도 어찌나 그리스도적인 용어로 씌어 있는지 새삼 감탄하지 않을 수 없었다'고 말하기도 했다.

이러한 사연의 편지글을 받은 후 법정 스님은 이해인 수녀님께 아래와 같은 내용의 답장을 보낸다.

이해인 수녀님께

법정

수녀님, 광안리 바닷가의 그 모래톱이 내 기억의 바다에 조촐히 자리 잡습니다. 주변에서 일어나는 재난들로 속상해하던 수녀님의 그 늘진 속들이 떠오릅니다. 사람의, 더구나 수도자의 모든 일이 순조롭게 풀리기만 한다면 자기도취에 빠지기 쉬울 것입니다. 그러나 다행히도 어떤 역경에 처했을 때 우리는 보다 높은 뜻을 찾지 않을 수 없게 됩니다. 그 힘든 일들이 내게 어떤 의미가 있는가를 알아차릴 수만 있다면 주님은 항시 우리와 함께 계시게 됩니다. 그러니 너무 자책하지 말고 그럴수록 더욱 목소리 속의 목소리로 기도드리시기 바랍니다. 신의 조영 안에서 볼 때 모든 일은 사람을 보다 알차게 형성시켜주기 위한 배려라고 볼 수 있습니다. 그러나 안타깝게도 사람들은 그런 뜻을 귓등으로 듣고 말아 모처럼의 기회를 놓치고 맙니다. 수녀님, 예수님이 당한 수난에 비한다면 오늘 우리들이 겪는 일은 조그만 모래알에 미칠 수 있을 것입니다. 그러기에 옛 성인들은 오늘 우리들에게 큰 위로요 희망이 아닐 수 없습니다. 그분 안에서 위로와 희망을 누리실 줄 믿습니다. 이번 길에 수녀원에서 하루 쉬면서 아침 미사에 참례할 수 있었던 일을 무엇보다 뜻깊게 생각합니다. 그 동네의 질서와 고요가 내 속 뜰에까지 울려왔습니다. 수녀님께 진심으로 감사드립니다. 산에는 해 질 녘에 달맞이꽃이 피기 시작합니다. 갓 피어난 꽃 앞에 서기가 조심스럽습니다. 심기일전하여 날이면 날마다 새날을 맞으시기 바랍니다. 그곳 광안리 자매들의 청안淸安을 빕니다.

그런데 보석같이 아름다운 이 편지글들이 사달을 일으켰다. 어느 날 법정 스님은 불같이 화를 내는 편지를 이해인 수녀님에게 보냈다. 이해인 수녀님이 자신에게서 받은 편지를 책으로 펴낸다는 소문을 들은 후였다. 편지의 골자는 '내가 수녀님에게 보낸 편지의 소유권은 나에게 있다. 따라서 내 허락 없이 책으로 펴내는 것은 월권'이라는 것이었다. 무소유를 실천하는 법정 스님의 편지라고는 믿기 어려울 정도로 격한 감정을 쏟아내는 편지글에 이해인 수녀님도 단단히 화가 났

던 모양이다. 그래서 풍문만으로 마치 그게 사실인 양 질책하는 편지를 보낸 법정 스님에게 무척 섭섭하다는 내용의 편지를 보냈다. 이 편지를 받고 법정 스님은 자신의 처신이 너무 경솔했다며 이해인 수녀님에게 다시 사과의 편지를 보낸다. 법정 스님은 수도 생활을 일종의 장애물 경주에 비유해왔는데, 이 편지에서는 경주가 종점에 가까워지는데도 여전히 상처투성이라며 스스로를 책망했다.

인생길의 장애물을 누가 피할 수 있을까? 아무도 그러지는 못할 것이다. 문제는 '인생길에서 만나는 장애물의 간격을 얼마나 넓힐 수 있느냐'다. 그 간격을 최대한 넓힐수록 실족하는 횟수가 줄어들고, 인생의 고단함도 그만큼 줄어든다. H와 H 사이의 R이 길면 길수록 인생은 조금씩 더 행복해질 것이다. 《그저 지나가게 하라》는 노자의 《도덕경》에서 길어 올린 여덟 가지 열쇠 말 — 담淡, 단單, 사捨, 리離, 겸謙, 검儉, 서徐, 단斷 — 로 인생길에 도사리고 있는 각양의 장애물 사이를 어떻게 하면 조금이라도 더 넓힐 수 있는지, 어떻게 하면 그 장애물들을 슬기롭고 수월하게 넘을 수 있는지를 살펴본 책이다. 이 책에서 말하는 '단순한 삶'은 법정 스님이 말하는 무소유의 정신과 맥이 같다. 법정 스님은 '맑고 향기로운 운동본부' 발족식에서 이렇게 말했다.

> "하나가 필요할 때 둘을 가지려고 하지 마십시오. 둘을 갖게 되면 그 하나마저 잃어버리게 됩니다. 무소유란 아무것도 갖지 않는 게 아닙니다. 불필요한 것을 갖지 않는 것입니다."

단순한 삶이란, 꼭 필요한 것만 가지고, 인간관계를 최소한으로 간소하게 유지하면서, 자신이 좋아하는 일에 집중하는 삶이다. 그렇게 살다 보면 장애물 사이의 간격은 절로 넓어질 것이며, 인생도 훨씬 덜 고단해질 것이다. 내가 노자의 《도덕경》에서 발견한 단순한 삶의 원칙은 '지족불욕知足不辱 지지불태知止不殆, 소사과욕少私寡慾 견소포박見素抱樸'이라는 네 개의 사자성어로 간추려진다.

"족함을 알면 욕을 당하지 아니하고 그칠 줄 알면 위태롭지 않다. 사사로운 욕심을 줄이고 소박하고 검소하게 살라."

인생 후반기, 눈앞에 장애물이 어른거릴 때 이 금언을 속으로 항상 되뇌면서 스스로를 다잡는다. '지족불욕 지지불태, 소사과욕 견소포박…….'

로마의 정치가 마르쿠스 카토는 화려한 웅변술로 대중의 사랑을 받았다. 하지만 플루타르코스는 《영웅전》에서 카토가 진짜로 존경받은 이유는 그가 고향 마을에서 선조들의 풍습을 계승하며 소박한 식사를 기꺼워했고, 간소한 의복과 작은 오두막에 만족했기 때문이라고 말했다. 철학자 루트비히 비트겐슈타인은 노르웨이의 어느 외딴 마을에 들어가 단순한 삶을 살면서 《논리철학논고》를 집필했으며, 바뤼흐 스피노자는 죽는 당일에도 평소와 다름없이 간단하게 아침 식사를 마친 후 가벼운 산책을 하고 집으로 돌아와 편안하게 죽음을 맞았다.

'내일 지구가 멸망하더라도 나는 한 그루의 사과나무를 심겠다'고 한 자신의 신념대로 살다 간 것이다.

나도 인생의 말년을 이들처럼 단순하고, 간소하고, 소박하게 살고 싶다. 이러한 소망을 담아서 지은 책이《그저 지나가게 하라》다. 그렇기에 이 책은 삶에 대한 반성문이자 나에게 바치는 도덕경이다. 이 책이 여러분에게도 인생의 장애물을 뛰어넘는 데 도움이 되는 한 모금의 생수가 되길 바란다.

차례

담
淡

염담위상
恬淡爲上
담담함을 으뜸으로 여긴다

물살이 거세도 달그림자는 흐르지 않는다

"당신이 소유하고 있는 것은 당신이라는 존재 하나뿐이다. 그러니 당신을 이 세상에서 가장 아름답고, 다정하고, 훌륭하고, 멋진 사람으로 가꾸어라. 그럼 언제나 살아 숨 쉴 수 있다."

– 레오 버스카글리아《살며 사랑하며 배우며》

인생 후반전에 이르니 비로소 어렴풋하게나마 알 것 같다. 나의 참모습, 내가 원하는 내 모습을. 오랜 세월이 걸렸다. 머나먼 길을 돌아왔다. 한 갑자甲子를 살 동안 그걸 몰랐다니……. 나도 참 딱하다. 그래도 늦었다고 생각할 때가 가장 빠르다고 했으니 그걸로 위안을 삼는다.

"폐계야, 그만 닭장에서 꺼내야겠는걸."

주인아줌마의 매몰찬 소리를 듣고 죽음을 예감한 잎싹은 스스로에게 다짐한다.

'이렇게 죽다니, 아직은 그럴 수 없어. 마당으로 나가고 싶어. 나한테는 소망이 있었어. 알을 품어서 병아리의 탄생을 보는 것! 암탉으로 태어났으면 당연히 가질 수 있는 바람인데 끝내 이루지 못하고 이렇게 죽을 수는 없어. 꼭 한 번만이라도 나만의 알, 내가 속삭이는 말을 들을 수 있는 아기를 만날 거야.'

황선미가 쓴《마당을 나온 암탉》의 주인공 잎싹처럼 늙어서 폐기 처분될 날이 나에게도 다가오고 있다. 그 시간이 얼마나 남았는지는 모르지만, 지금이라도 내가 원하는 진짜 인생을 한번 살아보고 싶다. 잎싹이 그랬던 것처럼 삶의 알을 품어서 병아리를 탄생시키는 소망을 꼭 이루고 싶다. 그것이 화려하게 빛나는 값진 귀중품이 아니더라도 노력해서 직접 만들어낸 결과물이면 그걸로 족하다. 그것만으로도 삶에 후회를 남기지 않을 것이기 때문이다.

잎싹이 용기를 내서 닭장을 뛰쳐나온 것처럼 나도 용기를 내서 기존의 울타리를 박차고 나가려 한다. 한 번 시도해서 안 되면 두 번 시도하고, 그래도 안 되면 세 번, 네 번 다시 시도할 것이다. 길을 가다가 엎어지면 다시 일어나고, 또 엎어지면 또다시 일어나련다. 그러다 보면 언젠가는 내가 나를 자랑스럽게 여기는 순간이 반드시 올 것이다. 물론 울타리 밖에서 힘든 일을 만날 수도 있다. 그러나 그 일이 나를 완전히 쓰러뜨리지는 못할 것이다. 왜냐하면 그때마다 다시 일어날 것이기 때문이다. 그 마음으로 나는 오늘도 한 걸음을 내딛는다.

나는 요즘 집 근처 식물원을 자주 산책한다. 산책길에서 만나는 봄꽃들은 강한 녀석들이다. 추운 겨울을 씩씩하게 이겨냈기 때문이다. 그러나 아직도 완전히 다 자란 것은 아니다. 이제 막 태어나 피기 시작한 꽃들이므로 성숙한 꽃으로 자라기 위해서는 더 많은 시간이 필요하다. 단순한 삶을 살기로 한 내 후반기 삶도 아직은 봄꽃 수준이다. 강고하고 엄혹했던 인생 전반기를 뚫고 나왔기 때문에 나름의 싹수는 있지만 여전히 갈 길이 멀다. 여름철의 혹독한 무더위를 견디고 가을에 속이 여문 열매를 맺기 위해서는 수시로 보살펴야 한다. 물론 단단히 각오하고 있다. 그렇다고 티를 내고 싶지는 않다. 소박한 마음으로 자연스럽게 이제 막 싹을 틔운 봄꽃을 가꾸어나가고 싶다.

노자는 이렇게 말했다.

담담함을 으뜸으로 여긴다.

恬淡爲上 염담위상

《도덕경》 31장

노자의 말처럼 담담하고 담백하게, 그러나 당당하고 단단하게 남은 생을 살아가고 싶다. 울산바위처럼 강풍에도 흔들리지 않는 의연함을 키워서 한 번 정한 삶의 좌표를 끝까지 지켜나가고 싶다. 수급불

류월 水急不流月이라는 말이 있다. '물살이 아무리 거세도 달그림자는 흐르지 않는다'는 뜻이다. 세상이 아무리 바쁘게 돌아가도 마음의 중심을 잡고 차근차근 일상을 살아가면 염담위상의 원칙을 지켜낼 수 있다.

부처님이 열반할 즈음 제자들은 '이제 누굴 믿고 누굴 따르느냐?'며 슬피 울었다. 이때 부처님은 이렇게 말했다.

"스스로를 등불로 삼고 스스로에게 돌아가 의지하라. 진리를 등불로 삼고 진리로 돌아가 의지하라. 모든 것은 영원하지 않으니 꾸준하게 정진하라."

임제 선사도 이렇게 말했다.

"부처를 만나면 부처를 죽이고, 조사를 만나면 조사를 죽이고, 나한을 만나면 나한을 죽이고, 부모를 만나면 부모를 죽이라."

머리를 깎은 수행자의 신분은 아니지만 나도 그들이 남긴 말을 삶의 원칙으로 삼고 싶다. 결국은 깨달음도 내 몫이고, 어리석음도 내 몫이다. 나를 스스로 귀하게 여기면 남들도 나를 귀하게 여길 것이고, 나를 스스로 업신여기면 남들도 나를 업신여길 것이다. 스스로 충분하다고 말하면 남들도 나를 부자라 여길 것이고, 스스로 가난하다고 여기면 남들도 나를 거지라고 생각할 것이다. 중요한 것은 '나'를 대하는 나의 태도다. 공자가《논어》에서 '군자는 자기에게서 구하고 소인은 남에게서 구한다'라고 한 말처럼 '나'의 기준을 남에게서 구하는 사람이 되고 싶지는 않다. 맹자도 이렇게 말하지 않았던가.

> "무릇 사람은 반드시 스스로를 모욕한 후에야 타인이 그를 모욕하며, 집안은 반드시 스스로를 훼손한 후에야 타인이 그 집안을 무너뜨리고, 나라는 반드시 스스로를 망친 후에야 다른 나라가 그 나라를 침공한다."

원하는 만큼 속도가 나지 않는다고 조바심을 내지도 않을 것이다. 한 걸음, 한 걸음 내딛다 보면 어느새 식물원 한 바퀴를 다 도는 것처럼 내 삶의 후반기도 그런 기분으로 가볍게 살아갈 것이다. '잘 물든 단풍은 봄꽃보다 아름답다'는 말을 마음에 새기면서 뚜벅뚜벅 걷다 보면 마침내 고운 석양빛이 머리 위에서 빛나는 날이 올 것이다. 때로 감당하기 어려운 짙은 어둠에 짓눌려도 좌절하지 않고 그 어둠조차 당당하게 즐길 것이다. 식물원을 걸으면서 "걱정하지 마. 내일은 내일의 해가 또 솟을 거야"라는 따뜻한 말로 힘든 시간을 묵묵히 견뎌나갈 것이다. 어두운 밤, 곁을 지켜줄 사람이 아무도 없다 해도 혼자 나의 등불을 들고 그 어둠을 밝히는 것만으로도 충분하니까.

스스로를
돌처럼 여겨라

"자신에게 나는 충분하다고 말하라.
약속하건대 당신은 더 행복해질 것이고
아주 수월하게 마음의 평화를 찾을 것이다."

– 마리사 피어《나는 오늘도 나를 응원한다》

사람들이 원하는 것은 대개 비슷하다. 떳떳하고 당당하게 내면의 평화를 유지하면서 행복하게 사는 것이다. 사람들은 이러한 바람을 모두 이루기가 쉽지 않다고 생각한다. 하지만 그렇지 않다. 답은 분명히 있다. 그중에서 가장 간단한 답은 자신에게 언제나 "괜찮아", "충분해"라고 말하는 것이다. 이것만으로도 떳떳하고 당당하게 내면의 평화를 유지하면서 행복하게 살 수 있다.

요즘 내 삶이 그렇다. 예전에는 뭔가 늘 부족한 듯, 불안한 듯 살았다. 하지만 지금은 마음속의 무거운 짐을 모두 내려놓고 웬만하면 나에게 "괜찮아", "충분해"라고 말한다. 그것이 나에게 마법 같은 힘을 가져다주고, 불안과 결핍에서 자유롭게 해준다. 이 말은 용기, 믿음, 자신감을 불어 넣어준다. 그로 인해 삶의 여백은 더욱 커진다.

아마 이러한 변화는 삶의 초점을 '남'에게서 '나'로 돌린 것이 가장 큰 요인이라고 생각한다. 예전의 나는 내 편이 아니었다. 머릿속은 타인으로 가득해 늘 개운하지 못했다. 삶의 잣대도 타인이었다. 다른 사람들이 만들어놓은 가치관에 따라 살려고 했지 내가 원하는 삶을 살려고 하지 않았다. 그러다 보니 늘 뭔가 부족한 것 같았고, 그걸 충족하지 못하면 불안해졌다. '내가 그렇지 뭐', '나는 안 돼' 하면서 스스로를 깎아내렸고 자존감을 훼손했다.

하지만 인생의 반환점을 돈 이후 단순한 삶을 원칙으로 삼고 나서부터는 달라졌다. 이제는 무슨 일이 생겨도 나를 응원하고 격려할 수 있게 됐다. 인생 후반전에 들어서야 나는 내 편이 되었다.

이렇게 달라지자 머릿속이 훨씬 명쾌하고 단순해지는 느낌이다. 예전에는 머릿속이 복잡하고 매사에 자신이 없었는데 긍정적인 자아를 만든 뒤부터는 머릿속이 깨끗하게 정리된 느낌이 들고 무엇이든 할 수 있다는 자신감이 생긴다. 일도 잘하고, 건강도 지킬 수 있을 것 같다. 삶의 전반기에는 내게 '가능한' 이유를 발견할 수가 없었는데 후반기에는 '불가능한' 이유를 발견할 수가 없다. 요즘에는 어떻게 먹고살지도 고민하지 않는다. 일이 조금 막힌다 싶어도 "설마 산 입에 거미줄 치랴"라며 상황을 최대한 낙관적으로 바라본다. 스스로 생각해도 놀라운 변화다. "괜찮아", "충분해"라는 말의 위력은 놀랍고 신기하다.

매 순간 무언가를 채우지 못할까 봐 전전긍긍했는데 요즘에는 공간, 여백을 즐긴다. '하다 안 되면 말지 뭐', '쉬엄쉬엄 쉬면서 하지 뭐'라고 생각하니 오히려 일의 능률도 더 높아진다. 예전처럼 휴대폰을 손에서 놓지 못하고 끊임없이 인터넷에 접속하는 습관도 많이 고쳤다. 그렇게 하지 않아도 사는 데 아무런 지장이 없다는 걸 깨우치고 나니 휴대폰에서 상당히 자유로워졌다. 지금은 '진짜 나'를 만날 수 있는 시간이 좀 더 늘어나고 시간에 쫓기는 일도 줄어들었다. '남들이 원하는 나의 모습'이 아니라 '내가 되고 싶은 나의 모습', '있는 그대로의 내 모습'을 발견하고 나니 한결 더 자유로워졌다.

이런 변화는 타인을 대하는 태도에도 긍정적인 영향을 미친다. 과거에 나는 사람을 대할 때 그들을 '사회인' 혹은 '관계인' 정도로 봤었지만 이제는 그들을 있는 그대로의 '사람'으로 대할 수 있게 됐다. '진짜 내'가 되니 타인도 '진짜 너'로 보이기 시작한다. 과거에는 결점이 부끄러워서 혹은 자신이 없어서 나를 감추고 숨었다. 그래서 자연스러운 인간관계를 맺기가 어려웠는데 이제 그러한 뒷걸음질치는 듯한 마음을 내려놓고 그들과 '진짜 나', '진짜 너'를 공유할 수 있게 된 것 같다. 과거에는 스스로 수치심이라는 거미줄에 갇혀 있었는데 그 거미줄을 걷어내자 맑고 투명한 새로운 공간이 보인다. 마음의 문을 여는 손잡이는 마음 안쪽에 있어 나 자신이 아니면 열 수 없다. 과거의 나는 어리석게도 그 문을 남들이 열어주기를 기다렸는데 이제는 필요할 때마다 내가 먼저 그 문을 열 수 있게 되었다.

노자는 이렇게 말한다.

지극한 명예에는 명예가 없다.

至譽無譽 지예무예

덕 있는 사람은 귀한 옥처럼 처신하지 않고

아무 데나 굴러다니는 천한 돌처럼 처신한다.

不欲琭琭如玉 불욕록록여옥 珞珞如石 낙락여석

《도덕경》 39장

세속의 명예를 추구하던 시절의 나는 나를 돌처럼 여기지 못했다. 옥처럼 귀한 존재이길 원하는 마음에 '그만하면 충분해', '까짓것 괜찮아' 하는 마음으로 허허롭게 살지 못했다. 나뿐만 아니라 많은 사람이 그렇지 않을까 싶다. 행복은 아주 쉽다. 가진 걸 사랑하면 된다. 그러면 나에게 언제나 "충분해", "괜찮아"라고 말할 수 있다. 사라 밴 브레스낙이 쓴 《혼자 사는 즐거움》의 서문에서 저자와 남편의 대화를 읽으며 큰 깨달음을 얻었다. 저자는 글을 쓴다는 핑계로 남편의 저녁 한 번 제대로 챙겨주지 못했는데 남편이 단 한 번도 불평하지 않았다며 고마움을 표시했다. 그러자 남편은 아내가 글을 쓰기 위해 책상 앞에 앉아 있을 때 너무 행복해 보였다며 자신이 그 행복을 감히 방해할 엄두가 나지 않았노라고 대답한다.

아내는 퇴직한 이후 텃밭을 가꾼다. 그러다 보니 자연스럽게 채소 반찬이 식탁에 자주 오른다. 아침에 채소 비빔밥을 먹고, 점심에 똑같은 메뉴를 올리면서 아내가 미안했는지 "당신이 소도 아닌데 풀만 먹게 하네"라고 말했다. 그 말에 이렇게 답했다. "괜찮아. 아침에 달걀프라이 하나 먹었잖아."

아내는 이제 홀로 계시는 장모님을 뵈러 고향에 자주 내려간다. 그래봐야 두어 달에 한 번 정도지만 교직에 있을 때에 비하면 잦은 편이다. 처제나 처남들과 함께 장모님을 모시고 1박 2일 일정으로 바닷가에서 조개를 캐면서 시간을 보낼 때도 있다. 혼자 갔다 오는 게 미안했는지 다음에 같이 가자고 말했을 때 나는 아내에게 이렇게 말했다.

"당신이 당진에 갔다 올 때면 얼굴이 너무 행복해 보여. 앞으로도 자주 그런 시간을 가져. 나는 괜찮아."

웃음거리가 되지 않으면 도라고 할 수 없다

"때때로 사람들은 난처한 문제에 부딪히면
'그래서 뭐가 어떻다는 건데'라고 넘겨버린다.
이 말은 내가 가장 즐겨 쓰는 말이기도 하다."

– 앤디 워홀

식물원에는 나만의 성지가 두 군데 있다. 수련이 피는 시기의 연못이 그중 한 곳이고 다른 한 곳은 호숫가에 있는 흔들의자다. 산책 끝 무렵이면 그 의자에 앉아 호수를 바라보면서 '물멍'을 때린다. '때린다'는 표현이 적절한지 모르겠지만 말이다. 아무 생각 없이 노을 지는 호수를 바라보면서 흔들의자에 한참 동안 몸을 맡긴다. 그럴 때면 나는 바보가 된 듯한 느낌을 받는다. 그 순간을 카메라 렌즈에 담을 수 있다면 한번 보고 싶다. 머리와 마음을 비우고 멍하니 앉아서 하염없이 호수를 바라보고 있는 모습. 남들 눈에는 어찌 보일지 모르겠지만 나는 그 순간을 사랑한다. 명상은 아니지만 명상할 때처럼 영혼이 자유로워지기 때문에 그 시간이 참 좋다. 마치 몸에 날개라도 달아 하늘을 나는 듯하다.

예전의 나는 그렇지 못했다. 남들에게 우스워 보이는 꼴을 스스로 용납하지 못했기 때문이다. 지금은 다르다. 누가 뭐라 하든 상관하지 않는다. 산책길 복장도 크게 신경 쓰지 않는다. 허름한 체육복 바지에 집에서 입는 티셔츠 하나 걸치고 그냥 길을 나선다. 운동화도 낡은 운동화가 더 좋다. 새 신발보다 걸을 때 부담이 덜하고 편하기 때문이다. 예전에는 깔끔한 것들을 선호했는데 요즘은 조금 낡았어도 편한 것들이 더 좋다.

산책길 보폭도 바뀌었다. 조금 빠른 걸음으로 걸어야 운동 효과가 있다는 걸 어디선가 읽은 후 한동안 파워 워킹 동작을 따라 해보기도 했지만, 영 맞지 않는 것 같아 그만뒀다. 특히 아내와 함께 산책할 때는 항상 아내보다 반걸음 뒤에서 걸으려고 노력한다. 산책길에서 마라톤을 하는 사람들을 만나면 내심 존경스럽지만 내게 맞는 보폭이 있다는 생각으로 굳이 따라 하지 않는다.

햇볕이 가득한 낮에 스테인드글라스를 보면 보통의 유리와 다르지 않다. 그러나 어두운 밤에 불을 켜면 비로소 그것의 아름다움이 드러난다. 사람은 바로 이 스테인드글라스와 같다. 내면의 아름다움을 빛내면 자신의 인생을 예술로 만들 수 있다. 하지만 대부분의 사람은 자신이 스테인드글라스라는 사실을 모른다. 겉만 화려하게 꾸미는 데 치중하느라 더 중요한 내면을 잊고 산다. 나도 그랬다. 다른 사람과의 관계에서 삶의 의미를 찾으려 했지 내면에 숨겨진 나만의 삶의 의미를 찾으려 하지 않았다. 하지만 이제는 '안'을 대하듯 '밖'을 대하고, '밖'을 대하듯 '안'을 대하듯 대한다. 그렇게 하니 남의 시선에서 비교적 자유로워졌고, 특히 남들에게 내가 조금 어리숙하게 보여도 '무슨 상관이지?' 하는 '뻔뻔함'을 가질 수 있게 됐다.

노자는 이렇게 말한다.

뛰어난 선비가 도에 대해 들으면 힘써 행하려 하고

上士聞道 상사문도 勤而行之 근이행지

어중간한 선비가 도에 대해 들으면 이럴까 저럴까 망설이고

中士聞道 중사문도 若存若亡 약존약망

못난 선비가 도에 대해 들으면 크게 웃는다.

下士聞道 하사문도 大笑之 대소지

웃음거리가 되지 않으면 도라고 할 수 없다.

不笑不足以爲道 불소부족이위도

《도덕경》 41장

에디슨이 백열전등을 발명하겠다고 말했을 때 많은 사람이 비웃었다. 가스회사와 석유회사 관계자들은 에디슨의 말을 헛소리라고 했

고, 영국왕립학회 연구소도 '그런 일은 불가능하다'고 말했다. 하지만 에디슨은 이렇게 말했다. "나는 아주 싸고 편리한 전등을 만들어서 부자들만 촛불을 켜도록 만들겠다." 그리고 그 말을 한 지 딱 1년 뒤인 1879년, 백열전등으로 특허를 신청했다. '평범함의 공화국에서 천재들은 위험하다'라는 로버트 잉거솔의 말처럼 스티브 잡스나 래리 페이지, 일론 머스크 등 실리콘밸리의 천재들은 세상 사람의 웃음거리였다. 그러나 그랬기에 그들은 오늘날 기술의 도를 완성할 수 있었다.

삶의 도道도 그러하다. 작고 소박한 것에 고마워하고, 미안해하고, 행복해하는 단순한 삶의 원칙도 남들이 볼 때 웃음거리가 되기에 충분하다. 크고 웅장한 것을 추구하는 현대인들의 눈에는 보잘것없어 보일 수도 있다. 이럴 때는 노자가 말한 '불소부족이위도'라는 말을 마음의 지도리로 삼으면서 행여 흔들릴 수도 있는 나를 다잡는다. 남은 삶의 시간이 얼마인지는 모르지만 한 번쯤은 남들에게 멍청하다는 소리를 들어도 괜찮을 것 같다. 다소 의기소침해질 수는 있겠지만 내일도 모레도 계속해서 그러지는 않을 것이다.

진심을 다하면 하늘도 감동한다고 하니 꾸준하게 내 방식대로 살다 보면 나를 비웃던 사람들도 언젠가는 박수를 보낼지 모른다. 타인의 조소嘲笑가 먼 훗날 내게 큰 자양분이 될 수도 있을 것이다. 한 번도 아파보지 않은 조개는 아름답게 빛나는 진주를 품을 수 없듯이 한 번도 아파보지 않은 사람은 인생에서 가장 찬란하게 빛나는 열매를 맺을 수 없다.

내가 주인으로 살지 못하는 순간이 있다면 그 순간을 결국 낭비하는 셈이다. 삶의 목적지를 정해놓고 가는 것도 바람직하지 않다. 인생이라는 여정에서 마지막에 내가 어디에 있게 될지는 아무도 모른다. 마지막 목표 지점을 '저곳'이라고 딱 찍어서 정해놓아도 내가 그곳에 도달할지는 장담할 수 없다. 그러니 굳이 도착지를 정해두는 것이 큰 의미가 없지 않을까 싶다. 가벼운 마음으로 길을 걷다가 길이 끝나는 지점이 있으면 한 박자 쉬고, 그 지점에서 시작되는 또 다른 길을 계속 걸어가면 된다. 그 길을 걷는 주체가 '나'라는 사실만 잊지 않는다면 종착지는 중요하지 않다. 길은 길마다 소중하고, 모두 그 길만의 의미가 있을 테니까. 식물원 길은 식물원 길만의 의미가 있고, 해파랑길은 해파랑길만의 의미가 있다. 가을에는 가을이 주는 단풍을 즐기면서 길을 걷고, 봄에는 봄꽃이 풍기는 향기를 맡으면서 길을 걸으면 식물원 길을 걷든 해파랑길을 걷든 중요하지 않을 것이다.

익숙한 길과 처음 걸어보는 길 중에서 어느 길을 선택할지도 내게는 크게 중요하지 않다. 식물원 길처럼 익숙한 길은 늘 걷는 길이므로 심리적인 안정감을 준다. 그렇다고 늘 그 길만 걸을 수는 없다. 때로는 산티아고 길처럼 처음 본 길을 걸어가야 할 때가 있다. 그때 나는 망설이지 않고 새로운 여정에 나설 것이다. '나는 내일 산티아고로 간다. 산양아, 기다려라!'

네 몸을 천하처럼 소중하게 여겨라

"나는 많은 사람 가운데 한 사람이 아니라
유일한 단 한 사람이 되고 싶었다."

– 랄프 로렌

한동안 대학에서 인문학 강의를 했다. 교양 과정에 마련된 그 강의가 내게는 소중한 경험이었다. 무엇보다 젊은 세대와 소통할 수 있어서 좋았고, 교양 과정이라 다양한 전공의 학생들을 한자리에서 만날 수 있었던 것도 좋았다. 나는 과제로 '내게 인문학이란?', '나의 첫사랑', '20년 후 나는 어떤 모습일까?'와 같은 제목의 에세이를 제출하게 했다. 요즘 젊은 사람들이 글쓰기에 능하지 못하다는 뉴스를 본 적이 있었기 때문에 그런 기회를 통해서라도 학생들이 생각을 글로 표현하는 연습을 하면 좋을 것 같았다.

그런데 학생들이 제출한 에세이를 읽으면서 그동안 내 생각이 얼마나 편협했는지 절실하게 깨달았다. 학생들의 에세이를 읽고 부끄러워질 정도였다. 맑고 깊은 그들의 생각과 영혼에 정말 깜짝 놀랐다. 내가 마주했던 학생들의 가장 큰 장점은 모두가 삶에 대한 주관이 확고하다는 점이었다. 그들은 모두 자기 삶의 주인공들이었다. 세상의 기준에 휘둘리지 않고 자신만의 삶을 잘 준비하고 있었다. 사랑도, 연애도, 일도, 꿈도 그들은 모두 '나'를 중심으로 설계했다. 남의 눈치를 보느라 자신의 삶을 옆으로 밀어두는 학생은 단 한 명도 없었다. 그 과제물을 받아 본 지가 벌써 10년이 다 되어가니 그들은 지금쯤 당당하게 자신의 길을 걸어가고 있을 것이다. 누군가는 정보 전문가가 되어 세상을 이롭게 하는 일을 하고 있을 것이고, 누군가는 브로드웨이의 오페라 무대 뒤에서 묵묵히 자신의 꿈을 키우고 있을 것이다.

대학의 총장을 하면서도 MZ세대 젊은이들의 생각을 읽을 기회가 있었다. 내가 근무한 대학은 경상남도 거창에 있는 공과대학 계통의 특성화대학이었는데 그곳의 학생들도 삶에 대한 좌표가 명확했다. 4년제 명문대학을 졸업한 후 하고 싶은 일을 하기 위해 다시 대학에 들어온 학생들도 꽤 있었고, 고등학교를 졸업하고 곧바로 진학한 학생들도 이곳이 지방에 있는 작은 공과대학이라고 해서 결코 주눅 들거나 위축되지 않았다. 나는 총장으로 취임하던 해에 입학식에서 '꿈의 크기는 캠퍼스의 크기와 비례하지 않는다'라는 취지의 연설을 했는데 굳이 그런 말을 할 필요도 없었다. 그들은 이미 그걸 잘 알고 있었고, 각자 삶의 중심을 잘 잡아나가고 있었다. 그 가운데 지금도 소식을 주고받는 한 학생은 굴지의 외국계 기업에서 글로벌 인재로 활약하고 있다.

노자는 이렇게 말한다.

내 몸을 천하처럼 귀하게 여기면
가히 천하를 부탁할 수 있고
貴身天下 귀신천하 可寄天下 가기천하
내 몸을 천하처럼 사랑하면
가히 천하를 맡길 수 있다.
愛身天下 애신천하 可託天下 가탁천하

《도덕경》 13장

내가 경험한 MZ세대들은 남의 시선을 크게 의식하지 않았다. 그것이 우리 세대, 특히 나와 크게 다른 점이었다. 나는 '나'라는 상품을 타인의 구미에 맞게 잘 포장하려고 애썼다. 그래서 나를 비난하는 말이라면 아무리 사소해도 상처를 크게 입었다. 그런데 노자의 말처럼 '나의 몸', '내 존재'를 천하처럼 귀하게 여기면 굳이 눈치를 볼 필요가 없어진다. 단순한 이 원칙이 삶을 자유롭게 하는 데 큰 힘이 된다는 사실을 뒤늦게 깨달았다. 몸이 없어지면 만사가 끝이다. 그걸 깨닫고 나니 삶이 한결 가벼워지는 느낌이다. 누가 나를 비난해도 '반사'하면서 가볍게 넘길 수 있는 여유를 가지니 마음도 많이 편해진다.

삶에 대한 만족도가 떨어졌던 것은 인생의 성과 때문이 아니라 내가 나에게 던지는 따가운 질책 때문이었음을 깨닫는다. 지금은 그걸 거꾸로 돌려서 따뜻한 응원으로 만드니 삶에 대한 만족도나 자존감이 덩달아 높아진다. 돌아보면 크게 잘못한 것도 없었는데 스스로를 패배자로 낙인 찍고 있었다. 그만하면 잘 살았는데 '그게 뭐냐?'며 나를 몰아세우기에 바빴다. 그러니 한시도 편할 날이 없었다.

정신과 의사 정혜신은《당신이 옳다》에서 '공황장애는 자기 소멸의 벼랑 끝에 몰린 사람이 버둥거리며 보내는 모스부호 같은 급전急電'이라며 사람은 누구나 자신의 정체성이 흐려지면 반드시 마음의 병이 든다고 말한다.

나는 어쩌면 공황장애의 직전까지 갔는지도 모른다. 전반기가 끝나갈 무렵에는 '나'가 거의 소진된 상태였기 때문이다. 만일 단순한 삶의 원칙을 발견하지 못했더라면 나에게도 공황장애가 왔을 것이다.

따지고 보면 삶에는 이런 삶, 저런 삶이 있을 뿐 좋은 삶, 나쁜 삶은 없다. 그런데 나는 그 구분을 너무 칼같이 했다. '이런 것은 좋은 삶'이고 '저런 것은 나쁜 삶'이라는 기준이 명확했다. 나를 잠시도 편하게 하지 못했다. 하지만 50을 넘기면서 내면과 마주하는 시간이 늘어날수록 나에 대한 비난의 목소리는 점점 줄어들고 응원의 목소리는 점점 커져간다. 혹시라도 불안이라는 감정이 틈새를 파고들 기미가 보이면 '아니야, 인생이 뭐 그럴 수도 있지'라며 곧바로 그 틈새를 막아버린다. 모르는 사이에 마음속으로 침투한 불안이 있으면 얼른 쫓아내고 긍정 비타민 한 알을 마음속에 털어 넣는다. 그것들을 방치하고 쌓아두면 결국 큰 짐이 된다는 사실을 잘 알고 있기 때문에 속전속결로 그 녀석들을 몰아낸다.

관계를 간소하게 정리하면서 과거의 부산스럽던 삶이 가끔 생각나기도 한다. 더러는 외로움을 느끼기도 한다. 하지만 이내 다시 마음을 다잡는다. '부산하게 살 때는 외롭지 않았나?' 하면서 반문해보면 금세 답이 나온다. 외로움이란 혼자 있을 때보다 군중 속에 끼어 있을 때 더 자주 온다는 것을 경험으로 체득했다. 더군다나 단순한 삶을 원칙으로 정하면서 이미 고독과 신사협정을 맺었다. 외로움을 핑계로 그 원칙을 버리는 일은 없을 것이다.

자신을 믿고 마음 가는 대로 행하라

"너는 네 세상 어디에 있느냐?
너에게 주어진 몇몇 해가 지나고 몇몇 날이 지났는데,
그래 너는 네 세상 어디쯤에 와 있느냐."

– 마르틴 부버《인간의 길》

평범한 일상이 얼마나 소중한지 우리는 잘 모른다. 지나고 보면 그 순간이 가장 소중한 시간이었는데 막상 그때는 잘 인지하지 못한 채 무심코 흘려보낸다. 인생에서 가장 소중하고 찬란했던 기적 같은 순간을 그냥 흘려보내다니, 인간은 참으로 어리석은 동물이다.

요즘 나는 그런 실수를 되풀이하지 않으려고 노력하는 중이다. 예전에는 친구가 갑작스럽게 전화를 걸면 '얘가 왜 뜬금없이 전화했지?'라는 생각으로 계산부터 먼저 했는데 이제는 그냥 '반갑다 친구야'의 태도로 산다. 이 나이에 손해를 끼칠 친구가 어디에 있겠으며, 설사 그렇다 해도 그게 얼마나 되겠는가. 나에게 전화를 걸어준다는 사실만으로도 그가 나를 귀한 존재로 여기는 증표가 아니겠는가. 이 글을 쓰기 전에도 그렇게 친구 두 명을 보고 왔다. 한 명은 고등학교 졸업 후 처음 만나는 친구였고, 다른 한 명은 대구 서문시장에서 작은 도서관을 하는 친구였다. 서울 오는 길에 얼굴 한번 보고 싶다길래 묻지도 따지지도 않고 주소를 찍어줬다.

굳이 인생을 아름답게 장식하려는 생각도 접기로 했다. 그 대신 원래부터 인생은 아름다운 것이었다고 생각하기로 했다. 실제로도 인생은 태어날 때부터 아름다웠다. 나라는 존재는 이 지구상에 한 송이밖에 없는 유일한 꽃이다. 자연처럼 그 자체로 아름다운 것이었는데 자꾸 뭔가를 덧대려고 했다. 그러다 보니 힘만 들고 내가 원하는 디자인과 색깔이 나오지 않으면 화를 내고 실망했던 것이다.

이제부터는 내가 어떤 모습이든지 상관없이 나를 사랑하기로 단단히 마음먹었다. 스토리가 잘 나오든 못 나오든 상관하지 않고, 그저 '나'를 주인공으로 당당하게 끌고 갈 생각이다. 감독과 연출을 다른 누구에게 맡기고 싶은 생각도 없다. 시나리오도 내가 쓰고 연출도 내가 하고, 흥행하든 실패하든 개의치 않기로 했다. 그냥 마음 가는 대로, 물 흐르는 대로 살기로 했다. 봄에는 봄처럼, 여름에는 여름처럼, 가을에는 가을처럼, 겨울에는 겨울처럼. 누군가 '승자의 기록은 햇빛을 받아 역사가 되고 패자의 기록은 달빛을 받아 신화가 된다'라고 말했지만, 이제는 삶이 역사가 되든 신화가 되든 신경 쓰지 않는다. 무엇이든 결국 내가 살아낸 삶 아닌가. 간절한 마음을 담아 노력해나가면 행운의 여신이 달빛을 햇빛으로 바꿔줄지 또 누가 아는가.

다만 단순한 삶을 원칙으로 삼았으니 단단하게 끌고 갈 수 있는 내공을 길러야겠다고는 다짐한다. 한 번 스텝이 꼬이면 원칙이 무너지고 원칙이 무너지면 후반전이 제2의 전반전이 될 수도 있으므로 그런 일을 만들지는 말아야겠다고 생각한다. 지금 당장 단순한 삶의 결실이 눈에 뚜렷이 보이지 않아도 끝까지 가보리라는 생각이다. 마음속에 있는 두 개의 그릇 가운데 나쁜 마음을 담는 그릇에는 물 한 방울도 채우지 않고 좋은 마음을 담는 그릇에만 존재의 의미를 가득 채워 나가리라 맘먹고 있다. 설사 가능성이 크지 않다 하더라도 나를 믿고 하나씩 행하다 보면 원하는 삶의 그림을 그릴 수 있을 것이라고 기대하고 있다.

노자는 이렇게 말한다.

배를 든든하게 하고 뼈를 강하게 한다.

實其腹 실기복 強其骨 강기골

《도덕경》 3장

누가 뭐라든 나는 배를 채우고, 뼈를 강하게 하련다. 배가 곧 나라는 존재고 뼈가 곧 삶의 토대다. 그보다 더 소중한 것은 없다. 배가 고

픈데 안 고픈 척하던 버릇도 이제 버리기로 했다. 살다가 때로 눈물을 흘리고 싶을 때가 있으면 이제는 마음껏 눈물을 흘리려 한다. 눈물을 많이 흘려본 눈이 더 건강하다는 말도 있지 않은가.

남들은 나를 빨간색으로 볼 수도 있고 파란색으로 볼 수도 있다. 그럴 때 예전에는 "내가 왜 빨간색이야!", "내가 왜 파란색이야!" 하면서 항변했는데 이제는 그럴 필요를 느끼지 않는다. 그건 그저 그들이 쓰고 있는 안경의 색대로 나를 보는 것뿐이다. 그 안경을 벗길 권한이 내게는 없다. 중요한 것은 나만이 가지고 있는 나의 색이다.

오늘은 산책길에서 쓰려고 모종삽과 비닐장갑 두 개를 준비해뒀다. 잊지 않기 위해 쇼핑백에 담아서 현관 신발장 위에 올려놨다. 아내는 당진에 내려가고 없다. 물때에 맞춰서 조개를 캐겠다고 했다. 아침에 비가 오길래 '비가 오지 않느냐'고 문자를 보냈더니 '날씨가 화창하다'라는 답신이 왔다. 다행이다. 하지만 내게는 비가 근심이다. '혹시나 그게 비에 떠내려갔으면 어쩌지?' 하는 생각에 마음이 조급해진다.

며칠 전 붓꽃이 줄지어 피어 있는 연못 언덕배기에 까치 한 마리가 죽어 있길래 안내소 직원들에게 '잘 좀 묻어달라'고 부탁했는데 어제 보니 그대로였다. 그래서 오늘은 내가 직접 묻어주려 한다. 《토지》의 길상이는 키우던 까치 '나리'가 과식해서 죽자 '다시는 생명을 받지 말거라'라고 기도했는데 나는 '담에는 좀 더 밝은 눈을 가진 생명을 받거라'라고 기도할 참이다. 지나가는 사람들이 모종삽으로 땅을 파는 나를 이상하게 보더라도 개의치 않기로 했다. 이건 불쌍한 생명에게 자비를 베푸는 일일 뿐이다. 창밖을 보니 여전히 비가 내린다. 일기예보에서는 다행히도 오후에 비가 갠다고 한다. 이번에는 제발 예보가 맞기를!

마음이 편해지고 싶어 결국 까치를 묻어주고 왔다. 까치를 위한 장례는 나를 위한 장례이기도 했다. 장자는 아내가 죽자 북을 치고 노래를 불렀다고 한다. 우주의 순환 이치를 깨우치고 있었기에 그런 기행이 가능했을 것이다. 나도 죽음을 애통해하지 않기로 했다. 한 형체의 생명이 끝나면 그 기운이 우주에 흩어져 있다가 또 다른 형체의 생명으로 탄생한다. 종교적 믿음이나 철학적 견해로써가 아니라 그것이 엄밀한 우주과학이라 믿는다. 그렇기에 내가 오늘 묻어준 저 까치가 먼 훗날 내 모습으로 환생해서 식물원을 산책하고 있을 수도 있다. '까치야, 편히 쉬거라.' 이것은 먼 훗날의 나에게 지금의 내가 보내는 인사말이다.

나답게 산다면 그걸로 충분하다

"인간은 만물의 척도다.
어떤 사물은 나한테는 나에게 보이는 그대로,
당신에게는 당신에게 보이는 그대로다."

– 프로타고라스

스스로를 있는 그대로 인정하는 것, 그것이 인생을 행복하게 하는 유일한 비결이다. 약점을 부정하거나 정당화하려 하지 않고 인정하면 그 깨달음의 힘이 자연스럽게 약점을 녹여서 우리를 더 강하게 만든다. 운명의 주인인 사람은 괴로움이 없고 자유롭다. '나' 이외의 것은 망상이고 착각이다. 그것은 어렴풋이 와서 마음을 뿌옇게 물들이다가 햇살이 비치면 이내 사라지는 안개와 같다. 내가 걷는 식물원 길은 내 길이다. 남들과 공유하는 공간이지만 오랜 세월을 투자해서 발을 디디며 내 길로 만들었다. 길을 걸으면서 마음을 가다듬고 몸을 만들었기에 그 길이 곧 내 인생이다. 그곳에서의 깨달음이 후반기 인생의 지침이 되었으므로 스승이자 반려다.

식물원의 여러 갈래 길은 하나로 연결된다. 오늘 내가 걸어온 길은 LG아트센터를 좌측으로 끼고 무궁화 거리를 거쳐서 어린이 정원과 연못을 지나 버드나무와 느티나무가 줄지어 서 있는 호숫가를 한 바퀴 빙 도는 코스였지만 어제의 나는 반대로 걸었다. 내일은 또 다른 길을 걸을지 모른다. 그러나 내가 걷는 길은 코스만 조금 바뀔 뿐 벡터는 같다. 내 삶의 궤적도 어쩌면 마찬가지일지 모른다. 그렇기에 오늘 조금 부족하게 살았다 싶어도 개의치 않기로 했다. 오늘 걷지 못한 길은 내일 걸으면 되고 오늘 못한 일은 내일 하면 된다. 오늘 한 걸음 빨리 걸으면 내일은 속도를 조금 늦춰야 하는 것이 인생이다. 우리는 인생에서 한 번에 두 걸음을 걸을 수 없고, 달리기하듯 늘 빠른 속도로 살아갈 수 없다.

남의 발걸음이 우아하고 활기차게 보인다고 그 발걸음을 따라 할 필요는 없다. 그렇게 하다가는 오히려 제 발걸음을 잊어버려 집으로 돌아가지 못할 수도 있다. 나에게는 나의 고유한 걸음과 내게 맞는 속도가 있다. 그 걸음과 속도대로 걸으면 된다. 내가 글을 쓰는 이유도 나에게 맞는 고유한 리듬과 걸음걸이를 찾기 위해서다. 그것은 이미 대부분 결정되어 있어서 바꿀 수 없을지 모른다. 아무리 노력해도 멀리뛰기 선수나 마라톤 선수의 걸음걸이를 따라 할 수 없듯이 고유한 걸음걸이도 이미 만들어져 있는지 모른다. 하지만 그것이 나를 발견하고 나를 찾는 여정을 그만둬야 할 이유는 아니다. 아직 내가 미처 모르는 걸음걸이가 있을 수 있으므로 오늘도 내일도 계속해서 탐색할 것이다. 그런 작업을 꾸준히 하다 보면 어제보다는 오늘, 오늘보다는 내일, 내가 나를 조금은 더 잘 알게 될 수도 있을 것이다.

'나'를 탐색하는 작업이 나를 통제하려는 의도에서 시작된 것은 아니다. 오히려 거꾸로다. 이것은 나를 자유롭게 하고, 해방시키기 위한 과정이다. 과거의 틀에 갇혀서 숨을 제대로 쉬지 못하던 나를 풀어주어 남은 생에서라도 편하게 숨을 쉬면서 살아가게 하는 것이 목적이다. 그러므로 글을 쓰는 행위는 나를 위한 '휴머니즘'의 실천이다. 나아가 내 삶이 편해진 경험을 타인과 공유하면 세상에 유익한 일이 될 수도 있으므로 보편적인 휴머니즘의 실천으로 확장될 수 있을 것이다.

노자는 이렇게 말한다.

남을 아는 사람은 지혜롭고 자신을 아는 사람은 밝다.

知人者智 지인자지 **自知者明** 자지자명

이런 사람은 제자리를 잃지 않으니 오래 간다.

不實其所者久 불실기소자구

《도덕경》 33장

'나'를 탐색하는 작업을 꾸준히 하면서 이제야 눈이 조금 밝아지는 것 같다. 예전에 보지 못했던 내 모습을 보는 눈이 생겼고, 그동안 불안했던 마음을 들여다볼 수 있는 마음의 눈이 생겼다. 그동안 나는 나를 알기 전에 남을 먼저 알려고 했다. 그것이 관계를 편하게 하는 지름길인 줄로 알았기 때문이었다. 하지만 착각이었다. 나도 모르면서 남을 먼저 알려고 하는 것은 부화하지 않은 병아리의 모습을 미리 찾으려는 것과 같은 어리석은 일이었다. 그래서 이제는 남이 아니라 나부터 먼저 들여다본다. 그렇게 하니 나뿐 아니라 예전에 그렇게 노력해도 잘 보이지 않던 다른 사람의 모습도 더 잘 보이는 것 같다.

'나'를 아는 것의 첫걸음은 멈춤이다. 산책길에 잠시 걸음을 멈추고 하늘에 흘러가는 구름을 쳐다보듯이 일상의 번잡함을 내려놓고 마음을 가만히 지켜보는 것이다. 그러면 하늘을 덮고 있던 구름이 어느덧 사라지고 맑은 하늘이 보이듯이 내 마음을 덮고 있던 '탐진치貪瞋痴'의 그림자가 걷히고 투명한 마음이 보이기 시작한다. 불교에서 왜 탐욕과 노여움, 어리석음을 깨우치기 위한 가장 중요한 방법론으로 정견正見을 제시하는지 그 까닭을 조금 알 것 같다. 그러고 나면 마음속의 불안한 그림자가 참 별것 아니라는 생각이 든다. 칸트나 노자를 읽으면서 힘들어한 적은 없지만 정작 나를 힘들고 불안하게 한 것은 일상에서 마주치는 사소한 선택의 갈림길이었다.

물론 '나'를 잘 알게 됐다고 해서 삶이 크게 바뀌지는 않는다. 내가 가진 것을 모두 처분하고 깊은 산중에 들어가 살아도 마찬가지일 것이다. 지금도 나는 식물원을 산책하고, 책을 읽고 글을 쓰고, 때로는 텃밭에 물을 주고, 친구도 만나면서 살아간다. 하지만 확실한 것은 마음의 번잡함이 예전처럼 크지 않다는 것이다. 어디서 어떻게 살든지 나답게만 살면 충분하다는 생각을 한 후로부터는 마음과 걸음이 가벼워졌다. 성숙해진다는 것은 마음이 바위처럼 단단해져서 어떠한 상처도 받지 않는다는 것이 아니라 자신과 타인의 상처를 있는 그대로 들여다보고 받아들일 용기를 갖는다는 것이다. 내가 조금 더 단단해졌다는 느낌을 받는 것도 상처를 그대로 받아들이고 맞설 용기가 생겼기 때문일지 모른다.

인생은 불완전하기 때문에 아름답다

"가장 완벽한 계획이 뭔지 알아? 무계획이야.
다 계획대로 되지 않는 게 인생이거든."

– 영화 〈기생충〉

아내는 마블 영화를 좋아한다. 나는 기껏해야 〈아이언맨〉 정도만 봤는데 아내는 거의 모든 마블 영화를 다 봤다. 마블 영화의 역사와 주인공들의 캐릭터를 줄줄 꿰고 있다. 인생의 전반기에 내가 골프채를 메고 주말마다 나갈 때 아내는 극장에 가서 마블 영화를 봤다. 덕분에 요즘은 나도 아내의 취향에 맞춰 가끔 함께 영화를 보러 간다. 〈샹치와 텐 링즈의 전설〉, 〈이터널스〉, 〈닥터 스트레인지: 대혼돈의 멀티버스〉같이 요 몇 년 사이에 개봉한 마블 영화도 그렇게 보게 됐다.

마블 영화에서 흥미로운 부분은 영화에 등장하는 영웅들이 처음부터 영웅은 아니었다는 점이다. 〈아이언맨〉의 주인공은 알코올의존증이었고, 〈스파이더맨〉의 주인공은 공부벌레에 여성 울렁증이 있는 소심한 남자였으며, 〈캡틴 아메리카〉의 주인공은 키가 160센티미터에 불과해 입대를 거절당한 아웃사이더였다. 그들은 단점을 극복하는 과정에서 영웅으로 탄생했다. 처음부터 그들이 영웅이었다면 정의를 위해 싸우는 사람이 되지는 못했을 것이다. 그저 자신에게 주어진 부와 권력을 누리면서 살아갔을지 모른다.

우리도 마찬가지다. 세상에 완벽한 사람은 아무도 없다. 완벽해진다는 것 자체가 망상이다. 완벽해지려고 노력하는 사람은 세상에서 가장 불행하다. 다른 노력은 아무리 많이 해도 괜찮지만 이것만큼은 쓸데없는 노력이다. 에너지 낭비, 시간 낭비다. 인간으로 태어나서 완벽한 신이 된다는 것은 불가능한 일이다. 야구에서 아무리 뛰어난 타자라도 열 번에 일곱 번은 아웃을 당한다.

하지만 중요한 것은 그에게 기회가 계속해서 주어진다는 사실이다. 이번 타석에서 아웃을 당해도 다음 타석에 또 들어설 수 있다. 그렇게 주어진 열 타석 가운데 세 타석에서 안타나 홈런을 치면 영웅이 되고, 그런 기록이 쌓이면 전설로 남는다. 우리 인생도 그렇다. 열 번 가운데 세 번만 잘해도 된다. 그 정도면 인간으로서 충분하다. 하지만 열 번 다 잘하지 못한다고 자신을 자책하는 사람들이 의외로 많다. 나도 그랬다.

노자는 이렇게 말한다.

크게 곧은 것은 조금 굽은 듯하고

大直若屈 대직약굴

뛰어난 솜씨는 조금 서툴러 보이고

大巧若拙 대교약졸

훌륭한 말은 조금 어눌해 보인다.

大辯若訥 대변약눌

《도덕경》 45장

위대한 예술 작품들만 봐도 노자의 말을 이해할 수 있다. 〈모나리자〉는 미소와 눈썹에 부족한 부분이 있어 더욱더 신비롭고, 〈비너스〉는 양팔이 없어 오히려 균형이 맞는다. 슈베르트의 〈미완성 교향곡〉은 미완성이라 더 매력적이다. 역사에서 우리가 영웅으로 기억하는 인물 가운데도 완벽한 사람은 없었다. 율리우스 카이사르나 알렉산더 대왕, 나폴레옹 보나파르트는 모두 하나 이상의 인간적 흠이 있었다. 카이사르는 사람을 너무 쉽게 믿었고, 알렉산더 대왕은 거꾸로 사람을 너무 믿지 못했다. 나폴레옹은 키가 무척 작았고 아랫사람들에게 화를 잘 냈다.

현대문명과 단절한 채 전통적인 공동체를 이루고 사는 아미시 교도들은 자신들이 만드는 퀼트 제품에 일부러 어울리지 않는 천 조각 하나를 넣는다고 한다. 완벽한 제품은 성령만이 만들 수 있다는 가르침을 잊지 않기 위해서다. 포드와 크라이슬러에서 최고경영자로 활약했던 전설적인 경영인 리 아이아코카는 자서전에서 자신은 '의사결정이 필요할 때 어느 정도 확신만 있어도 실행에 옮겼다'며 '모든 것이 완벽해질 때까지 기다리기만 하는 이야말로 사람을 미치게 만드는 부류'라고 말했다.

아무리 유능한 사람이라도 모든 일을 완벽하게 해낼 수는 없다. 어떤 일이든 한계가 있는 법이다. 중요한 것은 그걸 인정하고 수용하는 자세다. 자신의 부족함을 부끄러워할 필요는 없다. 그저 있는 그대로 드러낼 용기를 가지면 다음부터는 더 잘할 수도 있다. 완벽은 최고의 자학이다. 예쁜 아기 코끼리가 앞을 지나가면 얼른 코끼리 등에 타야 한다. '조금 더 멋지고 큰 코끼리가 오면 타야지' 하고 보내는 것은 나에게 주어진 기회를 스스로 걷어차는 것이다. 완벽한 때란 없다. 지금이 나에게는 가장 완벽한 타이밍이다. 타석에 들어선 타자가 다음 타석에서 더 좋은 안타를 치기 위해 투수가 던지는 공을 쳐다보기만 하는 것만큼 어리석은 일이 어디에 있겠는가. 설사 안타를 못 친다 해도 자신에게 날아오는 공에는 무조건 배트를 휘둘러야 한다.

많은 철학자 중에 내가 니체를 특히 좋아하는 이유도 바로 여기에 있다. 니체는 다음 기회를 노리라고 말하지 않는다. 무도회장에 나가면 무조건 몸을 흔들면서 춤을 추라고 말한다. 그렇게 현재에 충실한 삶을 최고의 삶이라고 말한다. 예전의 나는 '좀 더 연습해서 부끄럽지 않은 솜씨를 갖췄을 때 몸을 흔들어야지' 하고 남들이 춤추는 모습을 바라보기만 했다. 그러나 이제는 무조건 몸을 흔든다. 그게 개다리 춤이 됐든, 고고가 됐든 부끄러워하지 않는다. 인생은 실수가 있어 더 아름다운 법이다. 이제는 조금 부족한 듯 느슨하게 사는 것이 좋다.

일이 어렵다고 느낄 때 가장 손쉬운 해결법은 '그냥 시작'하는 것이다. 아무리 어려워 보여도 뭐든 끄적거리다 보면 실마리가 나온다. 인생이란 오래 살고 싶다고 해서 오래 사는 것도 아니고, 사실 오래 사는 게 중요한 것도 아니므로 하루를 살더라도 마음 편하게 사는 게 중요하다. 그러려면 주어진 일을 무겁게 선택할 필요가 없다. 기다리다가 지치느니 가볍게 순간순간의 스텝을 밟아주는 것이 좋다.

식물원 산책길에서 만나는 해는 할 일을 마치면 서산으로 넘어간다. 나도 그럴 것이다. 내게 주어진 소임을 마치면 언젠가 서산으로 넘어가야 한다. 그때까지는 단순하게 살고 싶다. 평범하고 소박하게 느낌과 의지대로 자연스럽게 살고 싶다. 그 누구도 내 삶을 대신해서 살아줄 수 없기에 나답게 살다가 지는 해를 따라 서산으로 넘어가고 싶다.

단

單

대도심이

大道甚夷

큰 도는 지극히 평이하다

삶은 단순하게
밥상은 소박하게

"사람이 자신이 꿈꾸는 방향으로 일관성 있게 나아가면
생각하지 못하던 성공을 맞게 된다. 그때 그는 과거와 단절한 후 눈에
보이지 않는 경계선을 넘게 된다. 그가 자신의 삶을 단순하고 소박한 것으로
만들면 만들수록 우주의 법칙은 더욱더 명확해진다."

– 헨리 데이비드 소로《월든》

19세기 말 미국에서 활약했던 자연주의 철학자 소로는 매사추세츠주 콩코드의 월든 호숫가에서 작은 통나무집을 짓고 살았다. 손수 땔감을 장만하고, 자연이 주는 재료로 음식을 만들어 먹으며 외부와 격리된 채 단순하고 소박한 삶을 살았다. 소로가 이때의 경험을 쓴《월든》은 내 인생 후반기 삶의 지침서가 되었다.《월든》은 '단순하고 간소하게 살라'는 한 문장으로 요약할 수 있다. 소로는 소유를 줄이고, 일을 줄이고, 생각을 줄이고, 이로써 번뇌를 줄여 간소하게 사는 것이 행복에 이르는 지름길이라고 역설한다.

"간소하게, 간소하게, 간소하게 살아가도록 하라. 제발 부탁하건대 당신의 일을 두 가지나 세 가지로 줄여라. 백만 대신에 다섯이나 여섯까지만 셀 것이며, 최대한 간소화하라. 하루에 세 끼를 먹을 게 아니라 필요할 때 한 끼만 먹어라. 백 가지 요리를 다섯 가지 이내로 줄여라. 같은 방식으로 다른 일들도 그런 비율로 줄여라."

헬렌 니어링과 스콧 니어링 부부도 소로와 함께 미국을 대표하는 자연주의 철학자들이다. 이 부부는《조화로운 삶》이라는 책에서 자연의 법칙에 순응하며 살아가는 것이 가장 이상적인 삶이라고 말한다. 니어링 부부는 이러한 삶을 살기 위해 먼저 음식부터 간소하게 줄이라고 말한다. 니어링 부부 역시 기껏해야 한 끼에 두세 가지 음식을 먹었을 뿐이다. 그렇게 먹고 건강을 제대로 유지할 수 있느냐고 반문할 수도 있겠지만 이들 부부의 생을 보면 그것은 기우에 불과하다. 남편인 스콧은 백 세까지 건강하게 살았고 아내인 헬렌도 큰 탈 없이 아흔두 살까지 살았다. 그만하면 두 사람 모두 무병장수한 것 아닌가?

노자는 이렇게 말한다.

다섯 가지 맛이 사람의 입을 상하게 하고,

五味使人之口爽 오미사인지구상

다섯 가지 소리가 사람의 귀를 먹게 한다.

五音使人之耳聾 오음사인지이롱

《도덕경》 12장

오미五味는 단맛, 신맛, 짠맛, 매운맛, 쓴맛의 다섯 가지 맛을 가리키는 단어지만 여기서는 소유나 재물, 음식에 대한 과도한 탐욕을 경계하기 위한 은유로 쓰였다. 오음五音도 같은 맥락이다. 원래는 '궁상각치우'의 다섯 가지 기본 음률을 가리키는 단어지만 여기서는 본질을 벗어난 과도한 욕망을 비유하는 표현이다. 과유불급에 대한 노자식 표현인 셈이다.

고대 그리스의 현인으로 불리는 디오게네스와 에피쿠로스도 노자가 말하는 소박한 도를 일상에서 실천한 인물들이다. 디오게네스에게는 알렉산더 대왕의 권력보다 햇빛 한 줄기가 더 소중했다. 에피쿠로스는 쾌락이 모든 선의 시초요 근원이라며 큰 기쁨보다는 균형 잡힌 조용한 쾌락을 삶의 목표로 삼으라고 권했다. 그러기 위해서는 아무리 맛있는 음식이라도 실컷 먹지 말고 적당히 먹는 것이 중요하다.

일을 하는 방식에서도 단순함이 능률을 더 높인다. 성공한 사람들의 인생철학은 무척 단순하다. 자신이 좋아하는 일을 '그냥 즐기는 것Just for fun'이다. 어린아이들처럼 단순한 마음으로 일을 즐기는 사람이 성공할 가능성이 높다는 것은 동서고금의 진리다.

공자도 "아는 사람은 좋아하는 사람만 못하고, 좋아하는 사람은 즐기는 사람만 못하다"는 말을 남겼다.

요즈음 내 삶은 무척 단조롭다. 아침 6시경에 일어나 교육방송에서 하는 영어 프로그램을 한 시간 동안 청취하고, 오전에는 글을 쓰고 오후에는 주로 책을 읽는다. 영어 공부는 필요해서라기보다는 아침 시간을 효율적으로 보낼 수 있는 쉽고 간단한 루틴으로 선택했다. 독서와 집필에 많은 시간을 할애하는 것은 일삼아, 재미 삼아 하는 것치고 그보다 더 큰 낙을 주는 일이 없기 때문이다. 한동안은 음주와 골프가 가장 큰 낙이었는데 어느 날 '술병과 스코어카드는 가보로 남길 수 없지만 저서는 가보로 남길 수 있다'라는 생각이 들어 마음을 고쳐먹었다.

독서도 범위를 좁혔다. 과거에는 무조건 많이 읽었지만, 요즘은 마음의 양식이 되는 책 위주로 여러 번 반복해서 읽는다. 지식을 많이 습득하는 것보다는 삶을 천천히 여유롭게 사는 데 도움이 되는 책을 읽는 게 더 끌린다. 그렇게 범위를 좁히다 보니 《도덕경》과 《장자》, 《주역》 등은 서른 번을 넘게 읽었다. 이밖에 법정 스님이나 류시화 시인의 저서, 《톨스토이 전집》, 《월든》, 《에밀》 같은 책들이 머리맡에 자주 머무르는 이유도 거기에 있다.

니어링 부부의 가르침대로 먹는 것도 단출한 집밥 위주다. 최근 허준의 《동의보감》을 읽은 후 니어링 부부의 《조화로운 삶》을 다시 읽어보니 구구절절 옳은 말이라는 사실을 새삼 느낀다. 많이 먹어 탈이 나는 경우는 있어도 적게 먹어 탈이 나는 경우는 없다는 것이 허준의 음식 철학이다. 기름진 음식보다는 소화가 잘 되는 채소 위주의 음식을 조금씩 먹는 게 건강에도 좋다는 가르침 하나만 잘 실천해도 큰 탈 없이 행복하게 살 수 있을 것 같다. 서양 의학의 아버지로 불리는 히포크라테스도 '음식으로 고치지 못하는 병은 약으로도 못 고친다'라고 하지 않았던가? 동서양을 막론하고 단출하고 소박한 밥상은 최고의 보약이자 최고의 건강 비결이다.

단순하게 산다고 해서 소로나 니어링 부부처럼 반드시 산속에 들어가서 통나무집을 짓고 살아야 하는 것은 아니다. 두에인 엘진이《단순한 삶》에서 말한 것처럼, 단순하게 사는 것은 세상과 단절되지 않은 채 빈부의 격차와 생태계 파괴라는 현대문명의 위기를 극복할 수 있는 일종의 문화운동이다.

큰 도는 무척 쉽고 간단하다

"도는 세 살 먹은 아이도 알 수 있지만
팔십 먹은 노인도 제대로 행하기는 어렵다."

– 중국 당나라 도림 선사

도道는 길이다. 다니기 쉽고 편한 길이 좋은 길이듯이 삶의 진리를 뜻하는 도道라는 것도 행하기 쉽고 간편해야 한다. 아무리 좋은 가르침이라도 일상적으로 따라 하기 어려우면 그림의 떡에 불과하다. 요리계의 대통령으로 불리는 백종원 씨는 요리가 여성의 전유물이라는 전통적인 통념에 균열을 일으키며 '요섹남(요리하는 섹시한 남자)'이라는 신조어를 탄생시킬 정도로 요리에 대한 사회적 가치관을 크게 바꿨다.

백종원표 요리의 가장 큰 특징은 쉽고, 간단하고, 재밌다는 것이다. 요리 초짜인 나도 가끔 그의 유튜브 방송을 보면서 짜장면이나 탕수육 같은 요리를 만들어보는데 그다지 어렵지 않게 따라 할 수 있다.

백종원 씨는 한마디로 요리에서 도를 이룬 사람이다. 하지만 내 요리 실력은 아내나 아이들이 '척' 하고 엄지를 치켜세울 정도로 맛을 내기에는 아직도 한참 멀었다. 레시피가 아무리 쉽고 간단해도 깊은 맛을 내기 위해서는 자주 시도하면서 내공을 길러야 한다. 요리의 도만 그런 것이 아니다. 세상만사가 모두 이와 같다.

중국 당나라 때의 일이다. 군수인 백거이가 도림 선사의 명성을 듣고 진망산으로 찾아갔다. 백거이는 이백, 두보와 함께 중국 당나라를 대표하는 3대 시인이다. 도림 선사는 늘 나뭇가지 위에서 좌선해서 사람들은 그를 조과 선사라고도 불렀다. 새둥지스님이란 뜻이다. 백거이가 찾아간 날도 도림 선사는 나뭇가지 위에서 참선을 하고 있었다.

그 모습을 보고 백거이가 물었다. "스님, 그곳은 위험하지 않습니까?" 그러자 도림 선사가 대답했다. "그대가 서 있는 곳이 더 위태롭소." 백거이가 그 까닭을 물었다. "저는 지위가 강산을 진압하고도 남음이 있는데 어찌 위태롭다고 하십니까?" 선사가 또 대답했다. "장작과 불이 서로 사귀듯이 식識의 성품이 멈추질 않으니 어찌 위험하지 않겠소?"

세상 지식을 함부로 자랑하지 말라는 선사의 말에 체면이 깎인 백거이는 다른 화두를 던졌다. "도道의 근본은 무엇입니까?" 그러자 선사는 이렇게 답했다. "악을 멀리하고 착하게 사는 것입니다." 너무 뻔한 소리에 백거이가 다시 물었다. "아니 그 정도는 세 살 먹은 어린애도 아는 것 아닙니까?" 이에 선사는 다음과 같이 말했다. "그렇소이다. 하지만 팔십 먹은 노인도 제대로 행하기는 어려운 일입니다."

그렇다. 도란 쉽고 간단하다. 하지만 그것을 삶에서 실천하는 일은 또 다른 차원의 문제다. 진정성이 담긴 맑은 마음으로 살아갈 때 '쉬우면서도 간단한' 도를 행할 수 있다. 법정 스님의《오두막 편지》에는 삶의 이러한 이치와 관련해서 감동적인 일화가 하나 나온다.

사람의 인적이 끊긴 깊은 산중에 오두막을 짓고 무소유의 삶을 실천하고 있던 법정 스님에게 어느 날 편지 한 통이 배달됐다. 자신을 여고 2학년이라고 소개한 사연의 주인공은 법정 스님의《산에는 꽃이 피네》라는 책을 읽고 편지를 쓴다며 다음과 같이 말문을 열었다.

"……오늘, 스님 책을 읽었는데요. 책을 읽던 도중에도 몇 번이나 편지를 쓰려고 했는데, '다 읽고 나서 쓰자' 해서 지금 쓰는 거예요."

학생은 자신이 상위권 성적을 받지만, 보충수업과 강제적인 자율학습 때문에 너무 힘들고 짜증이 나 어떨 때는 죽고 싶은 마음이 든다고 털어놓았다. 하지만 그런 상황에서도 한 친구를 생각하면 마구마구 즐거워진다고 했다.

"그 애 생각을 하면 전 살고 싶어요. 저희가 남쪽으로 이사를 오는 바람에 지금은 멀리 떨어져 지내지만 자주 소식을 주고받아요. 그런데 최근에 친구네 형편이 안 좋아져서 너무 슬프고 가슴이 아파요."

IMF 사태로 친구의 아버지는 직장에서 해고를 당했고, 어머니가

공장에서 일을 해 근근이 생계를 유지하는데 최근 어머니마저 척추를 심하게 다쳤다고 했다. 이런 형편에도 친구는 성격이 명랑하고 공부도 잘한다고 했다. 스님에게 편지를 쓴 여학생은 그 친구를 위해서 부모님께도 비밀로 하고 어떤 일을 혼자서 은밀히 꾸미고 있노라고 말했다. 친구의 몫으로 통장을 하나 만든 것이다.

"학교에서 점심과 저녁을 다 먹는데 점심은 도시락을 싸 가고 저녁은 엄마에게 매일 2,000원을 받아요. 그 돈으로 300원짜리 빵과 100원짜리 요구르트를 사서 먹고 남는 돈 1,600원을 저금해요."

학생은 학교에 있는 농협출장소에서 적금통장을 만들었고, 지금은 얼마 되지 않았지만 졸업 때까지는 꼭 100만 원을 만들겠다고 다짐하면서 편지를 맺었다. 빵과 요구르트로 저녁을 때우고 친구를 돕기 위해 나머지 돈을 저금한다는 그 착하고 기특한 마음씨에 법정 스님은 콧잔등이 찡했다고 말한다. 《오두막 편지》에서 이 사연을 읽으면서 나는 온몸이 찡했다. 쉽고 간단해 보이지만 아무나 할 수 없는 일, 자연을 닮은 청정하고 소박한 이 여학생의 마음이 노자가 《도덕경》에서 말하는 무위자연의 도가 아니겠는가.

노자는 이렇게 말한다.

내게 겨자씨만 한 작은 지식만 있어도

使我介然有知 사아개연유지

큰 도를 행하며 이를 널리 베풀고자 성심을 다한다.

行於大道 행어대도 唯施是畏 유시시외

큰 도는 지극히 평탄하고 쉬운데 사람들은 샛길을 좋아한다.

大道甚夷 대도심이 而民好徑 이민호경

《도덕경》 53장

단순함이
삶의 집중력을 높인다

"존재하는 사물들은 어떤 필연성 없이 증대시켜서는 안 된다.
적은 것으로 행할 수 있는 일을
많은 것으로 행하는 것은 부질없는 일이다."

– 윌리엄 오컴

어떤 사실 또는 현상에 대한 여러 설명 가운데 논리적으로 가장 단순한 것이 진실일 가능성이 높다는 원칙을 '오컴의 면도날'이라고 한다. 합리적인 추론을 위해서는 본질과 상관없는 불필요한 가정을 면도날로 자르듯이 깨끗하게 제거해야 한다는 의미로, '단순성의 원칙The Principle of simplicity'으로도 불린다. 예를 들어, 태풍이 분 다음 날 지붕의 덮개가 날아갔다면 '바람이 세서 덮개가 날아갔다'는 가정과 '누군가가 태풍을 틈타 몰래 지붕 위로 올라와서 덮개를 가져갔다'는 가정 가운데 전자가 더 진실에 가깝다는 것이다. '오컴의 면도날'에 따라 더 간결한 논리이기 때문이다.

자연현상에도 이러한 단순성의 원리가 적용된다. 자연은 입자의 질량, 속도, 이동 거리 등을 최소로 유지하는 방향으로 작용한다. 근대 프랑스의 과학자 피에르 모페르튀가 발견했기 때문에 그의 이름을 따서 '모페르튀의 법칙'으로 불린다. '자연은 열심히 일하지 않는다, 즉 자연은 게으르다'는 것이 모페르튀가 밝혀낸 자연의 작동 원리다. 노자가 말한 무위자연의 과학 버전인 셈이다.

삶이 행복해지는 비결도 무척 단순하다. 이것저것 생각하다 보면 고민은 눈덩이처럼 불어난다. 하지만 단순하게 생각하면 세상은 한없이 단순해지고 고민거리도 줄어든다. 무엇을 할까 결정하는 기술보다 무엇을 하지 않을까를 결정하는 기술이 행복에 더 필요한 요소다. 많은 것을 하려는 생각을 버리고 중요한 것 한 가지에 집중하면 삶이 행복해진다. 정리 전문가 곤도 마리에가 말한 것처럼 그러기 위해서는 '언젠가는 쓰겠지' 하는 마음으로 쟁여둔 물건과 설레지 않는 물건들, 소용이 다한 물건들은 미련 없이 버릴 줄 아는 지혜가 필요하다. 심리학자 윌리엄 제임스도 '현명해지는 기술은 무엇을 무시해도 되는지를 아는 기술'이라고 말했다.

단순하게 사는 것의 가장 큰 장점은 집중이다. 먹을 것, 입을 것, 신을 것, 사는 곳을 단순하게 만들면 자신이 진짜 좋아하는 일에 더 집중할 수 있다. 불필요한 것에 신경과 에너지를 덜 쓰면 중요한 일에 사용할 시간과 여력이 그만큼 많아진다. 현대 건축물 가운데 가장 간결한 디자인으로 손꼽히는 최초의 애플스토어를 설계한 미국의 건축가 피터 볼린은 '단순함이 우리를 자유롭게 만든다'라며 '삶을 단순화하고 주의력을 흩뜨리는 모든 요소를 없애는 것이야말로 사물의 본질에 다가갈 수 있는 가장 흥미롭고 중요한 길'이라고 말한다. 잡스는 프레젠테이션을 할 때면 언제나 검은색 터틀넥 스웨터에 청바지를 입고 나온다. 그 이유에 대해 그는 '소중한 시간을 좀 더 중요한 의사결정에 쓰기 위해서'라고 말했다.

지나치게 복잡하고 많은 것에 집착하는 것은 스스로 도道에서 멀어지는 행위이며 노자는 이러한 인간의 어리석음을 '여식췌행餘食贅行', 즉 먹다 남은 음식 찌꺼기와 군더더기 행동에 비유했다.

도의 입장에서 이런 일은
먹다 남은 음식 찌꺼기와 군더더기 행동이다.
其在道也 기재도야 餘食贅行 여식췌행
이는 모두가 싫어하는 것이며
도를 깨우친 사람은 이런 일을 하지 않는다.
物或惡之 물혹오지 道者不處 도자불처

《도덕경》 24장

대다수 사람은 세상이 너무 복잡하기에 그 해결책도 당연히 복잡할 것이라고 생각한다. 그 때문에 문제를 해결하지 못할 것이라는 무력감에 빠지고, 책임을 다른 사람에게 돌린다. 이런 생각은 사실이 아니다. 주변을 둘러보면 모든 문제의 해결책은 의외로 단순하고 간단하다.

반드시 모든 것을 가져야만 하는 것이 아니라면 일부만 선택하고 나머지는 포기하는 전략이 현명하다. 소유에 집착하면 결국 아무것도 얻지 못하는 것이 인생의 진리다. 바닷가에 예쁜 조약돌이 아무리 많아도 한 손에 움켜쥘 수 있는 조약돌은 기껏해야 대여섯 개에 불과하다. 혹여 트럭을 가져와 한가득 조약돌을 싣는다 해도 그것이 더 많은 만족감을 가져다주지는 않는다. 적당한 수의 조약돌을 가지고 있을 때 그것을 더 소중하게 여길 수 있다. 생텍쥐페리의 《어린 왕자》에 나오는 장미꽃처럼.

"정원에 피어 있는 5,000송이의 장미꽃보다 너의 장미꽃 한 송이가 더 소중한 것은 그 꽃을 위해 네가 공들인 시간 때문이야. 한 송이에 불과하지만 그 한 송이가 너에게는 이 세상에 단 하나뿐인 존재가 되는 거고, 너의 장미꽃에도 너는 이 세상에 단 하나뿐인 유일한 존재가 되는 거야."

단순함은 본질이다. '오컴의 면도날'이 말하는 것처럼 불필요한 군더더기를 걷어내고 곧장 핵심으로 들어가 딱 한 사람에게만 말하듯 중요한 알맹이만 쏙쏙 골라내는 것이다. 단순한 것이야말로 명료함, 접근성, 유용함을 높일 수 있는 지름길이다. 단순해지면 다른 사람에 대해서도 분명히 알 수 있다. 따라서 인간관계가 훨씬 더 편해지고 친밀감도 높아진다. 복잡함은 과잉이고 단순함이 명품이다. 샤를 와그너가《단순하게 살기》에서 말하고 있는 것처럼 단순함은 외형보다는 마음가짐이 더 중요하다. 우리가 여우나 토끼 같은 동물이 아니라 영혼을 가진 인간임을 깨우쳐주는 일종의 정신 운동이다.

하나부터 해야 둘, 셋도 할 수 있다

"일시一時를 도모하지 않고는 만세萬歲를 도모할 수 없고,
일성一城을 도모하지 않고는 만성萬城을 도모할 수 없다."

– 손책

나는 약골 체질이라 소소한 질병에 자주 시달렸다. 소화기가 약해 자주 배탈이 나고, 기관지도 약해 감기나 기관지염을 달고 살았다. 심할 때는 기관지염이 폐렴으로 발전해 두 달간 꼼짝 못한 적도 있었다. 하지만 요즘에는 비교적 탈 없이 잘 지내는 편이다. 최근 몇 년간은 속이 늘 편안했다. 좋아하던 술을 끊고 먹는 것과 사는 것을 간소하게 줄이다 보니 생긴 변화가 아닐까 싶다. 여기에 하루에 한 시간씩 집 근처 식물원을 규칙적으로 산책하는 것도 도움이 되었다.

법정 스님의 책에서 산새나 꽃 이름 등이 언급되는 게 특히 좋았는데 식물원 산책을 하면서 나도 자연스럽게 식물이나 새를 유심히

보는 습관이 생겼다. 기껏해야 개나리, 진달래 정도밖에 모르다가 요즘에는 그 범위가 조금씩 넓어져 이제는 식물 이름을 제법 많이 알게 됐다. 식물원 산책길에 줄지어 서 있는 배롱나무와 화살나무, 물푸레나무, 남천나무, 명자나무, 계수나무, 자귀나무 등은 이제 눈을 감고도 그 모양을 그릴 수 있다.

식물원 산책에 습관을 들이는 일이 처음부터 쉽지는 않았다. 하지만 한 번 걷고 재미를 붙여 두 번 걷고, 세 번 걷다 보니 어느 틈엔가 나도 모르게 몸에 익었다. 그래서 요즘에는 외부 일정이 있거나 비가 억수같이 퍼붓는 장마철이 아니면 꼬박꼬박 식물원 산책을 한다. 나이가 들면 근력도 중요하다고 해서 최근에는 아령이나 악력기를 이용한 간단한 근력 운동도 꾸준히 하는 편이다. 이걸 익히는 데는 산책보다 시간이 더 오래 걸렸다. 하지만 이것도 한 번 하다가 두 번, 세 번 횟수를 늘리다 보니 지금은 하루에 수백 번 정도는 거뜬하게 할 수 있는 수준이 됐다.

운동에도 단순한 삶의 원칙이 적용된다. 일상에서 간단한 운동을 규칙적으로 하는 것이다.《동의보감》에서는 식사 후 100걸음을 걷는 것만으로도 질병을 예방할 수 있다고 하는데 틀린 말 같지 않다. 운동은 움직일 운運 자와 움직일 동動 자로 이루어진 단어 아닌가? 가만히 있지 않고 움직이는 게 운동의 시작인 것만은 확실하다. 한 걸음 걷다 보면 두 걸음 걷게 되고, 그렇게 습관이 되다 보면 하루에 만 걸음도 너끈하게 걸을 수 있다. 요즘 나에게 하루 만 보를 걷는 건 일도 아니다. 식물원을 산책하면서 걷고, 집에서도 되도록 소파에 앉지 않고 집 안 이곳저곳을 슬슬 걷다 보면 어느 틈엔가 만 걸음이 훌쩍 넘는다. '걷기는 가장 우아하게 시간을 잃어버리는 것'이라는 어떤 이의 말에 전적으로 공감한다.

노자는 이렇게 말한다.

도는 하나를 낳고, 하나는 둘을 낳고,

둘은 셋을 낳고, 셋은 만물을 낳는다.

道生一 도생일 一生二 일생이

二生三 이생삼 三生萬物 삼생만물

《도덕경》 42장

만물의 시작은 하나다. 이 간단한 원칙은 예나 지금이나 변함이 없다. 우주는 작은 점 하나에서 시작했고, 인간도 시간을 거슬러 올라가면 작은 세포 하나에서 비롯됐다. 의상대사는《법성게》에서 이렇게 말한다. "하나 속에 모든 것이 있고 많은 것 속에 하나가 있으니 하나가 곧 모든 것이고 많은 것이 곧 하나를 이룬다."

1달러의 가치, 1원의 소중함을 아는 사람이라야 억만금의 재산도 모을 수 있다. 1990년대 후반 미국의 대중 월간지 〈스파이〉는 흥미로운 실험을 하나 했다. 부자 58명에게 '은행의 실수로 1달러를 잘못 인출했으므로 예금주들께 되돌려드리고자 한다'라는 메시지를 보낸 것이다. 단, '이 돈을 받으려면 안내된 서류를 준비해 은행을 직접 방문해야 한다'라는 단서를 달았다. 언뜻 생각하면 1달러를 찾기 위해 복잡한 서류를 준비해 은행을 직접 방문할 사람이 얼마 되지 않았을 것 같다. 그것도 미국을 대표하는 부자들이므로. 그런데 실험 결과는 의외였다. 58명 가운데 26명이 은행을 직접 찾아왔다고 한다.

삶이 지치고 힘들 때 우리는 신께 기도한다. 어떤 종교를 믿고 있든지 상관없이 어려움이 닥치면 자신도 모르게 "오, 주여"나 "나무관세음보살"이라는 말이 저절로 입 밖으로 튀어나온다. 절망적인 마음은 단 한마디 말로 충분히 표현할 수 있다. 루미, 카비르와 함께 페르시아-인도 신비주의 시문학의 꽃으로 불리는 랄라의 기도가 실제로 그랬다. 류시화의 《좋은지 나쁜지 누가 아는가》에도 그녀의 이야기가 등장한다.

랄라의 초년은 불행했다. 열두 살에 결혼해 시어머니의 멸시와 학대에 시달렸다. 시어머니는 그녀가 밥을 많이 먹는 것처럼 보이게 하려고 밥그릇에 돌을 깔고 그 위에 아주 적은 밥을 얹어 주었다. 랄라는 새벽에 물을 길으러 갈 때마다 강을 헤엄쳐 건너편 사원에 가서 기도했다. 랄라가 늦는 것을 눈치챈 시어머니는 불륜을 의심했고 이에 동조한 남편마저 폭력을 휘둘렀다. 랄라는 스물네 살이 되었을 때 무의

미한 결혼 생활에 마침표를 찍고 구도의 길을 떠났다. 거의 나체가 되어 떠돌며 그녀는 힘들 때마다 신에게 기도했다.

"나예요, 랄라."

그것이 기도의 전부였다.

이 이상 무슨 말이 필요한가? 견딜 수 없이 힘들고 고통스러울 때 나를 속속들이 아는 이에게 "나예요"라고 말하는 것만으로 충분하지 않은가? 정말로 힘든 친구가 당신에게 전화를 걸어 "나야"라고 말한다면 그는 모든 말을 한 것이다. 그 뜻을 이해하지 못한다면 당신은 친구가 아니지 않겠는가.

삶에서 꼭 필요한 것은 하나로도 족하다

"여우는 많은 것을 알지만
고슴도치는 한 가지 큰 것을 안다."
– 그리스 시인 아르킬로코스

"천릿길도 한 걸음부터千里之行 始於足下"라는 《도덕경》의 가르침은 삶의 중요한 원칙이다. 아무리 크고 위대한 업적이라도 그 시작은 언제나 작고 소박한 하나에서 출발한다는 사실이다. 큰 바다는 졸졸 흐르는 시냇물 한 줄기에서 비롯되고, 태산은 흙 한 줌에서 시작된다. 말이 많다고 위대한 진리를 구현할 수 있는 것은 아니다. 아인슈타인의 상대성원리는 '$E=mc^2$'이라는 간단한 공식 하나로 압축되고, 다윈의 진화론은 '자연선택'이라는 한마디로 정리된다. 많은 것을 알고, 소유하고 있다고 반드시 인생이 행복해지거나 성공하는 것은 아니다. 그리스의 시인 아르킬로코스의 말처럼 많은 것을 아는 여우보다 한 가지

중요한 것을 아는 고슴도치가 되는 전략이 때로는 더 유용할 수 있다. 데시데리우스 에라스무스는《격언집》에서 아르킬로코스의 말을 다음과 같이 부연 설명한다.

> "여우는 다양하고 기상천외한 방법으로 사냥꾼을 속이지만 마침내 붙잡힌다. 하지만 고슴도치는 오로지 한 가지 방법만으로 사냥개의 이빨을 피한다."

노자는 이렇게 말한다.

예부터 하나를 얻은 것들이 있다.

昔之得一者 석지득일자

하늘은 하나를 얻어 맑아지고, 땅은 하나를 얻어 편안해지고,

天得一以淸 천득일이청 地得一以寧 지득일이녕

신은 하나를 얻어 영묘해지고,

골짜기는 하나를 얻어 가득 차게 되고,

神得一以靈 신득일이령 谷得一以盈 곡득일이영

만물은 하나를 얻어 생장하게 되고,

萬物得一以生 만물득일이생

왕과 제후는 하나를 얻어 천하의 우두머리가 되니

이 모두가 하나의 덕이다.

侯王得一以爲天下貞 후왕득일이위천하정 其致之 기치지

그러므로 귀한 것은 천한 것을 근본으로 삼고,

故貴以賤爲本 고귀이천위본

높은 것은 낮은 것을 바탕으로 한다.

高以下爲基 고이하위기

이런 까닭으로 왕과 제후는 스스로를

고아, 과부, 어리석은 사람이라 부른다.

是以後王自謂孤寡不穀 시이후왕자위고과불곡

《도덕경》 39장

하나는 가장 보잘것없고, 가장 천하고, 가장 낮은 것이다. 하지만 이것이 없으면 하늘도 존재할 수 없고, 땅도 존재할 수 없고, 신도 존재할 수 없다. 가장 비천하고 낮은 것, 그 하나가 가장 근본적인 것이다. 삶에서 꼭 필요한 것은 굳이 둘일 필요가 없다. 법정 스님은 '맑고 향기로운 운동본부' 발족식에서 이렇게 말했다.

"하나가 필요할 때 둘을 가지려고 하지 마세요. 둘을 갖게 되면 그 하나마저 잃어버립니다. 무소유란 아무것도 갖지 않는 게 아닙니다. 불필요한 것을 갖지 않는 것입니다. 만족할 줄 알면 비록 가진 것이 없더라도 부자나 다름없습니다. 행복의 척도는 필요한 것을 얼마나 많이 가지고 있느냐가 아닙니다. 불필요한 것으로부터 얼마나 자유로워져 있느냐에 달려 있습니다."

일제강점기에 대원각이라는 요정을 운영하며 큰 재산을 모은 김영한은 천재 시인 백석의 애인이었다. 백석의 대표작 〈나와 나타샤와 흰 당나귀〉는 김영한을 위해 쓴 시로 잘 알려져 있다. 김영한은 말년에 뜻한 바가 있어 대원각을 법정 스님에게 시주한 후 절을 만들어달라고 부탁했다. 대원각은 당시 시세로 1000억 원이 넘었다. 무소유를 삶의 철학으로 삼고 있던 법정 스님은 이 요청을 일언지하에 거절했다. 하지만 만날 때마다 김영한이 애원하자 '가난한 절'로 운영한다는 조건을 내걸고 승낙했다. 이렇게 탄생한 절이 성북동의 길상사다. 길상사 개원식에서 김영한은 '어떻게 천억대의 큰 재산을 선뜻 희사했느냐'는 기자들의 질문에 다음과 같이 말했다.

"1000억이면 어떻고 2000억이면 어떻습니까. 백석의 시 한 줄만도 못한 것을."

노자가 《도덕경》 39장에서 말한 하나의 의미를 이렇게 간결하게 표현한 말을 그 어디에서도 들어본 적이 없다. 김영한에게 백석의 시한 줄은 수천억 원의 재산보다 더 값지고 고귀한 것이었다.

'천릿길도 한 걸음부터'라는 말은 시작이 그만큼 중요하다는 뜻이지만, 뒤집어 생각해보면 시작이 그만큼 어렵다는 뜻도 된다. 스티븐 기즈는《습관의 재발견》에서 '팔굽혀펴기 한 번으로 인생을 바꿨다'라고 했는데 이 말에도 '한 번 하면 두 번 할 수 있고, 두 번 하면 세 번 할 수 있고, 그렇게 습관이 되다 보면 마침내 백 번도 할 수 있다'라는 의미가 담겨 있다. '한 번'이 아니라 꾸준한 습관 만들기에 강조점이 있는 것이다.

하지만 뒷말이 어찌 됐든 시작이 가장 중요하다는 것은 부인할 수 없는 인생의 진리다. 시작이 없으면 과정도 없고 따라서 어떤 결론에도 이를 수 없다. 꼭 필요한 순간에 내리는 한 번의 결단, 한 번 먹은 마음이 위대한 성취를 이루어낸다. 그 누구도 다윗이 골리앗을 이길 수 있다고 생각하지 않았지만, 다윗은 용기를 가지고 골리앗에게 도전장을 내밀었다. 그리고 골리앗의 급소를 한 번에 가격해 거인을 쓰러뜨렸다. 6·25 전쟁 당시 불리한 상황을 극적으로 역전시킨 것도 인천상륙작전이라는 단 한 번의 결단이었다. 바닷물이 짜다는 사실을 알려면 한 모금의 바닷물을 마셔보는 것으로 충분하다. 삶의 본질에 소중한 것은 굳이 둘일 필요가 없다. 딱 하나, 딱 한 번이면 된다.

하나의 위력은 결코 작지 않다. 작은 나뭇조각 하나로 시작하는 도미노가 엄청난 힘을 발휘하는 것만 봐도 알 수 있다. 카이사르는 '주사위는 던져졌다'라는 단 한마디로 위대한 인물이 되었으며, 니체는 '신은 죽었다'는 간결한 아포리즘으로 중세철학을 완전히 전복했다. 백남준을 위대한 예술가로 만든 것도 바이올린을 천천히 들어 올린 후 한 번에 내리쳐 부수는 단순한 동작 하나였다. 이처럼 위대한 일은 늘 단순함에서 비롯된다.

말이 많으면 처지가 궁색해진다

"우리는 무엇을 말하느냐에 정신이 팔린 채 살아간다.
하지만 어떤 말을 하느냐보다 어떻게 말하느냐가 중요하고
어떻게 말하느냐보다 때론 어떤 말을 하지 않느냐가 더 중요한 법이다.
입을 닫는 법을 배우지 않고서는 잘 말할 수 없는지도 모른다."

– 이기주《언어의 온도》

언어의 힘은 채찍보다 강하다. 바벨탑을 높이 쌓아 신의 영역에 도달하려는 인간의 무모한 욕망을 좌절시키기 위해 신은 채찍을 드는 대신 언어를 교란했다. 서로 다른 언어 앞에서 결국 인간은 무너지고 와해됐다. 우리는 이처럼 언어의 힘과 그 중요성을 알고 있으나, 일상생활에서 말 때문에 화를 입는 경우도 적지 않다. 10세기 중국의 사상가였던 풍도는 이렇게 말했다. "입은 화를 부르는 문이고, 혀는 신체를 베는 칼이다."

그래서 말을 잘하는 방법을 배우는 것도 중요하지만 말을 아끼는 법, 침묵하는 법을 배우는 것도 그에 못지않게 중요하다. 말 한마디로

천 냥 빚을 갚을 수도 있지만 말 한마디를 잘못해서 천 길 나락으로 떨어지는 경우도 많다.

지난날을 돌아볼 때 내가 가장 후회하는 것도 말과 관련된 것이다. 나는 대학에서 아이들을 가르치기도 했고, 공직 생활도 해보았다. 한때는 정당의 대변인실에서 논평을 쓰는 일도 맡았다. 대변인실은 전쟁터로 비유하자면 최전방 공격수와 같다. 말이라는 검으로 상대의 허점을 찌르는 것이 대변인실의 주된 임무다. 그러다 보니 본의 아니게 타인에게 상처를 입히기도 한다. 정곡을 찌르는 논평으로 언론의 주목을 받으면 보람을 느끼지만 마음에 남는 빚은 그보다 훨씬 크고 오래 간다.

내가 대변인실에서 근무하던 시절에 어떤 대권주자가 출사표를 던지기 전 여론의 동향을 주의 깊게 살피고 있었다. 그는 요즘 말로 하면 간을 보기만 할 뿐 명확한 의사 표시는 하지 않고 있는 상태였다. 그러던 그가 어느 날 충청향우회에 참석해 자신을 '충청의 아들'이라고 언급했다. 나는 그 모습을 보고 다음과 같은 논평으로 그를 공격했다. "아무개 씨는 지역주의에 기대 여론의 눈치를 살피는 소심한 기회주의자다."

이 논평은 언론의 주목을 제법 받았지만 그 시절로 돌아갈 수만 있다면 나는 이 논평을 지우고 싶다. 말 한마디로 사람을 규정하는 행위가 옳지 않다는 것을 뒤늦게 깨달았기 때문이다. 이뿐 아니라 두 전직 대통령을 비롯해 다른 많은 이에게도 나는 말빚을 지고 있다. 그런 자취들도 지금은 깨끗이 지우고 싶다. 하지만 아무리 되돌리고 싶어도 되돌릴 수가 없는 것이 말로 지은 업이다. 지나온 발자국은 지울 수 있지만, 말이나 글로 남긴 자취는 결코 지울 수가 없다. 이것이 말의 성질이다.

페르디낭 드 소쉬르가 《일반언어학 강의》에서 구분하고 있는 것처럼 말은 생리적 요소와 물리적 요소, 심리적 요소로 이루어진다. 소통이라는 측면에서 보면 단어와 문장이 입에서 나와 상대의 귀로 전달되는 생리적 혹은 물리적 요소보다는 그것이 상대의 마음속에 수용되는 심리적 요소가 더 중요하다. 아리스토텔레스도 《수사학》에서 '무슨 말을 어떻게 하느냐'가 아니라 '누가 말하느냐'가 더 중요하다고 강조한다. 화려한 언변보다는 화자에 대한 신뢰가 수사학의 성패를 좌우하는 핵심 요소라는 뜻이다. 진정성이 없는 말은 사람의 마음을 움직일 수 없다.

제너럴 일렉트릭의 회장을 역임했던 잭 웰치는 어린 시절 말이 어눌했다. 말을 더듬는다는 이유로 친구들에게 놀림을 당하고 마음에 상처를 입는 일도 많았다. 하루는 잭이 친구들에게 심한 놀림을 받고 눈물을 흘리자 그의 어머니는 이렇게 말하면서 아들을 위로했다. "괜찮아, 너는 말이 느린 것이 아니라 생각의 속도가 너무 빠른 것뿐이야. 말을 잘하는 것보다 말에 생각의 깊이와 진심을 담는 것이 더 중요하단다."

노자는 《도덕경》에서 말의 핵심으로 간결함을 강조했다.

말이 많으면 처지가 궁색해진다.
마음속에 담아두는 것만 못하다.
多言數窮 다언삭궁 不如守中 불여수중

《도덕경》 5장

이러한 노자의 언어관이 잘 드러나는 일화가 하나 있다. 어느 날 공자가 자신의 저서를 주나라의 도서관에 보관하기 위해 그곳에서 사서로 근무하던 노자를 찾아왔다. 처음에 노자는 공자의 제의를 거절했다. 그러나 공자가 계속해서 강하게 부탁하자 노자는 먼저 책의 내용을 설명해보라고 한다. 공자는 자신의 저서 열두 권을 책상 위에 펼쳐놓고 주저리주저리 설명해나갔다. 그러자 노자는 이렇게 말했다. "너무 번잡하니 요점만 말하시오."

사람의 내공이 얕으면 말이 번잡해진다. 사물의 핵심을 꿰뚫어 보는 통찰력을 갖추려면 먼저 간결하고 담백한 언어습관을 갖춰야 한다. 마르틴 하이데거가 말했듯이 언어는 존재의 집이기도 하고 세계를 비추는 거울이기도 하다. 삶이 편해지기 위해서는 사는 집이 단출해야 하듯이 인간관계를 편하게 하기 위해서는 사용하는 말이 쉽고 간결해야 한다.

대화의 신 래리 킹과 토크쇼의 여왕 오프라 윈프리의 성공 비결

역시 말을 적게 하는 것이다. 그들은 자신의 말수를 줄이는 만큼 상대방의 말을 경청한다. 우리나라에서 예능의 신으로 불리는 신동엽과 유재석도 비슷하다. 두 사람은 한 번 말하고, 두 번 듣고, 세 번 맞장구를 친다. 미하엘 엔데의 소설《모모》에 나오는 주인공 모모가 이웃 간에 일어나는 분쟁을 잘 해결하는 비결도 말을 잘 듣는 것에 있다. 분쟁 당사자 두 사람이 모모를 찾아 와서 자신의 의견을 말할 때 모모는 아무 말도 하지 않고 그냥 듣기만 한다. 그렇게 시간이 흐르다 보면 두 사람은 저절로 화해한다.

말을 많이 하다 보면 뜻하지 않게 실언하는 경우도 종종 생긴다. 누군가와 대화하는 도중에 혹시 모르는 게 있으면 괜히 아는 체하지 말고 솔직하게 모른다고 말하는 것이 더 낫다. 한 번의 거짓말은 또 다른 거짓말을 낳고 그 거짓말이 눈덩이처럼 불어나 예기치 않게 일을 꼬이게 만들 수도 있기 때문이다. '책 한 권 읽은 사람이 가장 무섭다'라는 말처럼 확증편향으로 강하게 주장하는 사람보다는 '아는 것이 아무것도 없다'라며 겸손한 태도로 상대의 말에 귀를 기울이는 사람이 세상의 평화에 더 많이 기여한다.

말은 각자 외딴섬에서 외롭게 살아가는 사람들 사이를 연결해주는 다리다. 다리가 부실하면 서로 잘 오갈 수 없듯이 말이 충실하지 않으면 소통이 어려워진다. 품격이라는 단어에 쓰이는 품品 자가 입 구口 자 세 개로 만들어진 것처럼 말은 그 사람의 인격을 나타낸다. 사용하는 언어에서 매화처럼 은은한 향기가 나는 사람이야말로 진실한 사람이다. 몸이 구부정하면 그림자도 구부정하듯이 사용하는 말이 곧지 못하면 사람의 됨됨이도 곧지 않다.

도란 어린아이처럼 단순한 것이다

"전쟁에서 모든 것들은 매우 단순하다.
그러나 가장 단순한 것이 가장 어렵다."

– 카를 폰 클라우제비츠

잡스는 21세기에 그 누구보다도 열정적으로 단순함을 추구했다. 다른 휴대폰 회사들이 쓸데없는 기능을 추가해 복잡한 제품을 만들 때 잡스는 세 개의 버튼도 많다며 단 하나로 줄였고, 복잡한 용어 대신 누구나 쉽게 이해할 수 있는 아이콘을 도입했다. 애플은 간결하고 단순한 제품으로 단박에 소비자들의 눈길을 사로잡았다. 애플이 짧은 시간에 컴퓨터 제국의 공룡으로 군림하던 IBM을 꺾고 실리콘밸리의 정상에 오를 수 있었던 비결은 '단순함'이었다.

구글도 마찬가지였다. 구글은 홈페이지 대문에서 작은 검색창 하나만 남기고 나머지는 모두 제거하는 극단적인 단순함을 택했다. 구글의 검색창은 단순하면서도 가장 많은 정보를 담고 있는 상자다. 구글이 검색시장에 뛰어들었을 때 실리콘밸리의 평론가들은 이를 '어린애 장난'으로 치부했다. 당시 검색시장을 지배하고 있던 야후를 구글이 절대 꺾을 수 없을 것이라고 호언장담했다. 그러나 이 예측은 빗나갔다. 구글은 '단순한 전략'을 앞세워 야후를 이겼다. 평론가들은 이 어린애 장난에 마법이 숨어 있다는 사실을 간과했다.

노자는 이렇게 말한다.

기운을 오롯이 하여 부드러움에 이르러
어린아이처럼 될 수 있겠는가?
專氣致柔 전기치유 能嬰兒乎 능영아호
넓고 깊은 도의 거울을 씻고 닦아서
티끌이 하나도 없게 할 수 있겠는가?
滌除玄覽 척제현람 能無疵乎 능무자호

《도덕경》 10장

어린아이는 부드럽고 순수하고 단순하다. 맑고 깨끗한 아이들의 영혼에는 우주를 움직일 수 있는 기운이 숨어 있다. 부드럽고 연약하지만 무엇이든 이길 수 있는 강철 같은 단단함도 있다. 노자는 어린아이의 이 마음이 도에 가장 가깝다고 말한다. 단순하다는 말이 쉽다는 말과 동의어는 아니다. 클라우제비츠의 말처럼 '가장 단순한 것이 가장 어렵다'. 어린아이의 순수함 같은 맑고 깨끗한 영혼으로 세상을 바라볼 때 단순함은 그 위력을 발휘한다. 법정 스님이《버리고 떠나기》에서 들려주는 다음 일화를 읽으면서 나는 어린아이와 같은 순수한 마음에서 나오는 마법의 힘이 얼마나 강한지 절실하게 깨달았다.

법정 스님이 뉴욕에 사는 한 지인으로부터 편지를 받았다. 작년 봄 프랑스에 갔을 때 캉이라는 도시에 유학하고 있는 한 여학생에게서 들은 이야기라고 하면서 편지는 시작되었다. 편지 내용을 요약하면 대략 다음과 같다.

프랑스의 어느 대학에서 유학하고 있는 우리나라 여학생이 하나 있었습니다. 이 여학생은 어느 날 학생과에서 한국 학생을 찾는다는 연락을 받았습니다. 학생과로 찾아갔더니 직원이 어떤 프랑스인 집으로 좀 가 봐달라는 부탁을 했습니다. 여학생은 아르바이트를 하면서 어렵게 공부하는 고달픈 처지였지만 없는 시간을 쪼개어 그 집으로 가보았습니다. 그랬더니 매우 평범하게 사는 그 집 부부가 반갑게 맞으면서 한국 학생을 찾은 연유를 이렇게 이야기했습니다.

"지난주 한국에서 어린애를 입양했는데 잘 먹지도 않고 줄곧 울기만 해서 여간 난처하지가 않아요. 한국 사람들은 어린애를 어떻게 돌보며, 무슨 말로 달래주며, 어떤 노래를 들려줍니까?"

그 여학생은 생후 6개월도 채 안 된 어린애를 받아 안았습니다. 하지만 어떻게 해야 할지 조금 난감했지요. 아직 시집도 안 간 처녀였기 때문에 아기를 어떻게 달래야 하는지 알 수 없었던 것입니다. 하지만 여학생은 한국에서 살면서 보았던 기억을 되살려 아기를 한 손으로 다독거리며 가만가만 달래주었습니다.

"아가 아가 울지 마라. 우리 아기 착한 아기. 울지 마라 우리 아기. 자장자장 우리 아기. 울지 마라 착한 아기. 자장자장 우리 아기……."

이런 식으로 아이를 부드럽게 쳐다보면서 우리말로 잠시 달래주었더니 아기는 금방 울음을 그치고 그 여학생의 얼굴을 말끄러미 쳐다보았습니다. 참으로 신기한 일이었지요. 아직 6개월도 채 안 된 아기였지만 우리말로 부드럽게 달래는 익숙한 목소리에 금세 안정을 찾은 모양이었습니다. 여학생은 그 후 몇 주 동안 주말마다 그 집에 가서 아기를 달래주고 자장가를 녹음해주었다고 합니다. 그러자 아기는 울지도 않고 정서적으로 안정을 찾아 잘 자랐다고 합니다.

법정 스님은 미국의 친지가 보내준 이 편지글을 읽으면서 눈물이 볼을 타고 내려왔다고 책에 적었다. 머나먼 외국으로 입양 간 아기의 가여운 운명을 비롯해, 우리말로 부드럽게 달래는 소리에 반응하는 아기의 모습이 눈에 선했기 때문이다. 법정 스님의 《버리고 떠나

기》에 나오는 많은 일화 중에서 특히 이 이야기가 내 마음을 파고든 것도 그 때문이었다. "아가 아가 울지 마라, 우리 아기 착한 아기, 울지 마라 우리 아기, 자장자장 우리 아기……"라는 대목을 읽는 순간 나도 모르게 눈물이 왈칵 쏟아졌다.

아이를 달랜 여학생의 마음은 아마도 순박했을 것이다. 그랬기에 아이의 맑고 깨끗한 영혼과 교감할 수 있었던 것 아닐까. 두 아이를 키우면서 나는 그런 순박한 마음으로 아이들을 대해주지 못했다. 못내 아쉽고 후회스럽다. 결혼해서 사는 큰딸이 아이를 가진다면 무척 기쁠 것 같다. 그때 못 불러줬던 자장가를 그 아이에게라도 한번 불러주고 싶다.

사

捨

위도일손

爲道日損

도는 날마다 덜어낸다

덜어냄으로 도를 실현하라

"말을 하는 사람은 한마디 말을 하기 전에
천 마디 말을 제 속에서 먼저 버려야 하고,
글을 쓰는 사람은 한 줄 글을 쓰기 전에
백 줄을 제 손으로 우선 깎아버려야 한다."

– 함석헌《씨알의 소리》

투자의 귀재로 불리는 워런 버핏은 집에 체중계를 놔두고 하루에 50번 이상 몸무게를 재본다고 한다. 그가 일정 몸무게를 넘으면 손녀들에게 1달러를 주기로 약속했는데 단 한 번도 그 선을 넘은 적이 없다. "하나를 보면 열을 알 수 있다"라는 속담처럼 이 사실 하나만 봐도 그가 얼마나 자기 관리에 철저한지 알 수 있다. 그의 전기《스노볼》에서 이 에피소드를 읽으면서 성공한 사람들은 뭐가 달라도 다르다는 생각으로 새삼 고개를 끄덕였더랬다.

나도 집에 체중계를 두고 가끔 몸무게를 재본다. 버핏처럼 자주는 아니지만 하루에 한 번씩은 재본다. 몸이 조금 무겁다 싶을 때는

70킬로그램을 훌쩍 넘겼지만, 지금은 60킬로그램 중후반대를 꾸준하게 유지하고 있다. 나이와 키를 고려하면 비교적 날씬한 편이다. 특히 8년 동안 지구 반 바퀴 거리만큼 꾸준히 걷다 보니 뱃살이 거의 없다. 일상생활에서 몸무게를 단기간에 2, 3킬로그램씩 줄이는 것은 무척 어렵다. 그러나 몇 년이라는 긴 시간을 염두에 두고 하루에 조금씩 줄여나가면 그 목표에 도달할 수 있다. 식단을 꾸준히 관리하면서 규칙적으로 무리하지 않고 운동하다 보면 어느 순간엔가 몸이 가벼워지는 느낌이 찾아온다.

산책을 일상으로 만든 계기는 동네 내과에서 고혈압 약을 처방받은 것이었다. 약국에서 약을 받아오긴 했지만 나는 단 한 알도 먹지 않았다. 고혈압 약은 한 번 먹기 시작하면 평생을 먹어야 한다는 말을 언젠가 들은 적이 있었기 때문에 의지로 고혈압을 고쳐보겠다고 마음먹었다. 그래서 산책을 시작했고, 그 덕분에 매년 정기검진에서 혈압이 정상이라는 소리를 듣는다. 약병은 지금도 내 작업실 한켠에서 우두커니 나를 쳐다보고 있다. '언제까지 나를 먹지 않고 버티는지 두고 보자'며 시험이라도 하듯이 나를 주시하고 있다. 하지만 나는 이렇게 대답한다. '너를 내 곁에 두는 건 언젠가는 너를 먹기 위해서가 아니야. 널 잊지 않기 위해서지.'

노자는 이렇게 말한다.

학문은 하루하루 더하고 도는 하루하루 덜어낸다.

爲學日益 위학일익 **爲道日損** 위도일손

덜고 덜어 무위의 경지에 이른다.

損之又損 손지우손 **以至於無爲** 이지어무위

무위하면 하지 못하는 일이 없게 된다.

無爲而無不爲 무위이무불위

《도덕경》 48장

일상의 덜어냄을 실천해 우리는 도를 실현할 수 있다. 나는 꾸준한 산책으로 몸을 조금씩 가볍게 하고 있다. 그리고 그런 과정으로 몸무게의 도를 닦아나가는 중이다. 고혈압 약병을 마음속에서 완전히 지우는 그날이 삶에서 몸무게의 도를 완전히 이루는 날이 될 것이다. 법정 스님도 키우던 난 화분에 일상이 자꾸 얽매이자 그걸 지인에게 준 후 홀가분함을 느꼈다고 한다. 그 사건을 계기로 하루에 한 가지씩 비우는 무소유를 실천하겠다고 다짐했다는데 수행자인 그의 방을 차지하고 있는 물건들이 매일 하나씩 비워낼 만큼 많지는 않았을 것이다. 아마도 그가 비우겠다고 다짐한 건 눈에 보이는 물건이 아니라 보이지 않는 마음속의 번뇌가 아니었을까. 그것은 물건을 비우는 것보다 몇 배는 더 힘든 일이다. 번뇌는 비워도 비워도 끝이 없으니까. 새삼 그의 고결한 덕업과 정진에 고개가 숙여진다.

내가 좋아하는 노래 중에 〈가시나무〉라는 노래가 있다.

내 속엔 내가 너무도 많아
당신의 쉴 곳 없네
내 속엔 헛된 바램들로
당신의 편할 곳 없네
내 속엔 내가 어쩔 수 없는 어둠
당신의 쉴 자리를 뺏고
내 속엔 내가 이길 수 없는 슬픔
무성한 가시나무 숲 같네
바람만 불면 그 메마른 가지
서로 부대끼며 울어대고
쉴 곳을 찾아 지쳐 날아온
어린 새들도 가시에 찔려 날아가고
바람만 불면 외롭고 또 괴로워
슬픈 노래를 부르던 날이 많았는데
내 속엔 내가 너무도 많아서
당신의 쉴 곳 없네

내 속을 가득 채우고 있는 '나'라는 자아 덩어리, 욕망, 헛된 바람,

어둠과 슬픔은 마치 무성한 가시나무 숲 같다. 그것들은 삶의 장애물이다. 그로 인해 쉴 곳을 찾아 날아온 어린 새 같은 내 아이들이 가시에 찔려 날아가고, 삶에 지쳐 고단했던 아내도 기댈 곳을 찾지 못해 일기장에 눈물을 뚝뚝 흘려야 했다. 장애물을 치우기 위해 매일 조금씩 노력해보지만 가시를 쉬이 없애지는 못한다. 하나를 치우면 또 다른 가시 하나가 돋고, 그걸 치웠다 싶으면 또 다른 가시가 돋아난다. 그렇다고 매일매일 덜어내는 그 행위를 멈추면 내 마음은 햇볕 한 줄기도 들어오지 못하는 캄캄한 암흑이 되고 말 것이다. 헛된 줄 알지만 그래도 끊임없이 비우고 또 비워내야 하는 것은 인간의 숙명 아닐까. 언덕 밑으로 굴러 내려가는 줄 알면서도 끝없이 바위를 언덕 위로 밀어 올리는 시시포스처럼 말이다.

텅 비어 있기에 더 충만하다

불교에서 말하는 수행은 없는 것을 보태는 것이 아니고 날마다 조금씩 비우는 것이다. 《도덕경》에서 노자가 말하는 도와 덕도 마찬가지다. 날마다 비워서 텅 빈 상태로 만드는 것이 도와 덕의 궁극적인 지향점이다. 도는 꽃이고 덕은 그 꽃의 향기다. 날마다 덜어내서 맑고 청정한 도에 이르면 사람에게서도 연꽃처럼 은은한 향기가 난다.

내가 걷는 식물원의 길 끝은 물재생센터와 이어진다. 과거에는 하수종말처리장이라는 이름으로 불렸는데 언제부터인지는 모르겠지만 명칭이 바뀌었다. 부르기도 더 좋고 듣기도 더 좋다. 그뿐 아니라 요즘에는 시설을 지하화한 후 지상 부지는 모두 공원으로 만들었다. 기피

시설이 삶을 여유롭게 하는 휴식 공간으로 바뀐 것이다. 시민의 세금을 이렇게만 쓰면 아무도 탓할 사람이 없을 것 같다.

주말에는 종종 아내와 함께 식물원 대신 한강 변 생태습지를 찾는데, 가는 길목에 물재생센터가 있기 때문에 자연스럽게 새로 조성된 공원길을 걷게 된다. 그중에서도 내가 특히 좋아하는 곳은 센터 공원 옆 언덕에 있는 메타세쿼이아 길이다. 하늘을 향해 쭉 뻗어 있는 키 큰 메타세쿼이아 나무들이 백여 미터 넘게 줄지어 서 있는 이 길은 그야말로 명소다. 그래서 녹음이 우거진 여름철이 되면 사람들의 발길로 붐빈다.

하지만 나는 여름보다 겨울의 이 길을 더 좋아한다. 촘촘하게 달린 바늘 같은 잎사귀들이 죄다 떨어져나간 겨울철 메타세쿼이아 숲길을 걷노라면 왠지 모를 텅 빈 충만감에 젖어든다. 여름철 푸른 잎사귀들로 덮여 있을 때는 느끼지 못하는 충만감을 겨울철 나목裸木의 군상에서 느끼는 것이다. 비어 있어 더 충만하다는《도덕경》의 가르침을 이렇게 눈앞에서 직접 본다.

노자는 이렇게 말한다.

하늘과 땅 사이는 마치 풀무와 같다.

天地之間 천지지간 其猶橐籥 기유탁약

텅 비어 있지만 다함이 없고 움직일수록

더 많은 것이 나온다.

虛而不屈 허이불굴 動而愈出 동이유출

《도덕경》 5장

성성한 잎들을 모두 떨쳐버리고 빈 가지로 묵묵히 서 있는 겨울철의 메타세쿼이아 나무를 보고 있노라면 나도 삶에서 비울 게 없는지 다시 한번 되돌아보게 된다. 인디언들은 12월을 '침묵의 달', '무소유의 달'이라고 부른다고 한다. 무성했던 잎사귀들을 말끔히 비워내고 차가운 겨울 하늘 아래 우뚝 서 있는 메타세쿼이아 군락을 보노라면 왜 그들이 12월을 그렇게 부르는지 절로 알게 된다. 나뭇잎이 떨어지는 일은 자기희생이며 사랑의 실천이다. 나뭇잎은 자신을 비워 나무를 가볍게 하고, 그 대가로 이듬해 봄 새로운 생명을 얻는다. 소금이 녹지 않으면 음식의 맛을 낼 수 없고 씨앗이 삭지 않으면 곡식의 싹을 틔울 수가 없는 것도 같은 이치다. 자연뿐 아니라 인공물에도 그런 원리가 적용된다. 비누는 물에 녹아 없어져야 제 기능을 다할 수 있다. 이로써 우리 몸의 더러운 때를 씻어준다.

세간살이를 들여놓기 전의 텅 빈 방을 떠올리면 노자가 말하는 비움의 의미를 더 쉽게 깨닫는다. 하지만 사람들은 대개 비움이라고 하면 빈 지갑부터 떠올린다. 소유를 중요하게 생각하는 사람에게 비움은 곧 결핍이고 빈곤이다. 그러나 잔이 비어 있어야 물을 따를 수 있고, 타석이 비어 있어야 타자가 들어설 수 있듯이 존재의 본질은 채움이 아니라 비움이다. 그러므로 버리고 비우는 일은 존재의 본질에 가까이 다가가기 위한 적극적인 자아실현이다. 방 안이 물건으로 가득 차 있으면 밝은 햇살이 들어올 수 없다. 마찬가지로 머릿속이 잡다한 생각과 잡지식으로 채워져 있으면 영혼이 소통할 수 없다. 맑고 청정한 달빛 같은 우주의 기운으로 영혼을 적시기 위해서는 마음과 머릿속을 비워야 한다. 무엇인가를 담을 수 있는 내면의 공간이 넓을수록 생명의 기운도 더 충만해지고, 삶을 역동적으로 살 수 있게 된다.

사람도 마찬가지다. 무언가를 치렁치렁 걸치고 있는 사람보다는 단출하고 검소하게 차려입은 사람에게서 더 깊은 원숙미를 느낀다. 소박하게 입었다고 해서 그 사람을 가난하다고 업신여기지 않는다. 오히려 많은 물건으로 자신을 치장하고 있는 사람보다 더 부자라고 생각한다. 삶을 소유물로 여기고 물건이 많을수록 부자라고 생각하는 사람들의 눈으로는 그런 사람의 내면을 채운 충만감을 엿볼 수 없을 것이다. 그들의 눈에는 빈 가지의 메타세쿼이아가 그저 헐벗은 식물로만 보일 것이고, 해인사 팔만대장경도 한낱 빨래판으로밖에 보이지 않을 것이다. 하지만 마음을 바라보는 눈을 가진 사람은 굳이 꽃을 보러 정원으로 갈 필요가 없을 것이다. 그런 사람의 속에는 이미 꽃이 만발한 정원이 있기 때문이다.

눈이 온 날의 식물원은 인생 사진을 찍기에 딱 좋은 곳이다. 하얀 눈으로 덮인 식물원에서는 어느 곳이든 그저 카메라 셔터를 누르기만 해도 모든 것이 작품이다. 그중에서도 내가 특히 좋아하는 사진은 살구나무나 매화나무 가지에 살포시 얹혀 있는 설화雪花다. 잎이 모두 져버린 빈 가지에 생겨난 동글동글한 눈꽃에는 세상 모든 것을 다 줘도 바꿀 수 없을 완벽한 아름다움이 실려 있다. 겨울철에도 잎을 떨구지 않는 나무에는 그런 눈꽃이 생겨나지 않는다. 거기에는 이미 매달려 있는 것이 많아 더 보탤 것이 없기 때문이다. 더 버릴 것이 없는 나무에서만 아름다운 설화를 구경할 수 있다.

봄철에 피는 꽃들은 다 아름답지만 질 때의 모양으로만 보면 나는 목련이 으뜸이라고 생각한다. 목련은 순백이나 자줏빛의 넓은 잎으로 활짝 피었다가 질 때는 두고 떠나는 나뭇잎에 아무런 흔적을 남기지 않는다. 진달래나 철쭉이 질 때와는 사뭇 다르다. 잎사귀에 매달려 시들시들하다가 마지못해 떨어져나가는 꽃잎들보다 가야 할 때 미련을 남기지 않고 깨끗이 떠나는 목련의 기상을 닮고 싶다. 그래서 말년에 명줄이 쉬이 끊기지 않으면 단 하루도 연명치료 같은 것을 하지 말아 달라고 아내와 아이들에게 특별히 당부해두었다. 남기고 갈 것이 없으니 유언이라면 그게 유일한 유언이다.

짐이 무겁게 느껴지면 내려놓아라

"마음이 가난한 사람은 아무것도 더 바라지 않고,
아무것도 더 알려고 하지 않고, 아무것도 더 가지려 하지 않는다.
욕망을 내려놓고, 지식을 내려놓고, 소유를 내려놓는다.
그리고 자유를 얻는다."

– 마이스터 에크하르트

내가 산책하는 식물원은 잔디광장과 호수, 연못, 습지 등 크게 네 부분으로 구성되어 있다. 핵심 장소인 주제원(보타닉가든)과 온실은 유료라 매일 갈 수가 없다. 어쩌다 집안에 혼사가 있어 지방에서 친지들이 올라오면 가이드 겸해서 한 번씩 들어가볼 뿐이고 대체로는 24시간 개방되어 있는 야외 공간을 주로 걷는다. 매화와 목련, 개나리, 진달래 등 가장 먼저 찾아오는 봄 손님들이 물러간 4월 중순부터는 하얀색 공작 깃털처럼 생긴 조팝나무와 알록달록한 꽃사과나무, 분홍빛의 복사꽃 같은 것들이 내 눈길을 사로잡는다. 그리고 특별하게 구간을 정해 모둠으로 심어놓은 각양각색의 수선화와 튤립도 이맘때의 내 발길을 자주 멈추게 한다. 그러나 뭐니 뭐니 해도 내가 손꼽아 기다리는 달은 5월이다. 계절의 여왕이라는 별칭 때문이 아니라 그때가 되면 내가 좋아하는 수련이 만발하기 때문이다. 이 즈음에는 수련에 많은 시간을 빼앗기는 탓에 산책길 발걸음이 눈에 띄게 더뎌진다.

수련은 아침저녁으로 그 모양이 다르고, 흐린 날과 맑은 날의 모양이 또 다르다. 여름철로 넘어가는 즈음에는 어린 수련들의 키가 제법 자라 진한 녹색 빛깔의 큰 연잎으로 골격이 바뀐다. 비가 오는 날 굵은 빗방울이 맺힌 그 연잎들을 바라보면서 나는 세상의 이치를 또 한 번 깨닫는다. 연잎은 빗방울을 감당할 무게만큼만 싣고 있다가 그 이상이 되면 비워버린다. 동글동글한 빗방울이 어느 정도 커지면 여지없이 또르르 비워낸다. 연잎이 욕심대로 빗방울을 받아들이면 줄기가 감당하지 못하고 꺾일 것이다. 사람에게도 몸으로 감당할 수 있는 무게가 있다. 어깨에 걸친 짐이 무거우면 그걸 내려놓으면 되는데 사람들은 낑낑거리면서도 그 짐을 내려놓지 않는다. 그러다가 어깨가 고장 난 후 자리에 누워서 '진작 내려놓을걸' 하고 후회한다.

노자는 이렇게 말한다.

화는 족함을 모르는 것보다 더 큰 것이 없고

禍莫大於不知足 화막대어부지족

허물은 갖고자 하는 욕심보다 더 큰 것이 없다.

咎莫大於欲得 구막대어욕득

그러므로 족한 줄 아는 것이 가장 큰 족함이다.

故知足之足上足矣 고지족지족상족의

《도덕경》 46장

연꽃은 속이 텅 비어 있다. 화려한 겉모양만으로 만족하지 못해 속도 꽉 채우고 있으면 밉상스러워 보일 텐데 속을 텅 비우고 있기에 사랑스럽다. 반찬으로 만들어 먹는 연근도 속이 숭숭 뚫려 있다. 북송 시대 대학자였던 주무숙의 〈애련설〉을 내가 자주 읊조리는 것도 그 이유 때문이다.

"내가 오직 연을 사랑함은 진흙 속에서 났지만 거기에 물들지 않고, 맑은 물결에 씻겨도 요염하지 않기 때문이다. 속이 비어 사심이 없고, 가지가 뻗지 않아 흔들림이 없다. 그윽한 향기는 멀수록 더욱 맑고, 그의 높은 품격은 그 누구도 업신여기지 못한다. 그러므로 연은 꽃 가운데 군자라 한다."

절에서는 화장실을 해우소解憂所라고 한다. 근심을 비우는 곳이라는 뜻이다. 몸속의 묵은 찌꺼기들을 밖으로 배출시키듯이 마음속 번뇌를 말끔하게 비워내면 몸과 마음이 함께 건강해진다. 그러려면 무거운 빗방울을 비우기 위해 고개를 숙이는 연잎처럼 겸손해져야 한다. 교만하면 스스로 비울 수 없다. '모든 것을 겸허히 받아들인다'고 할 때 빌 허虛 자를 쓰는 것도 그런 이치에서다. 마음속을 채우고 있는 오만함을 내려놓아야 겸손해질 수 있고, 겸손해져야 마음을 비울 수 있다.

식물원에는 식물뿐 아니라 동물도 꽤 있다. 호수와 습지에는 청둥오리와 왜가리, 두루미를 비롯한 수십 종의 철새와 텃새들이 평화롭게 노닐고 있고, 연못에서도 학을 닮은 새가 날개를 접은 채 편히 쉬고 있는 모습을 자주 목격한다. 나뭇가지들 사이로는 참새떼가 재잘거리며 몰려왔다가 떠나기를 반복한다. 그런 새들이 제법 성가실 법도 한데 나무는 그저 무위한 채로 제자리를 지키고 있다. 새들이 날아와 팔이나 품에 안겨도 무심하게 서 있을 뿐 팔을 저어 쫓아내지 않는다. 나도 그런 나무를 닮고 싶다. 오는 사람 막지 않고 가는 사람 잡지 않는 무심한 마음으로 남은 생을 너그럽고 여유롭게 살고 싶다.

그렇게 하루하루를 살다 보면 죽음도 담담하게 맞을 수 있을 것 같다. 죽음을 두려워하는 건 인간뿐이다. 자연은 죽음을 기꺼이 받아들인다. 여름철 푸르던 나뭇잎들도 가을이 되면 죄다 물이 든다. 그러다가 날이 더 추워지면 어김없이 아래로 떨어져 대지의 품으로 돌아간다. 그것이 자연이 죽음을 맞는 방식이다. 사람이 죽음을 두려워하는 이유는 순간순간 자신에게 주어진 삶을 충실하게 살지 못했기 때문이다. 삶은 한 번밖에 없지만 충실하게 살면 한 번으로도 족하다. 자연처럼 봄에는 눈부시게, 여름에는 푸르게, 가을에는 울긋불긋하게 삶의 시기를 충분히 누리면 후회도 아쉬움도 두려움도 남기지 않을 것이다. 결국 잘 죽기 위해서는 잘 살아야 한다. 너그럽고 진실한 마음으로 주어진 현실에 최선을 다하는 것이 가장 잘 사는 삶이다. 톨스토이의 〈두 노인〉은 삶의 이런 이치를 일깨워준다.

예핌은 부유한 농부였고, 옐리세이는 가난한 농부였다. 두 사람은 예루살렘에 가서 예배를 드리고 오는 것이 평생의 소원이었다. 더 늦어지면 영영 가보지 못할 수 있다는 생각으로 두 사람은 예루살렘을 향해 함께 길을 떠난다. 그런데 가는 도중 두 사람의 행보가 엇갈린다. 예핌은 예정대로 예루살렘에 가서 예배를 드리고 왔지만 옐리세이는 그 목적을 달성하지 못했다. 목이 말라서 잠시 농가에 들렀던 옐리세이는 굶주림으로 다 죽어가는 한 가족을 위해 자신이 가진 노잣돈을 전부 쓰고 말았다. 여비가 떨어진 옐리세이는 어쩔 수 없이 예루살렘행을 포기하고 집으로 돌아왔다. 톨스토이는 이렇게 말한다.

"하나님은 먼 곳에 있지 않다. 네가 마주치는 매 순간순간 사랑을 실천하는 그곳에 있다. 가난한 이웃을 돕느라 예루살렘에 가지 못한 옐리세이가 하나님께 더 가까이 갔다."

가졌으면서 더 채우려 하지 마라

"사람들이 재물과 색을 탐하는 것은
마치 칼날에 묻은 꿀을 탐하는 것과 같다.
한 번 입에 댈 것도 못되는데 그것을 핥다가 혀를 상한다."

-《사십이장경》

봄에 피는 철쭉에는 여러 종류가 있다. 산철쭉, 백철쭉, 영산홍, 자산홍 등 식물원 산책길에서 내가 자주 보는 철쭉만도 몇 가지다. 모양과 색깔이 조금씩 달라도 공통점은 이들이 군집을 이루고 빼곡하게 피어 있다는 사실이다. 그 자체로도 아름답고, 왠지 모르게 북한 소식을 전하는 뉴스에 자주 등장하는 집단 군무 같은 느낌이 들기도 한다.

이에 비해 도라지꽃이나 달맞이꽃은 한 송이씩 단아하게 피어 있다. 풍성한 맛은 없지만 자태가 맑고 고고해 나는 철쭉보다 이 꽃들을 더 좋아한다. 도라지는 보라색과 흰색의 단색으로 피고, 달맞이꽃도 연분홍의 단색으로 피는데 그런 단출함도 마음을 끄는 요소다. 게다가 잎들이 적당한 간격을 두고 피어 있기 때문에 여백의 미를 느낄 수 있는 점도 좋다. 삶도 조금 모자라고 아쉬운 여백이 있어야 숨통이 트인다. 아무리 가까운 사이라도 너무 밀착하기보다 조금 간격을 두고 싶은 것이 인지상정이다.

방안에 물건이 꽉 차 있으면 왠지 숨이 턱 막힐 듯한 갑갑함을 느낀다. 작업실을 채우고 있던 물건들 가운데 불필요한 것은 진즉에 많이 버렸지만, 내가 함부로 손댈 수 없는 안방과 결혼 후 비어 있던 큰딸 방에는 여전히 많은 것이 채워져 있었다. 그러다가 아내가 퇴직 이후 일주일 정도 사부작사부작 움직이고 나니 한결 공간이 넓어졌다. 아내는 장롱과 드레스룸, 아이 방을 차지하고 있던 옷가지나 이부자리, 기념품, 교사 시절 쓰던 학습 준비물 등을 하나씩 정리해 마법처럼 공간을 넓혔다. 쓸 만한 물건들은 당근 마켓에 내다 팔고, 그렇지 않은 것들은 내 도움으로 내다 버렸다. 그러자 내 마음까지 시원해졌다.

아내는 결코 사치하는 타입이 아니다. 그렇지만 학교 근무를 하다 보니 철마다 갈아입을 옷이 필요했고, 학습 준비물도 사비로 사야 하는 경우가 잦아 알게 모르게 집 안에 물건들이 많이 쌓여 있었다. 그래도 아내는 양호한 편에 속한다. 얼마 전 텔레비전에서 주식투자로 큰돈을 번 사람이 명품 가방 수십 개를 방안에 진열해놓은 것을 보고 세상에는 과도한 소유욕을 가진 사람들이 의외로 많은 것 같다고 생각했다.

노자는 이렇게 말한다.

가졌으면서 더 채우려는 것은

적당할 때 멈추는 것만 못하다.

持而盈之 지이영지 不如其已 불여기이

충분히 날카로운데 더 벼리면 오래 보관할 수 없게 된다.

揣而銳之 췌이예지 不可長保 불가장보

금은보화가 집에 가득해도 이를 능히 지키는 것만 못하다.

金玉滿堂 금옥만당 莫之能守 막지능수

《도덕경》 9장

법정 스님은 《오두막 편지》에서 등잔불의 기름과 심지를 예로 들며 《도덕경》 9장의 이 가르침을 쉽게 깨우쳐준다. 어두운 밤 글을 읽기 위해 등잔에 기름을 가득 채웠는데 심지를 줄여도 자꾸만 불꽃이 올라와 펄럭거린다며, 가득 찬 것은 덜 찬 것만 못하다는 노자의 가르침을 몸소 체험했노라고 말이다.

연암 박지원도 《열하일기》에서 조선시대 탐관오리들을 도둑에 비유해 같은 깨우침을 주고 있다.

"세 도둑이 함께 부잣집에 들어가서 진귀한 보물을 훔쳤다. 그들은 보물을 훔친 뒤 인근 산속의 동굴로 들어가서 각자의 몫을 나눴다. 보물 분배를 마친 후 그들은 자축하는 시간을 가지기로 했다. 도둑 한 명이 나눠 마실 술을 사려고 동네 가게로 갔다. 이 도둑은 보물을 혼자서 차지하고 싶은 욕심에 술에 독을 탔다. 그런데 남아 있던 두 도둑도 욕심이 생겼다. 그래서 술을 사러 간 도둑이 돌아오자마자 그를 살해했다. 그들은 살해된 도둑의 몫을 반으로 나눠 가진 다음 건배하고 술을 들이켰다. 술에 독이 든 줄 모르고 마셨던 그들도 결국 피를 흘리며 죽고 말았다."

이야기에 나오는 도둑들처럼 사람들은 적당한 지점에서 멈출 줄을 모른다. 분수에 만족하며 제자리를 지키면 몸도 마음도 편할 텐데 너나없이 분수 밖의 욕심을 부리기 때문에 한시도 마음 편할 날이 없고 세상 또한 소란스럽다. 이 글을 쓰고 있는 지금도 뉴스에서는 어느 장관 후보자의 '아빠 찬스' 논란으로 시끄럽다. 적당한 지점에서 그치면 아이들에게는 큰 화가 미치지 않았을 텐데 끝내 칼날에 묻은 꿀을 핥으려 한다. '집 안에 금은보화가 가득해도 능히 이를 지키는 것만 못하다'는 노자의 가르침을 금세 다시 돌아보게 된다.

많은 물건을 소유한다고 행복한 것은 아니다. 지금 차지하고 있는 것과 지닌 것만으로도 얼마든지 행복해질 수 있다. 행복은 한 송이 꽃처럼 우리 마음속에서 피어나는 것이다. 흐드러지게 핀 철쭉처럼 풍성해야 행복한 것이 아니라 단아하게 핀 도라지꽃이나 달맞이꽃처럼 소박하고 검소한 생활에서 행복이 솟아난다. 어차피 빈손으로 왔다가 빈손으로 가는 인생인데 가진 것이 많다고 무슨 큰 이득이 될 것이며, 가진 것이 없다고 무슨 큰 손해가 나겠는가.

3년이라는 긴 시간 동안 역병으로 고생한 우리는 소비와 소유를 지향하던 삶에서 존재를 지향하는 삶으로 변화해야 한다는 사실을 깨달아야 한다. 삶의 가치를 결정하는 것은 지위나 소유물이 아니라 나라는 존재 그 자체다. 내가 누구인지, 존재의 의미가 무엇인지를 정확하게 깨닫는 것이 가장 중요하다. 가진 것이 적어도 내가 처한 위치에서 최선을 다해 성실하게 살아가면 나는 가치 있는 존재가 된다. 물건은 필요한 것만 적당하게 있으면 된다.

필요한 것보다 더 많은 물건을 소유하는 일은 곧 새로운 불행을 짊어지는 것이다. 니체의 말처럼 '알맞은 소유는 인간을 자유롭게 하지만 도를 넘어서면 소유가 주인이 되고 소유하는 자가 노예가 된다' 필요하지도 않은 물건을 더 많이 가지려고 애쓰는 것은 더 뚱뚱해지기 위해 먹는 것과 같다. 돈이 더 있다고, 비싼 물건을 많이 소유하고 있다고 해서 행복해지는 것은 아니다. 수천 켤레의 신발을 가지고 있는 이멜다도 결국 맨발로 관에 들어갈 것이고 손에 닿은 모든 것을 황금으로 만들어버리는 능력을 가졌던 미다스도 결국 굶어 죽게 되었다. 톨스토이의 단편 〈사람에게는 얼마나 많은 땅이 필요한가〉에서 바흠은 한 평이라도 더 많은 땅을 차지하기 위해 욕심을 부리지만 결국 죽음을 맞은 후에는 채 한 평도 되지 않는 땅에 묻혔다.

이름을 얻은 후에는 멈춰라

"그칠 곳에서 그치면 속이 밝아 허물이 없다."

– 《주역》

식물원을 산책하면서 예전에는 몰랐던 나무 이름, 꽃 이름, 새 이름을 많이 알게 됐다. 친절하게 식물들 앞에 이름표를 다 붙여놓아 나처럼 호기심 많은 사람에게는 좋은 공부거리가 된다. 신기하게도 모양이 비슷하게 보이는 식물들도 그 이름이 제각각 다르다. 4월에 하얀색이나 붉은색으로 피는 조팝나무만 해도 공조팝, 꼬리조팝, 삼색조팝 등등 수십 가지가 된다. 하긴, 입장을 바꿔 생각하면 사람도 마찬가지일 것이다. 식물들이 보기에 인간들은 다들 비슷비슷해 보일 텐데 영철이, 수철이, 경철이 등등 모두 다른 이름을 가지고 있으니까 말이다.

사람에게는 저마다 고유한 이름이 있다. 태어나서 누군가 지어준 이름이 없는 사람은 없다. 그러나 사회적 명성을 일컫는 이름은 아무나 가질 수 없다. 부단한 노력으로 한 분야에서 최고의 경지에 오르는 사람만이 '장인', '명인', '달인'과 같은 타이틀을 얻을 수 있다. 이러한 이름에는 당연히 명예가 뒤따른다. 때론 막대한 부가 따라오기도 한다.

이런 이름은 한번 얻기도 힘들지만 그보다 더 어려운 것은 이름을 얻은 후에 멈추는 일이다. 우리는 적당한 지점에서 멈추지 못해 힘들게 얻은 이름을 하루아침에 잃어버리는 사람을 흔히 본다. "공든 탑이 무너지랴"라는 속담과 달리 현실에서는 공든 탑이 무너지는 일이 심심찮게 일어난다. 원인은 과욕에 있다. 그만하면 족한데 '조금만 더' 하는 욕심에 한 걸음 더 내딛다가 벼랑 끝에서 떨어지고 마는 것이다. 이름을 얻은 후에 멈추지 못하고 욕심을 부리다가 이름을 잃고 몸도 다치고 나서야 비로소 멈춘다. 멈춤이라는 행위를 기준으로 보면 같지만 그것이 초래하는 결과는 천양지차다. 조선시대 학자였던 홍길주는《지지당설》에서 다음과 같이 말한다.

> "위험한 곳을 만나 멈추는 것은 보통 사람도 할 수 있지만 순탄한 곳을 만나 멈추는 것은 지혜로운 자만이 할 수 있다. 그대는 위험한 곳을 만나 멈췄는가? 아니면 순탄한 곳을 만나 멈췄는가? 뜻을 잃고 멈추는 것은 누구나 할 수 있지만 뜻을 얻고 멈추는 것은 군자만이 할 수 있다. 그대는 뜻을 얻고 멈췄는가? 아니면 뜻을 잃은 후에 멈췄는가?"

지난날을 돌아볼 때 나에게도 멈춤의 순간들이 있었다. 하지만 그것이 그리 현명하지는 못했던 것 같다. 엎어진 후에 멈추고 후회하면서 나를 성찰한 경우가 대부분이었고 순탄한 곳에서 뜻을 얻고 멈춘 적은 거의 없었다. 그 결과 삶에서 소중하게 보존하고 가꿔야 할 것들을 소홀히 하거나 잃어버렸고, 지금도 이것이 아쉬움과 회한으로 남아 있다.

산악인 엄홍길 씨는 그런 의미에서 귀감이 되는 인물이다. 그는 세계 최초로 에베레스트의 8,000미터 16좌 완등에 성공한 전설적인 산악인이다. 나는 그가 세운 위대한 업적보다 이후 그가 보여준 행보가 더 인상적이다. 엄홍길 씨는 자신이 세운 목표를 달성한 후 걸음을 멈췄다. 세상에는 그가 아직 오르지 못한 산이 많았지만 그는 더 이상 도전에 나서지 않았다. 다른 산악인들과는 다른 선택이었다. 물론 엄홍길 씨도 계속해서 그가 오르지 못한 산을 정복하기 위해 목표를 더 높일 수도 있었다. 하지만 그는 그것이 불필요할 뿐만 아니라 과욕이라는 걸 잘 알고 있었다. 욕심이 과하면 몸이 정상적으로 작동하지 않을 테고 아무리 강한 체력을 가진 산악인이라 하더라도 평정심을 유지하기 어려우므로 예기치 못한 사고를 당할 가능성이 크다는 사실을 그는 잘 알고 있었다. 그래서 멈췄다.

노자는 이렇게 말한다.

이름을 얻은 후에는 멈출 줄 알아야 한다.

名亦旣有 명역기유 夫亦將知止 부역장지지

《도덕경》 32장

엄홍길 씨는 이름을 얻은 후 멈추는 법을 알았다. 적당한 지점에서 끝냈기에 그는 위험에 빠지지 않았다. 지금도 그는 '엄홍길휴먼재단'을 만들어 후학을 양성하고 봉사하는 보람된 삶을 살고 있다. 언젠가 그의 강연에서 그 어떤 명사들의 강연보다 더 큰 울림을 받은 것도 멈출 줄 아는 그의 지혜 때문이었던 것 같다. 글의 첫머리에서 인용한 《주역》의 가르침처럼 그는 그칠 곳에서 그침으로써 속이 밝아 허물을 남기지 않았다.

내면을 제대로 보려면 멈춤의 시간을 가져야 한다. 불교에서 지관止觀을 중요한 수행법 중 하나로 강조하는 것도 그 때문이다. 바쁘게 다람쥐 쳇바퀴 돌 듯한 일상을 살다 보면 나 자신을 돌아볼 시간이 없다. 여행을 할 때는 쉬엄쉬엄 멈추면서 가야 여행지의 속뜰을 제대로 감상할 수 있다. 깃발 든 사람의 뒤꽁무니만 보고 바삐 쫓아가는 해외여행을 마치고 돌아오면 별로 남는 게 없는 것도 그 때문이다. 인생도 그렇다. 서두르다 보면 소중한 것을 너무 많이 놓친다.

텔레비전에서 여행 프로그램을 보다가 해파랑길이 눈에 확 들어

왔다. 삼면이 바다로 둘러싸인 우리나라의 지형적 특성에 맞춤한 여행 코스이기도 하거니와 바닷가를 따라 조성된 숲길을 천천히 걸으면서 힐링할 수 있는 최적의 해변 올레길이었다. 동해안은 동파랑길, 서해안은 서파랑길, 남해안은 남파랑길이라고 부르는데 이름도 참 잘 지었다. '아 저 길은 꼭 한번 걸어봐야겠다'라고 마음만 먹고 아직 실행에는 옮기지 못했는데 더 늦기 전에 길을 나서야겠다. 헤르만 헤세는《데미안》에서 '일생이라는 것은 결국 자기 자신에게 돌아가기 위한 여정'이라고 말했다. 해파랑길을 걸으면서 나도 나 자신에게로 돌아가는 시간을 갖고 싶다.

내가 잠시 멈춰도 세상은 잘 돌아간다. 멈추기 전에는 내가 멈추면 세상도 함께 멈출 것 같지만 막상 속도를 늦춰봐도 세상은 아무 일 없이 잘 돌아간다. 괜히 마음이 바빠서 핑계를 대는 것뿐이다. 해파랑길을 걷기 위해 며칠 서울을 비워도 식물원의 소나무는 늘 그 자리에 묵묵히 서 있을 테고, 청둥오리는 호수에서 유유자적 헤엄칠 것이다. 아내와 함께 집을 비워야 하니 대학 졸업반인 둘째 딸이 마음에 걸리지만 그도 식물원의 소나무나 청둥오리처럼 별 탈 없이 잘 지낼 것이다. 내 마음만 내려놓는다면 말이다.

옛것을 비워야
새것을 채울 수 있다

"다른 사람이 가르쳐준 말에 너무 젖어 있었기 때문에
나는 가족과 친구가 없는 시카고 빈민가로 가서 2년 동안 내 머릿속에
들어 있는 단어들을 모두 지우고 내게 알맞은 말을 찾았다.
그 후에야 나는 비로소 다른 사람의 언어가 아닌
나 자신의 언어로 말할 수 있게 되었다."

– 버크민스터 풀러

인생의 후반전에는 출가한 스님들처럼 과거와의 인연을 끊어내며 살고 있다. 사람인지라 해야 할 일이 있고, 꼭 만나야 할 친구들이 있으므로 절연한 것은 아니지만 그래도 비웠다는 표현이 어색하지 않을 정도로 옛것과 많이 결별했다. 인생의 상당한 부분을 차지했던 정치에서 완전히 손을 뗀 것만으로도 그리 말할 수 있겠다. 정당 생활도 해보고, 대통령 선거캠프에서도 일해보고, 직접 선거에 출마도 해봤지만, 지금은 그 모든 것을 깨끗이 정리했다. 각종 선거철이 되면 행적을 궁금해하는 사람도 있고 더러 출마를 권유하는 사람도 있지만 내 대답은 한결같다. "당적 정리한 지 오랩니다." 이 한마디로 모든 것을 설

명한다.

오랜 시간 정치학을 공부했고 정치권에서도 제법 긴 시간 활동했기 때문에 내 글에서 그런 흔적이 보일 법도 한데 첫 책인《인문학의 눈으로 본 행복한 국가와 정치》이외에는 그와 관련된 자취를 남기지 않았다. 인위적으로 그렇게 노력했다기보다는 세상을 이전과 다른 시각으로 보고 다르게 살다 보니 자연스럽게 글에서마저 그런 자취가 사라지는 것 같다. 아마 머릿속이 리셋된 덕분일 테다. 10년 세월이니 그럴 법도 하다.

종교도 그렇다. 중학교 시절부터 몸에 뱄던 기독교적인 문화 관습을 많이 버렸다. 그렇다고 예수의 가르침을 버린 것은 아니지만 예전처럼 기성 교회의 제도적 형식이나 틀에 얽매이지는 않는다. 불교나 노자의 가르침이 예수의 가르침과 본질적으로 큰 차이가 없다고 생각을 바꾼 후부터는 일상에서 종교 생활이라 불릴 만한 것들은 거의 남기지 않고 있다. 하나님은 모두의 하나님이고 모두는 같은 하나님의 자식이라는 생각이 진리에 더 가깝다.

과거에는 이렇게 말하면 순수한 믿음을 가진 누군가가 나를 이단으로 여길 것 같아 조심스러웠는데 60이 넘으니 굳이 그런 생각을 감추면서 살고 싶지 않다. 그게 더 자연스럽고 자유롭기 때문이다. 진리가 하나인데 굳이 이런 종교, 저런 종교 나누어서 그들만의 틀에 내 신념을 맞춰야 할 필요가 없다. 법정 스님을 내가 특별히 좋아하는 이유도 어쩌면 그 때문인지 모르겠다. 그의 말은 불교의 설법 같지가 않다. 절에 가면 부처님의 언어로, 교회나 성당에 가면 예수의 언어로 말한다.

이해인 수녀님도 법정 스님에게 보낸 편지에서 자신이 감당하기 힘든 일로 괴로워할 때 회색 줄무늬의 정갈한 한지에 정성껏 써서 보내 준 법정 스님의 글은 '불교의 스님이면서도 어찌나 그리스도적인 용어로 씌어 있는지 새삼 감탄하지 않을 수 없었다'고 말한다. 또한 수년 전 가르멜수녀원에서 있었던 법정 스님의 강연은 '눈감고 들으면 그대로 가톨릭 수사님의 말씀'이라며 종교를 초월한 법정 스님의 자유로움에 대해 언급하기도 했다.

내게는 스님의 그런 태도가 무척 자유로워 보인다. 성경에서는 '진리가 너희를 자유케 하리라'고 했는데 사람의 마음을 자유롭게 하지 못하고 구속하는 것은 참된 진리가 아닐 것이다. 법정 스님은 명동성당에서 강연을 하기도 했다. 그에 앞서 김수환 추기경도 길상사 개원식에 참석해서 축사를 했는데 그중에 이런 구절이 있다.

"나도 법정 스님의 무소유를 닮고 싶다. 그렇게 살고 싶다. 하지만 스님의 《무소유》 한 권만은 꼭 소유하고 싶다."

종교를 초월한 두 사람의 교분이 내게는 참으로 아름답고 자유로워 보인다.

직장에는 정년이 있지만 인생에는 정년이 없다. 책임감을 갖고 자신이 좋아하는 일을 꾸준히 하면 인생은 영원한 현역이다. 아파트 엘리베이터에서 가끔 만나는 분이 언젠가 얼마 전 퇴직을 했다며 내게 '혹시 아직도 현직에 있느냐?'라고 물은 적이 있다. 그때 나는 '현직은 아니지만 현역으로 일하고 있다'라고 답했다. 무슨 일을 하는지는 중요하지 않다. 어떤 분야든 간에 그 일로 창조적인 성과물을 만들어내고 그를 둘러싼 일들로 삶이 돌아간다면 그것이 곧 현역이다. 그러니 그분에게 한 대답이 틀린 말은 아닌 셈이다. 현직에서의 은퇴는 대개 법률 혹은 관습적으로 그 나이가 정해져 있지만 현역에서의 은퇴는 스스로 그 시기를 정할 수 있다. 나는 창작을 향한 샘이 마르지 않고, 체력에 한계를 느끼지 않는 한 현역 생활을 꾸준히 할 생각이다. 굳이 백세 시대라는 점을 들먹이지 않더라도 그것이 남은 인생을 가장 보람되게 사는 일이라고 생각하기 때문이다.

지난날의 삶을 말끔하게 비운 것도 그 때문이다. 앞으로도 계속해서 현역으로 뛰기 위해서는 예전의 추억과 가장 먼저 결별해야 한다. 나 역시 정치권에서의 추억과 대학 총장, 공공기관 임원으로 재직할 당시의 추억과 헤어진 것이 가장 잘한 일이다. 이 세 가지로부터 자유로워지지 않는 한 인생에 새로운 것을 채울 수 없다는 생각으로 가장 먼저 이것들을 비웠다. 나름의 타이틀을 말끔하게 비웠기 때문에 인생을 새로운 포맷으로 시작할 수 있었다. 여기저기 기웃거리지 않고, 딴마음 먹지 않고, 주체적으로 정한 내 길을 꾸준하게 가는 원동력이 그러한 비움에서 나왔을 것이다.

노자는 이렇게 말한다.

서른 개의 바퀴살이 한 군데로 모이는데

가운데가 비어 있기 때문에 수레의 쓸모가 생긴다.

三十輻共一轂 삼십복공일곡 當其無 당기무 有車之用 유차지용

흙을 빚어 그릇을 만드는데

가운데가 비어 있으므로 그릇의 쓸모가 생긴다.

埏埴以爲器 연식이위기 當其無 당기무 有器之用 유기지용

그러므로 있음이 이롭게 되는 것은

없음이 쓸모가 있기 때문이다.

故有之以爲利 고유지이위리 無之以爲用 무지이위용

《도덕경》 11장

옛것을 비워야 새것을 채울 수 있다. 거기에는 단장 斷腸의 아픔이 따른다. 마음이 조급해지는 금단현상도 견뎌야 한다. 나는 10년을 견디니 옛것과의 결별이 조금 자연스러워졌다. 후반전의 초기에는 '바람만 불어도 혹여 님이 오는 건 아닌가' 하는 심정으로 밖을 두리번거렸다. 하지만 긴 세월 옛것에 대한 유혹을 이겨내고 단순한 삶의 원칙을 지키니 지금은 봄이 가고 여름이 오는 것처럼 새로운 일상을 자연스럽게 받아들일 수 있게 됐다. 어지간한 파도가 밀려와도 무심하고 무정한 마음으로 바깥세상의 소식을 관조할 수 있다. 앞으로 얼마나 많은 시간이 주어질지 모르지만 종료 휘슬이 울리는 그 순간까지 나는 계속 그렇게 살고 싶다.

받은 만큼 내보내야 고이지 않는다

"내가 성경을 읽어보니 예수라는 사람은 물질을 손에 넣기만 하고
내보내지 않는 것, 많은 소유물을 갖는 것에 반대했다.
우리 인디언들은 예수가 말한 삶의 원리를 늘 지키며 살아왔다.
그래서 나는 예수가 인디언이었다는 결론을 내렸다."

– 다코타족 추장 오히예사

내게는 누님이 두 분 계시고 남동생이 한 명 있다. 나와 남동생은 대학까지 마쳤지만 누님들은 초등학교도 간신히 졸업할 정도로 정규교육의 혜택을 제대로 받지 못했다. 어린 시절 부모님은 손수 일구시던 전답 일부를 팔아 도시로 이사를 왔다. 특별한 기술이 없었던 아버지는 제재소를 하실 요량으로 어떤 친척에게 전답을 처분한 돈 전부를 맡기셨다. 그런데 이분이 야반도주를 하는 바람에 우리 식구들은 하루아침에 길바닥에 나앉는 처지가 됐다. 백방으로 그분의 행적을 수소문해봤지만 허사였다. 결국 누님들은 모두 초등학교만 간신히 졸업한 이후 방직공장에 취업해 일을 해야 했다. 그것이 지금까지도 내 마음

의 짐으로 남아 있다.

아버지는 10여 년 전에 돌아가셨고, 어머니는 치매로 요양원에 계시는데 두 분 다 시골에 계실 때 열심히 일하셨던 터라 고향에 논밭이 아직 조금 남아 있다. 아버지가 돌아가실 때 어머니께서는 장남인 나에게 이 땅을 물려받으라고 하셨지만 나는 '두 분이 고생해서 일구신 재산인데 그럴 수 없다'며 어머니 명의로 등기를 해드렸다. 그러다가 어머니께서 요양원에 들어가신 후 내 명의로 돌렸다. 누님들과 동생이 흔쾌히 동의했기 때문에 수월하게 마무리되었다. 그때 나는 누님들과 동생에게 '이 땅은 우리 네 사람의 공동 소유다. 법적인 처리가 용이하니까 우선 내 명의로 해두지만 나중에 처분할 때는 똑같이 나누겠다'라고 약속했다.

그러다가 공동소유권자로 되어 있던 사람과 필지 분할을 하는 과정에서 약간의 목돈이 생겼는데 그 돈을 100원도 차이 나지 않게 똑같이 나눴다. 나머지 땅도 언젠가 처분하게 되면 똑같이 나눌 것이다. 마음 같아서는 내 몫을 누님들에게 더 얹어드리고 싶지만 오랜 세월 시부모님을 모시느라 고생했고 지금도 요양원에 계시는 어머니 간병비를 홀로 부담하고 있는 아내를 위해 4분의 1의 몫은 챙기기로 했다. 욕심 없는 내 빈 마음을 누님들도 잘 알고 계신다. 그래서 냉이나 달래, 쑥, 도라지 같은 귀한 산나물을 철마다 택배로 보내주시고, 아내에게는 시누이가 아니라 친언니 이상으로 살뜰하게 대해주신다. 그것이 내게는 큰 복이고 기쁨이다.

중동에는 요르단강이 흐르는 두 개의 큰 호수가 있다. 하나는 갈릴리해고, 다른 하나는 사해다. 요르단강은 레바논 북쪽 헤르몬산에서 발원해 먼저 갈릴리해로 접어들고, 다시 팔레스타인을 거쳐 사해로 흘러 들어간다. 갈리리해는 이스라엘과 시리아 사이에 있는 담수호지만, 영어로는 'Sea(바다)'로 표기해 보통 갈릴리해로 불린다. 신약성경에 자주 나오는 지명이라 우리에게도 익숙하다. 갈릴리해는 물이 맑고 고기도 많이 잡힌다. 그리고 주변에 숲이 무성하고 새들도 많아 아름다운 생명의 바다로 불린다. 사해는 요르단강의 종착지로 이스라엘과 요르단에 걸쳐 있는 염호鹽湖, 즉 소금호수다. 요르단강이 흘러 들어오지만 물이 빠져나가는 출구가 없어 염분 농도가 매우 높고 생물이 살지 못한다. 그래서 사해死海로 불린다.

똑같은 요르단강을 수원으로 하는데 갈릴리해는 아름다움이 살아 숨 쉬는 생명의 바다가 되고, 사해는 아무런 생명도 살지 못하는 죽음의 바다가 된 이유가 무엇일까? 그것은 요르단강의 수질이나 주변의 토양, 기후 때문이 아니다. 갈릴리해는 강물을 받아들이지만 그것을 가둬두지 않고 들어온 만큼 다시 내보낸다. 들어오는 양만큼 똑같은 양을 내주는 무소유의 바다이기 때문에 생명의 바다가 된 것이다. 이에 비해 사해는 강물을 받아들이기만 하고 흘려보내지 않는다. 받는 족족 자신의 것으로 소유하는 것이다. 무소유와 소유의 차이가 생명과 죽음의 차이를 만든 것이다.

노자는 이렇게 말한다.

성인은 쌓아놓지 않는다.

聖人不積 성인부적

사람들을 위해 베풀지만 더욱 더 많이 가지게 되고

旣以爲人 기이위인 己愈有 기유유

사람들과 더불어 쓰지만 더욱 더 많아진다.

旣以與人 기이여인 己有多 기유다

《도덕경》 81장

받아서 쌓아두기만 한 사해는 죽음의 바다가 됐고, 받은 만큼 베푼 갈릴리해는 생명의 바다가 됐다. 우리 인생도 이와 같다. 받으면 베풀 줄도 알아야 한다. 그래야 삶이 더 풍성해지고 생명력이 넘치게 된다. 베풀면 일시적으로 내 몫이 줄어드는 것처럼 보이지만 그것이 선순환을 일으켜 결국에는 내 몫이 더 많아진다. 받기만 하고 내보내지 않으면 속에서 고이고 결국은 썩는다. 인디언들이 백인들을 불신하게 된 것도 받기만 하고 베풀 줄 모르는 끝없는 탐욕 때문이었다. 인디언 추장들의 연설문을 모아서 편찬한 류시화의 《나는 왜 너가 아니고 나인가?》에는 인디언들의 고난의 역사가 고스란히 기록되어 있는데, 그 가운데서도 시애틀 추장의 연설문은 우리에게 참으로 많은 것을 생각하게 한다.

"워싱턴 대추장(워싱턴 미국 대통령)이 우리 인디언들의 땅을 사고 싶다는 소식을 보내왔는데 나는 그들에게 반문한다. 백인들은 하늘이나 땅의 온기를 사고팔 수 있다고 생각하는지 모르지만 우리 인디언들이 보기에 그것은 불가능한 일이다. 우리는 공기의 신선함과 반짝이는 물을 소유하고 있지 않다. 그런데 어떻게 우리가 백인들에게 공기와 물을 팔 수 있단 말인가? 우리 인디언들에게는 세상의 모든 것들이 신성하다. 빛나는 솔잎, 모래 기슭, 어두운 숲속 안개, 맑게 노래하는 온갖 벌레들, 자연으로 존재하는 모든 것들이 신성하다. 자연은 우리의 어머니다. 그러므로 우리는 죽어서도 자연을 잊지 못한다. 백인들은 오직 땅을 소유하고 싶은 욕망에 불타고 있을 뿐이다. 그들의 끝없는 욕망은 결국 자연을 모두 삼켜버리고 종국에는 황량한 사막만이 남을 것이다. 우리 인디언들이 살아가는 방식은 백인들의 그것과는 다르다. 백인들이 사는 도시는 한시도 조용할 날이 없지만 우리 인디언들이 사는 곳은 언제나 조용하다. 우리는 봄 잎새 날리는 소리를 들으며 살아가지만 그들은 그 소리를 들을 곳이 없다. 우리가 듣는 쏙독새의 울음소리나 개구리 소리도 그들은 들을 수 없다. 우리 인디언들은 연못 위를 스치는 부드러운 바람소리와 한낮의 비에 씻긴 바람이 머금은 소나무 내음을 사랑하지만 백인들은 그것을 알지 못한다."

그러면서 인디언들은 미국 달러 지폐에 'IN GOD WE TRUST (우리가 믿는 신 안에서)'라고 적힌 것은 'IN GOLD WE TRUST (우리가 믿는 금 안에서)'의 오자誤字라고 말한다. 뼈아픈 지적이다. 인디언들이 흰 얼굴을 가진 사람이라고 부르는 미국인들뿐만 아니라 우리도 마찬가지다. 사람들은 오직 더 많이 소유하는 것, 더 큰 부자가 되는 것에 삶의 목표를 두고 있다. 그렇다면 인디언들의 눈에 우리도 가슴이 없는 사람, 다른 별에서 온 종족처럼 보이지 않을까?

리
離

거피취차
去皮取次

저것을 버리고 이것을 취한다

버릴 것을 알고 취할 것을 알다

"무엇이 우리의 삶을 증언해줄 것인가?
우리의 작품인가, 철학인가? 아니다.
오직 사랑만이 우리의 존재를 증명해줄 뿐이다.
그러므로 사랑, 그 하나만 취하라. 나머지는 버려도 된다."

– 알베르 카뮈

'단순한 삶'은 나답게 살기 위한 삶의 원칙이다. 내가 실제로 소유하고 있는 것은 나라는 존재 하나뿐이다. 물건은 일시적으로 머물다가 지나가는 뜬구름 같은 것이다. 나라는 존재를 이 세상에서 가장 아름답고 멋진 사람으로 가꿀 때 삶은 가장 행복해진다. 그런 상황을 만들면 어떤 난관이 닥치더라도 자유롭게 숨 쉬면서 살아갈 수 있다. 그리스 신화에서 메데이아는 신이 "너에게 무엇이 남았느냐? 모든 것이 다 사라졌다"라고 말했을 때 "사라진 것은 아무것도 없습니다. 제가 남아 있으니까요"라고 답했다. 그렇다. 세상 모든 것이 다 사라져도 내가 남아 있으면 그것으로 충분하다. 나는 우주에서 유일자唯一者이고 세상의 절대적 기준이다.

노자는 이렇게 말한다.

대장부는 두터움에 머물고 얄팍한 데 거하지 않는다.

是以大丈夫處其厚 시이대장부처기후 不居其薄 불거기박

내실을 중히 여기고 화려함에 거하지 않는다.

處其實 처기실 不居其華 불거기화

그러므로 저것을 버리고 이것을 취한다.

去彼取此 거피취차

《도덕경》 38장

단순하고 간소하게 살기 위해서는 세상의 기준을 버리고 나의 기준대로 살아야 한다. 세상의 기준이란 시류에 휩쓸린 얄팍하고 겉모습만 화려한 삶이고, 나의 기준이란 시류에 흔들리지 않고 자신만의 원칙을 지키면서 내실을 다지는 삶이다. 버려야 할 저것去彼은 타인의 욕망에 자신을 맞추는 타율적인 삶이고, 취해야 할 이것取此은 내 의지대로 사는 주체적인 삶이다.

나는 인생의 절반을 나답게 살지 못했다. 한편으로는 명예를 얻기 위해, 다른 한편으로는 권력을 탐하기 위해 이리저리 흔들리면서 시류에 영합했다. 하지만 새로운 인생을 준비하면서 과거의 낡은 것을 과감하게 버렸다. 나답게 살기 위해 단순한 삶이라는 원칙 하나만 남기고 그 밖의 습속은 과감하게 버렸다. 아직 완전하지는 않지만 그래도 10년 세월을 꾸준하게 나를 탐색하면서 살다 보니 노자가 말하는 거피취차의 진리를 어렴풋이나마 깨닫고 있다.

그동안 어떻게 하는 것이 나를 사랑하는 길인지를 잘 몰랐다. 하지만 지금은 어느 정도 알 것 같다. 사랑이란 내가 본래의 모습을 되찾을 수 있도록 돕는 과정일지도 모른다. 카뮈의 말처럼 다른 것은 다 버려도 내 존재를 사랑하는 그 마음만 버리지 않으면 충분하다.

마오쩌둥이 '민족혼'이라고 극찬한 루쉰은《아Q정전》을 써서 중국인들이 자신을 사랑하는 방법을 일깨워줬다. 정신승리라는 잘못된 사회적 관습을 버리고, 객관적인 자기 모습을 직시하는 것이 중국인들이 자신을 사랑하는 유일한 방법이라는 처방을 내렸다. 근대화에 실패한 중국인들에게 버려야 할 저것去彼은 풍파에 따라 이리저리 흔들리면서 서양의 습속을 무분별하게 받아들이는 것이었고, 취해야 할 이것取此은 중국인 스스로 각성해서 민족을 개조하고 앞날을 개척하는 주체적 역량이었다. 정신승리에 취해서 사는 사람은 비단 '아Q'뿐만이 아닐 것이다. 두터움과 내실이 아니라 겉모습과 화려함만을 추구하는 우리도 어쩌면 '아Q'처럼 정신승리에 도취한 삶을 살고 있을지 모른다.

브레스낙의《혼자 사는 즐거움》에 나오는 다음 이야기는 살아가면서 우리가 버려야 할 것이 무엇이고 취해야 할 것이 무엇인지를 잘 보여준다.

1846년, 일리노이주 스프링필드에서 안락한 가정을 꾸리고 살던 리드 부부는 온 가족이 캘리포니아로 이주하기로 결심했다. 남편 제임스 리드는 사업으로 크게 성공했지만 서부에 더 큰 성공이 있다며 아내를 설득했다. 마거릿 리드는 완강하게 반대했지만, 이사하는 동안 아무런 부족함이 없도록 하겠으며 오르간을 비롯해 아끼는 것들을 모두 가져가도 좋다는 남편의 말을 듣고 이사하는 데 동의한다. 각종 세간에다 6개월분의 식료품까지 실었기 때문에 리드 가족의 이삿짐 행렬은 장관을 이루었다. 그런데 가는 도중에 문제가 생겼다. 4,000킬로미터를 이동할 때까지는 아무런 문제가 없었는데, 고지를 바로 눈앞에 두고 폭설을 만난 것이다. 역사상 최악의 폭설을 만난 일행은 시에라네바다 산맥에 고립되었다.

그때 마거릿 리드는 결단을 내렸다. 자신이 애지중지하던 오르간을 비롯해 모든 물건을 버리기로 한 것이다. 그리고 두려움에 떨고 있는 아이들에게 마거릿은 과거의 즐거운 추억이 담긴 일화와 우스운 이야기들을 들려줘 그 두려움을 이길 수 있게 했다. 짐을 최대한 가볍게 하니 폭설 속에서도 조금씩 앞으로 나아갈 수 있었고 아이들도 엄마의 이야기를 들으면서 심리적인 안정을 찾았다. 이렇게 리드 가족은 절망적인 상황에서도 무사히 살아남았다. 그들이 살아남을 수 있었던 것은 리드가 애지중지하던 세속의 소유물 덕분이 아니었다. 리드의 유머와 재치, 믿음과 용기와 같은 정신적인 소유물 덕분이었다. 마거릿은 이렇게 말한다. “나는 내가 버려야 할 것이 무엇인지 알고 있었다. 그것은 신념이 아니라 물건이었다.”

리드가 오르간을 버려야 하는 순간 ‘이게 얼마 주고 산 건데’라는 미련 때문에 혹은 어린 시절 즐겨 연주하던 곡이 생각나서 버리지 못했더라면 결국 자신과 가족들의 목숨을 버려야 했을지도 모른다. 버릴 것과 취할 것이 무엇인지를 정확하게 알았던 리드의 거피취차가 가족의 생명을 살린 것이다. 내 경우도 이와 비슷하지 않나 싶다. ‘지금까지 투자한 시간이 얼만데’, ‘한 번만 더 해보자’라는 생각으로 흘러간 옛것에 미련을 떨쳐버리지 못하고 여기저기 기웃거렸더라면 몸과 마음, 그리고 가족의 안위가 성치 못했을 것 같다.

공을 세운 후에는 미련 없이 떠나라

"다 버리고 떠날 용기가 있다면,
여행의 매 순간마다 새로운 걸 배우고,
어깨를 부딪친 모두가 삶의 스승임을 안다면,
아픔도 외면하지 않고 마주할 수 있다면,
진실은 당신을 비켜갈 수 없다."

– 영화 〈먹고 기도하고 사랑하라〉

경쟁자인 항우를 물리치고 한나라를 창건한 유방의 곁에는 많은 참모가 있었다. 그중에서도 장량은 최고의 인물이었다. 그는 고비마다 지혜로운 조언으로 유방의 천하통일에 결정적으로 기여했다. 장량의 지혜는 노자가 《도덕경》에서 말하는 비움의 미학에 아주 잘 어울린다. 장량을 도가적 인물로 꼽는 것도 그 때문이다. 사마천의 《사기》에 나오는 장량의 행적 가운데 대표적인 사례 두 가지만 살펴보자.

첫째는, 함곡관 전투 이후 유방의 처신에 대한 장량의 조언이다. 당시 명목상의 황제였던 초나라 의제는 유방과 항우에게 함곡관에 먼저 입성하는 사람에게 진나라의 수도 함양의 통치권을 주겠다고 말했다. 항우와 유방도 이에 동의했다. 두 사람은 서로 다른 경로를 택해 함곡관으로 진격했는데 결과는 유방의 승리였다. 하지만 항우가 약속을 어겼다. 항우는 우월한 군사력을 바탕으로 의제와의 약속을 일방적으로 뒤엎고 유방을 변방으로 내쳤다. 유방은 당연히 반발했다. 그때 장량이 이렇게 조언했다. "공을 이루었으면 몸을 뒤로 물리는 것이 순리입니다." 유방은 억울했지만 장량의 조언대로 서쪽의 오지인 파촉으로 떠났다. 뿐만 아니라 자신이 지나온 잔도棧道(외진 산악지대를 통과하는 좁은 길)를 모두 불태워 다시는 중원으로 진출할 의사가 없다는 점을 항우에게 보여줬다. 그 또한 장량의 조언에 따른 것이었다. 눈엣가시 같던 유방의 행적을 본 항우는 안심했다. 그러나 그것은 오판이었다. 유방은 오지에서 차근차근 세력을 키워 중원으로 진출했고, 결국은 항우를 물리치고 천하를 손에 넣었다.

둘째는, 천하 통일 후 장량의 처신이다. 장량은 사냥이 끝나면 사냥개를 삶는다는 토사구팽이 권력의 속성이라는 사실을 잘 알고 있었다. 실제로 한신이 그랬다. 한신은 장량과 함께 최고의 활약을 한 장수였지만 이인자에 머무르지 않고 스스로 일인자가 되겠다는 헛된 꿈을 꾸다가 유방에 의해 제거된다. 자신뿐만 아니라 가족도 함께 몰살당한다. 이러한 한신과는 달리 장량은 자신의 몸을 뒤로 물린다. 유방이 넓은 지역의 제후로 봉하려 했지만 장량은 이를 사양하고 중간 규모 정도의 식읍을 받았다. 그리고 관할지역으로 내려간 후 중앙 정치에는 조금도 관여하지 않고 유유자적한 삶을 살았다.

노자는 이렇게 말한다.

공을 세운 후에는 몸을 뒤로 물리는 것이 하늘의 도다.

功遂身退 공수신퇴 天之道 천지도

《도덕경》 9장

말은 쉽지만 대부분의 사람은 그렇게 행동하지 못한다. 공을 세운 후에는 대개 어깨에 힘이 들어가게 되고 우쭐한 마음에 사람들 위에 군림하려 들거나 재물을 탐한다. 한신은 그렇게 처신하다가 몸을 보존하지 못했지만, 장량은 멀리 내다보는 지혜로 스스로 몸을 물림으로써 이름도 보존하고 몸도 보존했다.

잡스와 스티브 워즈니악의 사례도 한신과 장량을 닮았다. 두 사람은 애플의 공동창업자였지만 애플이 잘나가는 기업이 된 후의 행보는 극과 극이었다. 잡스는 몸을 뒤로 물릴 줄 모르는 오만한 리더십으로 애플에서 쫓겨나 10년이라는 긴 세월을 변방에서 떠돌았고 워즈니악은 몸을 뒤로 물리는 지혜로운 처신으로 순탄한 길을 걸었다.

자신의 공으로 조직을 키우고 세상을 이롭게 한 사람들은 굳이 그 공을 내세우지 않아도 세상이 먼저 알아준다. 그리고 역사가 그를 평가한다. 장량이 공을 세운 후 몸을 뒤로 물렸다고 해서 장량의 공이 사라지는 것은 아니다. 역사는 그를 천하 통일에 가장 큰 공을 세운 지혜롭고 뛰어난 장자방으로 영원히 기억한다. 잡스도 애플에 복귀한 이후 몸을 뒤로 물리는 지혜를 깨달았다. 그는 말하기 전에 먼저 들었고, 예전처럼 자신의 공을 내세우지도 않았다. 복귀 후 잡스는 직원들에게 '앞으로 나를 CLO라고 불러달라'고 했는데, 이것은 최고경청자Chief Listening Officer라는 의미였다. 우리가 기억하는 잡스는 복귀한 후의 잡스다. 잡스를 위대한 인물로 만든 것은 그가 세운 공이 아니라 몸을 뒤로 물리고 자신을 비울 줄 아는 지혜였다.

자연의 공은 사람의 공보다 더 크다. 봄철에는 아름다운 꽃으로 피어나서 사람들을 즐겁게 하고, 여름에는 녹음으로, 가을에는 단풍으로 기쁨을 선사한다. 내가 사시사철 식물원 산책을 즐길 수 있는 것도 자연이 주는 그런 혜택이 있기 때문이다. 밋밋한 건물과 땅만 있다면 산책길이 그다지 즐겁지만은 않을 것이다. 이렇게 고마운 존재임에도 자연은 자신의 공을 자랑하지 않는다. 때가 되면 자연은 어김없이 자신의 몸을 뒤로 물린 후 묵묵히 대지의 품으로 돌아간다. '낙엽귀근落葉歸根', 잎이 떨어져 근본으로 돌아간다. 이 얼마나 아름다운 마무리인가. 그래서 자연은 언제나 위대한 교사다.

사람의 아름다운 마무리도 비우고 떠나는 것이다. 떠남이 아름다운 사람이라야 살아온 삶도 아름답게 기억된다. 우리의 공은 무게로 달면 기껏해야 한 근도 채 나가지 않는다. 채움만을 위해 달려온 삶을 온전히 내려놓고 떠나야 아름다운 삶으로 기억된다. 간디는 죽을 때

누더기 한 벌과 밥그릇 하나만 남겼다. 그랬기에 그는 아름다운 사람으로 기억되었다. 톨스토이도 자신의 공을 모두 내려놓아 아름다운 사람으로 남았다.

해 질 녘 식물원에서는 호수가 가장 아름답다. 서쪽으로 해가 뉘엿뉘엿 넘어갈 즈음에는 호수에도 붉은 단풍이 든다. 호수에 잠긴 물단풍을 바라보고 있으면 '나도 저렇게 아름답게 마무리하고 싶다'라는 생각이 절로 든다. 물 단풍이 아름다운 것은 물이 자신을 모두 비우고 있기 때문이다. 물이 자신을 가득 채우고 있으면 낙조를 받아들일 틈이 없어 아름답게 단풍이 들 일도 없을 테다.

치매로 요양원에 계시는 어머니를 생각할 때마다 늘 안타까운 마음에 속으로 눈물짓는다. 어머니께 더 잘해드리지 못한 지난날의 허물이 떠올라 자책하기도 한다. 하지만 '어차피 비우고 갈 세상인데'라는 쪽으로 생각이 미치면 마냥 애달플 일도 아니라는 위안이 든다. 그렇게 비우고 가시면 어머니의 영혼도 더 가벼워지지 않을까? 그러면 저세상 가셔서 홀가분한 마음으로 먼저 가신 아버지를 만나실 수 있지 않을까? 다른 기억들이 모두 사라져갈 때도 어머니는 "지금까지 지내온 것 / 주의 크신 은혜라 / 주님 다시 뵈올 날이 / 날로날로 다가와 / 무거운 짐 주께 맡겨 / 벗을 날도 멀잖네"라는 찬송가를 잊지 않으셨다. 감사하는 마음으로 다 비우고 떠날 준비를 하고 계시는 어머니의 마무리도 아름답다.

소지품이 가벼워야 마음도 가벼워진다

"삶의 길을 걸어가면서 이렇게 해보라. 잠시 걸음을 멈추고
장미꽃 향기를 맡아보라. 잠시 시간을 내어 지금 이 순간
자기가 서 있는 자리에서 일어나고 있는 일들을 바라보라.
당신은 아름다운 어떤 것을 놓치며 살아가고 있는지도 모른다."

– 잭 캔필드, 마크 빅터 한센《영혼을 위한 닭고기 수프 2》

직장생활을 하다 보면 출장이나 연수 명목으로 해외에 나갈 기회가 간혹 생긴다. 내 경우도 미국이나 유럽 등 평소에 가보기 힘든 지역을 주로 그렇게 다녀왔다. 공공기관 임원으로 근무하던 시절, 직원들의 서유럽 연수 일정이 있어 동행했는데 하필 예전에 한 번 갔다 왔던 코스를 그대로 가는 바람에 흥미가 크게 떨어졌다. 그래서 몇 해 전 가족이 서유럽 여행을 가자고 했을 때는 '아빠는 똑같은 곳을 세 번 가고 싶지 않다'며 사양을 했더랬다. '하나가 필요할 때는 하나만 가져야지 두 개를 가지면 그 하나마저도 잃는다'라는 법정 스님의 말을 이 글을 쓰면서 다시 한번 떠올린다.

처음 해외에 갈 때는 '짐'이 문제였다. 처음 가는 해외이기도 하고 보름간 서유럽 4개국을 돌아보는 일정이라 대형 캐리어에 옷가지를 비롯해 이것저것 쟁여 넣자 공간이 부족해 작은 캐리어를 하나 더 가져갔다. 그런데 도착지에서 이리저리 이동하면서 두 개의 캐리어를 끌고 다니는 것은 보통 일이 아니었다. 버스에 싣고 내릴 때 힘든 것은 기본이고 동행인들의 캐리어 틈에서 내 걸 찾아서 손에 쥐는 일도 쉽지 않았다. 게다가 여행 막바지에 가족과 동료들에게 줄 선물꾸러미까지 생겨 짐이 더 늘어났다. 그러다 보니 짐은 물건의 차원을 넘어 '마음의 짐'이 되었다. 그런 기억 때문에 다음부터는 아무리 긴 일정이라도 캐리어를 하나만 가져가는 것을 원칙으로 삼았다.

여행의 본질은 자유다. 일상의 짐을 모두 내려놓고 홀가분하게 떠나기 위해 여행을 간다. 그 길에서는 소지품이 가벼워야 발걸음도 가벼워진다. 천사가 하늘을 날 수 있는 것은 자신을 가볍게 여기기 때문이다. 하늘로 비상하는 새가 배낭을 메는 일이 없듯이 자유롭게 살기 위해서는 무거운 짐을 모두 내려놓아야 한다. 인생을 흔히 여행길에 비유하는 것도 그 때문이다. 길을 나설 때 마음속에 천근의 근심을 지고 가면 여행길이 결코 즐거울 수 없다. 휴가를 의미하는 영어 단어 바캉스vacance가 '비우다'라는 뜻의 동사에서 유래된 것도 같은 맥락이다. 여행과 휴가의 핵심은 '내려놓기'와 '비우기'다. 남은 인생을 잘 살기 위해 내가 채택한 단순한 삶의 원칙도 그렇다. "다 내려놓고 다 비워라."

태평양의 외딴섬에서 휴가를 즐기고 있던 파타고니아의 CEO에게 긴급한 전화가 걸려왔다. 회사 물류창고에 불이 났다는 것이다. CEO는 이렇게 답했다. "소방서에 연락하게." 태평양 건너편에서 난 화재에 대응할 방법이 그에게는 없다. 따라서 그의 대답은 정답이다. 회사에 내려놓고 온 짐을 굳이 휴가지에서까지 껴안을 이유가 없는 것이다. 하지만 우리 대부분은 그렇게 하지 않는다. 모처럼 가족과 함께 나온 캠핑장에서도 수시로 이메일을 확인하고 휴대폰 메시지를 체크한다. 일상에서의 짐을 휴가지에까지 짊어지고 와서 일도 망치고 휴가도 망치는 사람이 의외로 많다. 휴가지에서 잘 쉬어야 직장에 복귀한 후 업무의 효율성도 높아질 텐데 제대로 쉬지를 못하니 휴가가 끝나고 회사로 돌아온 후에는 괜히 몸만 더 피곤하고 업무에 집중하지 못하는 악순환이 반복되는 것이다. 김정운의 《노는 만큼 성공한다》에는 두 농부 이야기가 나오는데 바쁘게 살아가는 현대인들에게 주는 메시지가 제법 묵직하다.

두 농부가 있었다. 같이 벼를 베는데 한 농부는 잠시도 쉬지 않고 낫을 놀리면서 일한다. 그런데 다른 농부는 1시간쯤 일하고 나면 잠깐 논두렁에서 쉰다. 그날 저녁에 보니, 쉬지 않고 일한 농부보다 잠깐씩 쉰 농부가 훨씬 더 많은 벼를 베었다. 쉬지 않고 일한 농부가 물었다.

"아니 내가 자네보다 더 열심히 일했는데 어째서 자네가 더 많은 벼를 베었는가?" 이에 쉬어가면서 일한 농부가 이렇게 답했다.

"나는 잠시 쉬는 동안 낫을 갈았다네."

여행이나 휴가는 재충전의 시간이다. 마음의 짐을 다 내려놓고 홀가분하게 다녀야 여행 중에 몸과 마음을 재충전할 수 있다. 그렇지 않고 무거운 짐을 잔뜩 지고 다니면 무뎌진 낫을 제대로 갈 수가 없다. 그런 여행은 괜한 돈 낭비, 시간 낭비에 불과하다. 때로는 일손을 완전히 놓고 일을 머릿속에서 지운 채 자유로운 여행자가 되어 휴식을 취하는 것이 필요하다. 그것이 일에 파묻혀 사는 것보다 더 행복한 삶이고 삶의 성취도 더 높아지는 길이다. '여행의 참된 가치는 새로운 풍경이 아니라 새로운 시각을 발견하는 데 있다'고 한 프루스트의 말처럼 여행으로 세상을 보는 새로운 관점을 얻으면 꽉 막혔던 일이 술술 풀리는 계기가 될 수도 있다.

노자는 이렇게 말한다.

함이 없으면 하지 못함도 없다.

無爲而無不爲 무위이무불위

장차 천하를 취고자 하면 항상 일 없음으로 해야 한다.

將欲取天下也 장욕취천하야 恒無事 항무사

《도덕경》 48장

예전에는 바삐 사는 것이 삶의 미덕인 줄 알았는데 돌아보니 그것은 삶을 갉아먹는 좀이었다. 소로의 말처럼 '배가 고프기도 전에 굶어 죽을 각오부터 하는' 어리석은 일이었다. 게으름이나 나태함은 삶에서 추방해야 할 악덕이 아니라 휴식으로 잘 활용해야 하는 꼭 필요한 요소다. 가는 방향만 옳다면 속도는 중요하지 않다. 그동안 빠르게 달리느라 놓쳐버린 많은 것을 앞으로는 천천히 음미하면서 살고 싶다. 밤하늘의 별도 좀 더 자주 쳐다보고, 꽃들에게 더 자주 눈길을 주고, 길고양이들을 만나면 인사도 건네면서 살고 싶다.

단순하게 살려면 먼저 단호해져야 한다

"내 나이 예순, 한 갑자를 다시 만난 시간을 견디었다.
나의 삶은 모두 그르침에 대한 뉘우침으로 지낸 세월이었다.
이제 지난날을 거두어 정리하고 다시 시작하고자 한다.
이제부터 빈틈없이 나를 닦고 실천하고 내 본분을 돌아보면서
내게 주어진 삶을 다시 나아가고자 한다."

– 정약용 〈자찬묘지명〉

최근 35년간 애독하던 신문을 끊었다. 아내가 여전히 즐겨 읽기 때문에 구독을 끊은 것은 아니고 아침의 루틴을 바꾸기 위해 신문 읽는 습관을 버리기로 한 것이다. 그랬더니 아침 생활이 정말 단순해졌다. 습관적으로 신문을 집어 들고 1면부터 차례대로 넘기면서 기사나 칼럼을 읽느라 한 시간 정도를 매여 있었는데 이제는 그러지 않는다. 대신 그 시간에 전날 써두었던 원고를 다듬거나 보충한다. 정신이 가장 맑은 아침 시간을 그렇게 활용하는 것이 더 낫다는 생각에 루틴을 바꾼 것이다. 예전에는 신문이 아침의 주인이었지만 이제는 내가 아침의 주인이 된 것 같다.

다산 정약용이 〈자찬묘지명〉에 쓴 것처럼 나도 남은 생을 좀 더 알차게 보내기 위해 지난날을 거두어 정리하는 심정으로 신문을 끊었다. 가끔 아내가 읽고 있는 신문을 곁눈으로 흘깃거리기는 하지만 다시 집어 드는 일은 없을 것 같다. 트리나 폴러스의 우화집 《꽃들에게 희망을》에 나오는 애벌레처럼 우리가 뭔가 새로운 모습으로 태어나기 위해서는 낡은 것을 기꺼이 포기할 수 있어야 한다.

"어떻게 나비가 될 수 있단 말인가요?" 하고 그녀는 생각에 잠긴 채 물었습니다.

"그러기 위해서는 애벌레의 상태를 기꺼이 포기할 수 있을 정도로 간절히 날기를 소원해야 한단다."

"생명을 포기해야 한다는 뜻인가요?" 하고 노랑 애벌레는 하늘에서 떨어진 그 세 마리의 애벌레를 생각하면서 물었습니다.

"그렇다고 볼 수도 있고, 그렇지 않다고 볼 수도 있지. 너의 겉모습은 죽게 되지만, 너의 참모습은 여전히 살아남기 때문이란다. 말하자면 생활에 변화가 일어난 셈이지. 결코 사라지는 것은 아니야. 나비가 한 번 되어보지도 못하고 죽어버리는 다른 애벌레들과는 다르다고 생각하지 않니?"

최근에 알게 된 명리학의 세계에서 내가 가장 좋아하는 분야는 용신用神이다. 용신은 말 그대로 주어진 자신의 운명을 주체적으로 활용, 적용, 사용하는 방법론을 말한다. 용신이 없으면 명리학은 결정론에 머물고 말지만 용신이 있기 때문에 자율적 운명론으로 세계관을 확장할 수 있다. 점쟁이들이 액운을 피하기 위한 방법을 일러주는 것도 용신을 기반으로 한 처방이다. 용신은 거창한 것이 아니라 사소한 습속 하나를 바꾸는 데서 출발한다.

습관을 뜻하는 영어 단어 '해빗habit'에서 보듯이 우리의 습관은 사소한bit 것을 바꾸거나 지속하는 행위로 만들어진다. 그것들이 쌓여서 몸과 마음의 리듬을 바꾸고 이 리듬이 새로운 시절 인연을 만들어내는 것이다. 인연이 바뀌면 자연스럽게 자신의 운명이 바뀐다. 이것이 용신이다.

용신은 운명에 저항하거나 거스르는 것과는 다른 의미다. 주어진 운명을 직시하면서 그 운명의 꽃을 가꾸기 위해 자주 물을 주고 때에 따라 햇빛이 잘 드는 쪽으로 화분의 위치를 바꾸는 것과 같다. 부드러운 개입을 의미하는 경제학 용어인 '넛지'가 명리학의 용신과 같은 개념이다. 초콜릿 상자의 위치를 몇 걸음 떨어뜨려두는 것만으로 비만을 예방할 수 있는 것처럼 작은 습관 하나를 바꿈으로써 삶의 화禍를 피할 수 있다.

하지만 사소한 습속 하나를 바꾸는 것은 결코 쉬운 일은 아니다. 그게 말처럼 쉽다면 누구나 운명을 자유자재로 움직일 수 있겠지만 그렇지 않기 때문에 나쁜 운명에 끌려가기도 하고 재앙을 만나기도 한다. 할리우드 영화제작자들이 쓰는 용어 가운데 'Killing your baby(너의 아이를 죽여라)'라는 말이 있는데 찍어놓은 영화 필름을 작품으로 만들려면 자식을 죽이는 것과 같은 아픔을 견디면서 과감하게 필름들을 잘라내야 한다는 뜻이다. 인생을 한 편의 작품으로 만들기 위해서는 우리도 그런 아픔을 감내해야 한다. 과거의 습성을 버리려면 결단을 내려야 하고 그러려면 용기가 필요하다. 그 가운데서 '아니요'라고 말할 수 있는 용기가 가장 중요하다. 이규경 시인이 말하는 것처럼 "난 못해요"라고 말할 수 있는 용기가 있어야 자신의 운명을 스스로 개척할 수 있다.

용기

이규경

넌 충분히 할 수 있어
사람들이 말했습니다
용기를 내야 해
사람들이 말했습니다
그래서 나는 용기를
내었습니다
용기를 내서 이렇게
말했습니다
나는 못해요

나는 남들의 시선을 유난히 의식한 탓에 보증을 서달라는 부탁을 거절하지 못해 젊은 시절 여러 차례 곤욕을 치렀다. 더러는 채무자 대신 돈을 갚기도 했다. 금전적인 손실도 컸고 특히 아내에게 마음의 상처를 많이 준 점이 두고두고 큰 빚으로 남아 있다. 지금은 신용보증 제도가 없어졌으니 보증을 거절하는 문제로 용기를 낼 일은 없겠지만 행여 비슷한 상황이 닥치면 나는 용기를 내어 이렇게 말하련다. "아니요, 나는 그렇게 하고 싶지 않습니다."

노자는 이렇게 말한다.

가볍게 수락하면 신뢰가 부족하고

쉽게 생각하면 반드시 난관에 봉착한다.

夫輕諾必寡信 부경낙필과신 多易必多難 다이필다난

그러므로 성인은 만사를 어렵게 여기고

그 때문에 끝내 어려움을 만나지 않는다.

是以聖人猶難之 시이성인유난지 故終無難矣 고종무난의

《도덕경》 63장

하늘을 나는 새는 뒤를 돌아보지 않는다

"정말 자유롭고 싶다면 이제껏 의지해온 마법의 지팡이인
시간이라는 개념을 모조리 버려라. '이미 과거의 것'이라든가,
'이 나이에' 같은 생각을 하게 만드는 시간을 가장 먼저 내버려라.
그리고 이 순간 내가 해야 할 일에 온전히 집중하라.

– 헤르만 헤세《클라인과 바그너》

《금강경》의 가르침처럼 나는 인생 전반전의 강을 건너올 때 탔던 뗏목을 완전히 버렸다. 정치와 인연을 끊으면서, 이제 책도 정치와 관련된 것들은 잘 읽지 않는다. 그러다 일전에 도서관 신간 코너에서 눈길을 사로잡는 책이 한 권 있어 간만에 정치인의 평전을 읽었다.《세상에서 가장 가난한 대통령 무히카》라는 제목의 책이었는데 '대통령'보다는 '가난'이라는 단어에 이끌려 집어 들게 되었다. 따라서 정치인 무히카가 아니라 가난한 삶을 산 인간 무히카에 초점을 맞춘 셈이다.

호세 무히카는 우루과이의 제40대 대통령을 지낸 인물이다. 젊은 시절 군사독재에 맞서는 게릴라 조직 '투파마로스'의 리더로 활동했

으며, 의협심이 강해 '로빈후드'로 불렸다고 한다. 여느 투사들의 삶이 다 그랬듯이 무히카도 긴 세월을 감옥에서 보냈고 석방된 후 정치인으로 변신, 하원의원과 상원의원을 거쳐 대통령에까지 당선됐다. 여기까지는 특별히 내 눈길을 끌 만한 요소가 없었다.

그런데 임기를 마치고 대통령궁을 나설 당시 그의 지지율이 65퍼센트였다는 대목에 이르러 나는 '도대체 어떤 업적을 남겼기에?'라는 궁금증이 생겼다. 퇴임 당시 그의 높은 지지율은 단순한 업적 때문이 아니었다. 경제 성장과 사회적 불평등 해소라는 정치적 성과를 이루기도 했지만, 국민들은 그보다 그의 검소한 삶에 더욱 감동했다. 그는 대통령 재임 당시 월급의 90퍼센트를 기부하고, 노숙자에게 대통령궁을 내주었으며, 퇴임할 때는 전 재산으로 1987년식 낡은 자동차 한 대만을 신고할 정도로 검소하게 물러났다.

퇴임 후에도 그는 몬테비데오 외곽의 허름한 농가에서 직접 농사를 지으며 아내이자 정치적 동반자인 루시아 여사, 한쪽 다리를 잃은 강아지 마누엘라와 함께 살고 있다고 한다. 책 뒤편에는 그의 어록이 실려 있는데 그 한마디 한마디가 모두 법정 스님의 무소유와 닮아 있었다. 법정 스님을 처음 접하면서 '세상에 이런 스님도 다 있다니'라며 경외심을 가졌는데 이번에는 '세상에 이런 대통령이 있다니'라는 경외심을 가졌다. 무히카의 어록에는 나의 단순한 삶에 세부 강령으로 삼고 싶을 만큼 큰 울림을 주는 대목들이 많은데 그 가운데 일부를 소개한다.

"나는 가난하지 않다. 단순하게 살 뿐이다. 사람이 사는 데는 그다지 많은 것이 필요치 않다."
"나에게 가난한 자란 너무 많은 것을 원하는 사람이다. 너무 많은 것을 원하는 사람은 도무지 만족할 수 없기 때문이다."
"당신이 많은 것을 소유하려 하지 않는다면, 그것을 유지하기 위해 노예처럼 일하지 않아도 되며, 따라서 당신 자신을 위한 시간을 더 많이 가질 수 있다."
"나는 뒤를 돌아보며 사는 데는 익숙지 않다. 삶은 앞에 있는 그 무엇이다. 태양은 매일 새로 떠오르니까."

무히카는 내 기억 속에 머무르고 있던 남아공의 넬슨 만델라를 소환했다. 그의 삶은 무히카보다 더 고난에 차 있었지만 과거에 얽매이지는 않았다. 27년을 옥살이로 고초를 당했던 만델라였지만 그는 대통령 취임식 때 자신을 괴롭혔던 교도관 세 명을 내빈으로 초청했다. 그리고 이렇게 말했다.

"마침내 자유로 통하는 큰 문을 나섰을 때 나는 모든 고통과 원한을 뒤에 남겨두기로 결심했습니다. 그러지 않으면 몸은 자유로워도 마음은 여전히 감옥에 갇혀 있으리라는 사실을 내가 잘 알고 있었기 때문입니다."

사람은 누구나 자유를 원한다. 불평불만이 가득한 요즘 사람들의 가장 큰 걱정거리는 '자유롭지 못하다'는 것이다. 사람들은 간절하게 자유를 원하면서도 실제로는 과거에 얽매여 답답한 삶을 산다. 만델라처럼 과거로부터 자신을 완전히 단절시킬 때 참된 자유가 찾아온다. 자유는 많이 가지는 것보다 쉽게 내려놓을 줄 아는 마음에서 시작된다. 만델라는 신약성경에서 예수가 말하는 사랑을 그대로 실천했다.

> "너희 원수를 사랑하고 너희를 미워하는 자를 선하게 대하며 너희를 저주하는 자를 축복하며 너희를 모욕하는 자를 위해 기도하라."
>
> 〈누가복음〉 6장 27~28절

노자도 이렇게 말한다.

덕으로 원한을 갚는다.

報怨以德 보원이덕

《도덕경》 63장

그리스 신화에서 음유시인 오르페우스는 독사에 물려 죽은 연인

에우리디케를 살리기 위해 금단의 구역인 지하세계로 내려간다. 아무에게도 접근이 허용되지 않은 곳이었지만 오르페우스는 자신의 뛰어난 리라 솜씨를 앞세워 에우리디케를 구하는 데 성공한다. 하지만 지상에 닿기 전까지 절대로 뒤를 돌아보아서는 안 된다는 하데스의 명을 어기고 마지막 순간에 뒤를 돌아보는 바람에 다시 에우리디케를 잃고 만다. 《삼국지》의 조조는 적과 내통하던 부하들이 원소에게 보낸 밀서를 다수 발견했지만 모두 불태웠다. 그리고 편지에 이름이 적힌 부하들을 모두 처벌해야 한다는 참모들의 의견을 물리치면서 이렇게 말했다. "원소가 강성할 때는 나 또한 스스로 보호할 길이 없었다. 하물며 다른 사람들이야 말할 것이 있겠느냐." 전쟁터의 장수는 과거의 허물을 묻지 않는다는 것이 조조의 철학이었고 그러한 포용적 리더십을 바탕으로 그는 유비와 손권을 물리치고 삼국통일의 초석을 다질 수 있었다.

고개를 돌리지 않으면 우리는 절대로 뒤를 볼 수 없다. 눈이 앞에 달렸기 때문이다. 과거의 짐을 모두 내려놓고 앞만 바라보면서 주어진 현재를 충실하게 살아가는 것이 단순한 삶의 또 다른 원칙이다. 하늘을 나는 새는 뒤를 돌아보지 않는다.

가진 것이 적을수록 더 많이 누린다

"항상 이것을 마음에 새겨라.
행복한 삶을 유지하는 데 필요한 것은 사실 매우 적은 것들이다."

– 마르쿠스 아우렐리우스

나는 식물원의 오리들이 부럽다. 유유자적한 움직임이 그렇게 자유롭고 행복해 보일 수가 없다. 연못이나 호수에서 무리를 지어 혹은 홀로 떨어져서 자맥질하고 있는 오리들을 보고 있노라면 "세상 편한 게 저 오리들이구나"라는 탄사가 절로 나온다. 그들은 무소유와 무위자연의 의미를 눈앞에서 실연實演하며 보여준다. 오리들은 가진 것이 없다. 오직 자신의 몸뚱이 하나뿐이다. 하지만 넓은 연못과 호수가 그들의 것이고 나아가 식물원 전체가 그들의 것이다. 두 발을 앙증맞게 저어 유유히 호수 위에서 노닐다가 무료해지면 두 날개를 활짝 펴서 자유롭게 여기저기 날아다니고, 때로는 물속에 쑥 들어가 헤엄을 치기도 하면서 마음껏 삶을 즐긴다. 소유하고 있는 것은 아무것도 없지만 모든 것을 소유하고 있는 세상에서 가장 부러운 존재들이다. 이에 비하면 새장에 갇힌 앵무새들은 얼마나 불행한가. 그들은 집을 한 채 소유하고 있지만 그 밖에는 허락된 공간이 아무것도 없다.

우리도 마찬가지다. 소유는 하고 있지만 자유롭지는 못한 앵무새 같은 존재들이다. 갖고 싶은 걸 모두 갖고 쾌락을 향유하고 돈을 벌어 부를 축적해보지만 돌아서면 텅 빈 마음뿐이다. 우리가 진정으로 원하는 건 삶의 의미인데 소유물이나 쾌락, 돈에서는 삶의 참된 의미를 찾을 수가 없다. 세상 어디를 둘러봐도 삶의 의미를 파는 곳은 없기 때문이다. 그래서 우리의 영혼은 늘 허전하다. 헤세는《영혼에 대하여》에서 이렇게 말한다.

"높은 곳에서 내려다본 숲이 더할 나위 없이 아름다운 이유는 그 숲이 내 것이 아닐뿐더러 앞으로도 사거나 빌릴 마음이 없어서다. 한밑천 잡으려는 욕심에 그 숲을 사고팔 계획이 생겼다면 일순간에 그 아름다움을 잃게 될 것이다. 숲을 있는 그대로가 아닌 돈벌이로만 보기 때문이다. 숲과 같은 자연물뿐만 아니라 인간에 대해서도 마찬가지다. 어떤 요구나 의도를 가지고 상대를 보게 되면 내 눈에 비치는 건 사람이 아니라 내 형편과 욕망, 계산뿐이다."

맞는 말이다. 식물원이 아름답게 느껴지는 것은 식물원이 내 소유가 아니기 때문이다. 식물원이 내 소유라면 그 아름다움을 한순간에 잃을 것이다. '어떻게 하면 손님들을 더 많이 유치할 수 있을까?'라는 세속적 욕심이 앞서 자연을 예전처럼 즐길 수 없게 되기 때문이다. 식물원을 소유하고 있지 않기 때문에 나는 식물원의 모든 것을 누리고 있다.

노자는 이렇게 말한다.

도는 언제나 무위하지만 못하는 것이 없다.

道常無爲而無不爲 도상무위이무불위

인위적으로 무언가 도모하려는 욕심이 생기면

나는 이름 없는 통나무로 이를 진압한다.

化而欲作 화이욕작 吾將鎭之以無名之樸 오장진지이무명지박

이름 없는 통나무로 욕심을 없애니,

無名之樸 무명지박 夫亦將無欲 부역장무욕

욕심이 없으면 고요하게 되고, 천하는 저절로 자리를 잡는다.

不欲以靜 불욕이정 天下將自定 천하장자정

《도덕경》 37장

통나무는 《도덕경》에서 노자가 즐겨 쓰는 표현 중 하나다. 순수하고 욕심 없고 소박한 마음을 통나무에 비유하는데 나도 남은 생을 그 통나무처럼 살고 싶다. 소로와 법정 스님이 통나무로 집을 짓고 산 것도《도덕경》의 이 가르침과 무관하지 않을 것이다. 헤세와 소로와 법정 스님 모두 다 노자의 '빅팬'이었음을 감안하면 영 근거가 없는 이야기는 아니다.

헤세의 책이 내게 맞은 것도 그가 자연을 사랑하는 자연주의자이기 때문이다.《데미안》이나《싯다르타》와 같은 헤세의 대표작들은 모두가 무위자연의 문학 버전이다. 여타의 많은 사랑스러운 작가들이 있지만 특히 헤세의 작품을 읽을 때는 속도가 느려진다. 헤세의 문장 속에 숨어 있는 자연의 숨결을 충분히 느끼기 위해서는 계속 쉬어가야 하기 때문이다. 둘레길을 걷듯이 말이다.

아내가 주말농장을 분양받은 후 농장에 처음 갈 때는 무거운 연장을 비롯해 챙길 것이 많아 내가 동행했는데, 요즘에는 주로 아내 혼자서 간다. 물론 마감이 정해진 원고가 하나 더 늘어나는 바람에 내 시간을 아껴주려는 아내의 배려도 한몫하고 있다. 이 글을 쓰고 있는 지금도 아내는 텃밭에 심을 씨앗과 챙 달린 모자, 장갑을 챙기느라 분주하다. '채소는 사람 발자국 소리를 듣고 자란다'고 하는데 아내의 부지런한 발걸음으로 채소들이 쑥쑥 자라는 모습을 상상하니 저절로 기분이 좋아진다.

예전에는 비가 많이 오면 '오늘은 식물원 산책길이 편치 않겠다'라는 생각이 먼저 들었지만 요즘에는 '아내의 텃밭 작물들이 잘 자라

겠구나'라는 생각을 먼저 한다. 이렇게 나는 아내의 삶을 곁에서 묵묵히 지켜보면서 응원하는 서포터가 됐다. 무위자연도 따지고 보면 그리 대단한 것이 아니다. 충실한 각자의 삶을 소박한 마음으로 지켜봐주는 것, 그게 무위자연에 가장 가까운 삶의 태도다. 소나무가 전나무의 일을 간섭하지 않고 묵묵히 지켜봐주듯이 각자의 영역에서 최선을 다할 수 있도록 서로 지켜보고 격려하고 응원하는 태도가 필요하다.

요즘 응원해주고 싶은 고등학교 동기가 하나 있다. 대구 서문시장에 있는 작은도서관에서 자료담당자로 일하는 친구다. 그가 최근 문화관광부에서 우편물 하나를 받았다면서 사진을 찍어 동기들 단톡방에 올렸는데 수취인란에 적힌 주소를 본 후로 그 친구의 삶을 응원하게 됐다. 인생의 스승으로 삼고 있는 노자가 도서관 사서였다는 사실이 영향을 미치기도 했겠지만 그보다는 작고 소박하게 사는 그의 모습이 좋아 보여서다. 그 친구는 인생의 전반전에는 서문시장에서 포목 장사를 했고, 요즈음은 삶의 터전에서 위치를 살짝 옮겨 작은도서관 사서로 일한다고 한다. 수수하게 사는 친구의 모습을 가까이서 직접 보고 싶다. 상상만 해도 그에게서 고운 향기가 나는 것 같다. 아빌라의 성 데레사는 이렇게 말한다.

> "가진 것이 가장 적었을 때 걱정거리도 가장 없었다. 감히 말하노니 부족한 때보다는 풍족했을 때 더 괴로움이 많았던 것을 신은 알고 계신다."

쟁기질하는 농부는 외로움을 느끼지 않는다

"우리에게 주어진 시간과 에너지는 한정되어 있다.
그것을 너무 넓게 펼치려 애쓰다 보면 노력은 종잇장처럼 얇아지게 된다.
사람들은 일의 양에 따라 성과가 점점 더 쌓이기를 바라는데,
그렇게 하려면 더하기가 아닌 빼기가 필요하다.
더 큰 효과를 얻고 싶다면 일의 가짓수를 줄여야 한다."

– 게리 켈러, 제이 파파산 《원씽》

삶을 간소하게 줄이면서 생긴 변화 중 하나는 밤잠을 깊게 잘 잔다는 것이다. 근심도 일도 많았던 시절에는 누리지 못한 호사를 지금 누리고 있다. 이 호사를 그 무엇과도 바꾸고 싶지 않다. 잠이 보약이라는 말을 실감할 정도다. 연봉을 두 배로 올려준다고 해도 '푹 잘잤다'는 기분과 바꾸지 않겠다는 말을 어딘가에서 들은 적이 있는데, 그 말에 전적으로 동의한다. 나는 억만금을 줘도 바꾸지 않을 것 같다.

하루 여덟 시간씩 책을 보고 글을 쓰는 일이 쉽지는 않다. 에너지도 많이 쓰인다. 하지만 이 일을 힘들다고 느끼지는 않는다. 예기치 않은 일로 '번아웃'을 경험한 적이 있지만 약간의 후유증이었을 뿐이다.

그 고비를 넘은 후부터는 단순한 삶의 패턴이 어지간해서는 깨지지 않는다. 더러 피로가 몰려와 작업량을 조금 줄이는 날도 있지만 밤잠을 설치지 않는 덕분에 다음 날이면 새로운 기분으로 다시 리듬을 회복한다. 꿀잠과 신체의 회복탄력성은 몰입과 빼기, 여유라고 하는 삼박자가 내게 가져다준 선물이다.

몰입의 힘은 강하다. 특히 나처럼 책을 읽고 글을 쓰는 일을 주로 하는 사람에게는 이 몰입이 마법 같은 힘을 발휘한다. 원고 한 챕터를 쓸 때 참고 서적을 보통 스무 권 정도 읽는데 집중해서 읽다 보니 일주일 만에 완독이 가능해졌다. 원고를 쓰는 일도 그렇다. 단행본을 기준으로 한 꼭지에 해당하는 분량인 A4 용지 두 장은 아침 일찍 시작하면 오전 중에 꽉 채워 쓸 수 있다. 탄력이 붙을 때는 오후에 똑같은 속도로 한 꼭지를 더 쓰기도 한다. 그렇게 쓰면 참고 서적 읽는 시간을 감안해도 대략 4개월 만에 책 한 권을 쓸 수 있다. 물론 중간에 변수들이 생기기 때문에 그보다는 시간이 조금 더 걸린다. 그렇지만 길게 잡아도 6개월 이내에는 책 한 권 분량의 원고를 쓸 수 있다. 그렇다고 내가 1년에 책을 두 권이나 쓴다는 말은 아니다. 그런 다작多作이 필요하지도 않고 바람직하지도 않다. 집중해서 한 권을 쓰고 나머지 시간은 여행도 다니면서 여유롭게 사는 것이 목표다.

몰입이 강력한 위력을 발휘하는 것은 나름대로 빼기를 잘 실천하고 있기 때문이다. 예전처럼 친구들과 자주 어울리면서 골프를 치고 술을 마시는 생활을 그대로 유지하고 있다면 결코 이렇게 몰입할 수 없었을 것이다. 반환점을 돈 이후부터는 무엇을 버려야 하고 무엇을 지켜야 하는지를 잘 알고 나름대로 잘 실천하고 있다고 스스로 자부한다. 삶의 본질에서 불필요한 것을 과감하게 빼내는 결단과 용기가 있었기에 지금처럼 내 일에 집중할 수 있게 되었다.

여기에 더해 타인의 눈치를 심하게 살피던 습속을 버린 것도 크게 도움이 되었다. 과거에는 무조건 남들의 박수를 많이 받아야 한다는 일종의 강박증 같은 게 있었는데 요즘에는 박수를 받기 위해서는 그만큼의 돌멩이도 맞을 각오를 해야 한다는 쪽으로 생각이 바뀌었다. 그렇게 불필요한 것에 신경을 덜 쓰다 보니 삶에 대한 집중력도 좋아지고 일의 효율도 더 높아지는 것 같다. 일에 대한 자유는 남이 아닌 나로부터 시작된다. 불필요한 일에 시달리지 않기 위해서는 남의 기준에 휘둘리지 말아야 한다. 삼수갑산을 가더라도 자신의 기준대로 살겠다는 단단한 의지와 믿음이 필요한데 예전에는 그게 어려웠다. 하지만 이제는 어느 정도 가능해졌다. 그리고 시간이 갈수록 그게 점점 더 수월해지는 것을 피부로 느낀다. 남의 눈치를 덜 보다 보니 자연스럽게 잡념도 사라지고 그 결과 잠도 푹 자면서 신체의 회복탄력성도 한결 좋아졌다.

언젠가 타인의 평가에 민감한 것은 일종의 노예근성이라는 글을 읽었는데 논리적으로 맞는 말이다. 고대 사회의 노예는 자율적 권한이 없었다. 일을 아무리 잘해도 스스로 그것을 평가할 수 없었다. 주인이 '잘했다'고 칭찬해야 비로소 웃을 수 있고 행복해할 수 있었다. 남들의 박수와 칭찬에 목말라했던 과거 내 모습도 노예근성에서 비롯된 것이었던 셈이다. 그걸 내려놓은 후에야 비로소 하늘에서 홀로 반짝이는 샛별이 될 수 있었고, 태양처럼 스스로 나를 태울 수 있게 됐다. 그리고 일에 집중하다 보니 자연스럽게 외로움도 덜 느낀다. '쟁기질에 몰두하는 농부는 외로움을 느끼지 않는다'라는 소로의 말이 나에게 딱 들어맞는 것 같다.

감정의 기복이 심한 것도 나의 단점 중 하나였다. 그동안 나는 주로 일희일비하는 편이었다. 좋은 일이 있으면 날아갈 듯 기뻐했고, 일이 조금만 안 풀린다 싶으면 금세 시무룩해졌고 심하면 마치 하늘이 무너지기라도 하는 것처럼 실망하고 낙담했다. 하지만 요즘 들어 그런 감정의 기복을 조금씩 줄여나가고 있다. 추운 겨울이 가면 따뜻한 봄이 오고, 봄이 가면 무더운 여름이 오는 것처럼 삶에는 어차피 굴곡이 있기 마련이라는 평범한 진리를 식물원에 찾아오는 사계절의 변화를 지켜보면서 뒤늦게 깨달았다.

노자는 이렇게 말한다.

총애를 받아도 놀란 듯이 하고 욕을 먹어도 놀란 듯이 한다.

寵辱若驚 총욕약경

《도덕경》 13장

사람들은 욕을 먹을 때는 자신에게 무엇이 부족한지를 돌아본다. 하지만 총애를 받을 때는 그렇게 하지 않는다. 그러다가 화를 당한다. 세상은 돌고 돌기 때문에 한때의 총애는 시간이 지나면서 욕으로 바뀐다. 그것이 자연스러운 세상의 이치다. 그런 사이클에서 자유로워지려면 중심을 단단하게 세워야 한다. 총애를 받을 때나 욕을 당할 때나 한결같은 마음가짐으로 나를 지킬 수 있어야 세파에 흔들리지 않고 평정심을 유지할 수 있다. 단순한 삶의 세 가지 원칙, 즉 몰입과 빼기, 여유가 내게는 총욕약경의 가르침을 실천할 수 있는 보검들이다. 자동차를 몰 때 운전에만 신경 쓰고, 속도를 줄이고, 천천히 여유롭게 달리면 사고가 나거나 벌금을 물 일이 없듯이 이 세 가지 원칙만 잘 지키면 남은 인생에서 크게 탈 날 일도, 책잡힐 일도 없을 것이다.

겸

謙

상선약수

上善若水

최고의 선은 물과 같은 것이다

벼는 익을수록 고개를 숙인다

"하나님은 신실하신 분이시다. 물이 항상 낮은 곳으로 흘러 낮은 곳을 채우듯이,
하나님은 사람의 낮고 텅 비어 있는 상태를 발견하는 순간,
그의 영광과 능력이 그 사람에게 흘러 들어가 그를 높이고 복을 주신다.
하나님은 자기를 낮추는 사람을 높이신다.
그러므로 우리의 관심사는 나 자신을 낮추는 데 있어야 한다."

– 앤드루 머레이《겸손》

점심 먹은 설거지를 하고 있는데 아내가 바가지에 검은콩을 한 움큼 담아 주더니 설거지가 끝나면 찬물에 담가놓으라고 한다. 설거지를 끝내고 수도를 온수에서 냉수로 바꿔 콩을 담은 바가지에 물을 받자 물거품이 많이 생긴다. 혹시 상했나 싶어 물거품을 비우면서 손으로 만져봤는데 그런 것 같진 않다. 여물기가 성한 콩의 느낌 그대로라 찬물로 몇 차례 더 헹구기만 했다. 그러고 나니 물거품이 조금씩 사라진다. 그런데 물거품의 모양이 꼭 콩을 닮았다. 동글동글 콩 모양 그대로다. "콩 심은 데 콩 난다"라고 하더니 콩을 담은 바가지의 물거품도 콩을 닮는 모양이다. 쌀을 씻을 때는 알갱이가 작아서 그런 걸 잘 못 느

겼는데 콩을 씻으면서 그런 이치를 깨달았다. 탁본을 뜰 때 손바닥을 찍으면 손바닥 모양이 나오고 발바닥을 찍으면 발바닥 모양이 나오는 것처럼 물도 제 속에 담긴 물체의 얼굴을 그대로 닮는다. 그래서 그런지 '담다'와 '닮다'는 그 발음이 같고 글씨 꼴도 비슷하다.

식물원의 산책길에서 나무 다음으로 자주 보는 것은 물이다. 연못에도 물이 있고, 호수와 습지에도 물이 있다. 배수펌프장을 개조해서 만든 문화원 옆으로 졸졸 흐르는 실개천에도 물이 있다. 가만 보니 식물원의 물도 담겨 있는 그릇의 모양과 바탕을 닮았다. 연못의 물은 연못을 닮아 조금 탁하고 호수의 물은 호수를 닮아 푸른빛을 띤다. 습지의 물은 연못의 물보다 더 탁하고 실개천의 물은 호수의 물보다 더 맑다.

물이 주인의 바탕을 그대로 닮는 것은 자신을 텅 비우고 있기 때문이다. 물은 속도 비어 있고 겉도 비어 있다. 물리적 실체는 분명히 있지만 고정된 모양은 없다. 호수를 만나면 호수를 온전히 품고 연못을 만나면 연못을 온전히 품는다. 시냇물은 물길 따라 자연스럽게 흘러서 아래로 내려갈 뿐 '나는 저리로 갈 것'이라며 자신의 욕망을 내세우지 않는다. 흘러가다가 바위를 만나도 '왜 내 앞길을 가로막느냐'며 시비를 붙지도 않는다. 스스로 알아서 옆으로 돌아간다. 사람과는 속성이 다르다. 사람들은 자동차를 몰고 가다가 옆에서 누가 급하게 끼어들기라도 하면 경적을 울리면서 불편한 심기를 드러낸다. 행여 접촉사고라도 나면 '당신이 내 앞길을 가로막지 않았느냐'며 드잡이를 하기도 한다.

노자는 이렇게 말한다.

최고로 좋은 것은 물처럼 되는 것이다.

上善若水 상선약수

물은 만물을 이롭게 하면서도 다투지 않으며

水善利萬物而不爭 수선리만물이부쟁

모두가 싫어하는 곳에 자신을 둔다.

處衆人之所惡 처중인지소오

그러므로 물은 도에 가장 가깝다.

故幾於道 고기어도

《도덕경》 8장

상선약수는 《도덕경》을 대표하는 구절이다. 간명하면서도 메시지가 주는 울림이 워낙 커서 동서양을 막론하고 많은 사람에게 사랑받는다. 헤세는 이 구절에서 영감을 얻어 《싯다르타》를 썼고 이 작품으로 노벨문학상을 받았다. 소설에서 싯다르타는 온갖 고행으로도 진리에 이르지 못하다가 강물을 보고 마침내 진리를 깨우친다. 싯다르타가 본 강물은 텅 빈 존재다. 자신을 비우고 있기에 강물은 모든 소리를 들을 수 있다. 그리고 만물을 포용할 수 있다. 그 강물을 바라보면서 싯다르타는 '색즉시공色卽是空 공즉시색空卽是色'이라는 우주 만물의 본질을 깨닫는다.

물은 겸손하다. 그래서 항상 자신을 낮춘다. 그저위에서 아래로 흐를 뿐이다. "벼는 익을수록 고개를 숙인다"라고 했는데 물은 가장 잘 익은 벼다. 겸손하기 때문에 남들이 싫어하는 곳에도 스스럼없이 흘러간다. 더러운 세상을 만나면 자신을 희생해 그곳을 정토淨土로 만든다. 겸양지덕과 희생정신을 겸비하고 있기에 노자는 물을 최고의 선善이라고 말한다.

모든 것을 비우고 있는 물은 특별한 집념도 고집도 없다. 무집無執 무고無固, 불교에서 말하는 절대 깨달음의 경지에 올라 있는 물질이다. 그러므로 물은 남들과 다투지 않는다. 고집이 없으니 다툴 일이 없어지는 것이다. 《도덕경》에는 부쟁不爭이라는 단어가 자주 등장한다. 《도덕경》 전편을 '도란 다투지 않는 것道爲不爭'이라는 한 문장으로 요약할 수 있을 정도로 노자는 평화를 사랑한다. 노자의 무위자연은 평화와도 동의어다. 여기에 가장 잘 어울리는 존재가 바로 물이다. 물은 부쟁의 대명사다.

하는 일이 야무지지 못한 사람을 물에 비유하는데 이것은 물의 속성을 모르고 하는 소리다. 물 같은 사람이야말로 가장 강한 사람이다. 지구상에 존재하는 가장 단단한 물질인 다이아몬드를 자를 때 물을 이용하는 것도 그런 원리를 활용한 것이다. 유약승강강柔弱勝剛强, 부드럽고 약한 것이 견고하고 강한 것을 이긴다.

나는 물을 닮고 싶다. 물처럼 나를 완전히 비우고, 내려놓고, 낮은 곳으로 향하는 겸허한 마음으로 세상을 유연하게 살고 싶다. 시비도 다툼도 없이 담담하고 소박하게 살고 싶다. 내 사주에는 금金 기운이 세 개, 수水 기운이 두 개, 목木, 화火, 토土 기운이 각각 하나씩 있다. 수와 상극 관계에 있는 토 기운과 화 기운만 잘 다스리면 큰 문제 없이 평정심을 유지할 수 있는 팔자다. 특히 수를 이롭게 하는 금 기운이 강하기 때문에 주어진 토대를 잘 활용하면 소원대로 살 수 있다. 단순한 삶이 그래서 특히 중요하다. 반석처럼 흔들리지 않는 삶의 토대를 구축하려면 단순하고 소박하게 사는 것보다 더 좋은 것이 없기 때문이다.

고개를 숙이면 머리를 부딪힐 일이 없다

"당신은 저를 영원한 존재로 만들었습니다. 그것이 당신의 기쁨입니다.
이 부서지기 쉬운 그릇을 당신은 비우고 또 비우셔서,
늘 새 생명으로 채우십니다."

– 라빈드라나드 타고르《기탄잘리》

《도덕경》 강의를 준비하면서 양자물리학 공부에 심취한 적이 있었다. 아내의 말을 그대로 빌리면 그때 내 모습이 '고3 수험생' 같았다고 할 정도로 흠뻑 빠져들었었다. 양자물리학 입문서에서 읽은 다음 문장이 그 결정적 계기가 됐다.

"물질의 기본 단위인 원자 사이는 99.9999……퍼센트가 비어 있다."

이 구절을 읽는 순간 눈이 번쩍 뜨였다. 거시세계에 익숙해져 있던 내게 미시세계의 존재론적 본질이 비움이란 사실은 콜럼버스의 신대륙 발견만큼이나 경이로운 일이었다. 처음에는 잘 믿기지 않았는데 양자물리학 책들을 더 깊이 읽다 보니 수긍이 갔다. 이것은 단순한 추론이 아니라 실험을 거쳐 확인된 과학적 사실이었다. 이런 경험은 노자의 무위자연에 대한 내 생각을 한층 더 여물게 해줬고, 현대물리학과 노자의 사상, 불교의 사상이 결국 하나로 통한다는 믿음을 갖게 해줬다.

양자물리학에 근거해 광활한 우주로 시야를 확장하면 '뭔가 있다는 것'이 예외적 사실이 된다. 무가 기본이고 유는 특수한 현상이다. 태양이나 별들도 매우 예외적인 존재들이다. 텅 빈 우주 공간에서 가뭄에 콩 나듯 드문드문 존재하는 특수한 물체들이다. 그렇다면 인간은 어떤가? 우주에서 인간은 작은 티끌 하나에도 미치지 못하는 미물이다. 이 말은 인문학적 레토릭이 아니라 객관적 사실이다. 그렇다면 우리가 겸손하게 행동하는 것은 도덕적 의무가 아니라 존재론적 자기 인식에 따른 자연스러운 몸짓이다. 먼지보다 작고 하찮은 존재인 우리로서는 내세울 것이 아무것도 없다. 그러므로 우리는 숨을 쉬듯이 자연스럽게 겸손해야 한다.

맹사성은 황희와 함께 세종 치세를 풍미한 걸출한 인재였다. 어린 시절부터 수재로 소문이 났고 19세의 나이에 과거에 장원급제했다. 첫 임지는 지금의 경기도 파주 지역이었는데 맹사성은 군수로 부임하고 인사차 지역의 고승을 찾아갔다. 그리고 목민관으로서 자신이 갖추어야 할 덕목에 대해 한 말씀 해달라고 부탁했다. 스님은 이렇게 답했다.

"악업을 행치 마시고 선정善政을 베푸십시오."

고견을 기대했는데 삼척동자도 알 만한 말을 듣자 맹사성은 화를 버럭 내며 자리를 박차고 일어섰다. 그러자 고승은 '그러지 말고 차나 한잔하고 가라'며 맹사성을 만류했다. 마지못해 그가 다시 자리에 앉자 스님은 찻잔에 물을 따랐다. 그런데 찻잔에 물이 넘치는데도 스님이 계속해서 물을 따르는 게 아닌가. 맹사성이 "이게 뭐 하는 겁니까? 찻잔의 물이 넘쳐흘러 방바닥을 적시고 있지 않습니까?" 하면서 화를 내자 스님은 이렇게 말했다.

"찻잔에 물이 흘러넘치는 것은 알면서 지식이 넘쳐서 인품을 망치는 것은 왜 모르십니까?"

맹사성은 깨달은 바가 있어 스님께 인사를 올린 후 자리에서 일어나 밖으로 나가려 했다. 그런데 황급히 나가려다가 문에 머리를 '쾅' 하고 부딪히고 말았다. 그러자 고승은 다시 말했다.

"고개를 숙이면 부딪히는 법이 없습니다."

고승은 찻잔에 물이 넘치도록 따르는 행위를 통해 맹사성에게 비움의 의미, 무위의 의미를 가르쳤다. 그리고 문에 머리를 부딪힌 맹사성에게 '고개를 숙이면 문에 부딪히는 법이 없다'며 겸손의 의미를 깨우쳐줬다. 직접적인 설법이 아니라 일상에서 일어나는 일로 깨달음을 준 것이다. 이 일을 계기로 맹사성은 지역에서나 조정에서나 늘 겸손하게 처신했다. 고위 관직에 오른 후 고향을 방문할 때도 수수한 옷차림으로 소 등에 앉아 피리를 불면서 들판을 지나갔기에, 그가 높은 벼슬아치인지 아무도 알아보지 못했다고 한다. 국가의 주요 현안을 논할 때는 도가적 입장에서 무위지치를 강조했다.

노자는 이렇게 말한다.

그러므로 성인은 무위에 처하고
말하지 않는 가르침으로 행한다.
是以聖人處無爲之事 시이성인처무위지사 行不言之敎 행불언지교
만물을 만들고도 공치사하지 않으며
일을 이룬 후 거기에 머물지 않는다.
萬物作焉而居不 만물작언이불사 功成而不居 공성이불거
머물지 않기에 자리를 잃는 일도 없다.
夫唯不居 부유불거 是以不去 시이불거

〈도덕경〉 2장

나는 한동안 고양이를 키웠다. 결혼하기 전 큰딸이 밖에서 데려온 삼색 고양이였는데 사료를 챙겨주고 똥오줌을 치우는 등 양육은 오로지 내 몫이었다. 고양이를 키우다 보니 자연스럽게 사진을 많이 찍게 되었는데 고양이 사진을 잘 찍으려면 고양이 키에 맞춰 나 역시 자세를 한참 낮춰야 했다. 어떨 때는 바닥에 배를 깔고 엎드리기도 한다. 그런 겸손한 자세를 취해야 예쁜 사진을 찍을 수 있다. 식물원 산책길에서 꽃을 보면서도 겸손의 의미를 깨닫는다. 길가에 피어 있는 꽃의 향기를 제대로 맡으려면 늘 자세를 낮추고 꽃을 향해 먼저 다가가야 한다. 뻣뻣이 선 자세로 멀찌감치 떨어져서는 꽃향기를 맡을 수 없다. 작고 아담하고 겸손한 민들레와 기린초, 제비꽃에서 좋은 향기가 나듯이 사람도 자세를 낮추면 향기가 난다. 거만한 사람에게서는 비린내나 썩은 냄새가 나지만 겸손한 사람에게서는 맑고 향기로운 솔내음이 난다.《세종실록》을 읽으면서 내가 맹사성에게서 그런 솔내음을 자주 맡을 수 있었던 것도 그의 겸손한 덕성과 품성 때문이었던 것 같다.

부드러운 강물이 단단한 바위를 이긴다

"나에겐 검이 없다. 나를 버림이 곧 나의 검이다."

— 15세기 일본 무사들의 노래

사람의 마음은 비어 있는 찻잔과 같다. 철철 넘쳐흐르는 찻잔에는 내면의 평화와 자유, 여유로움 같은 것을 채울 수 없다. 사람의 마음도 잡다한 지식이나 탐욕, 경험으로 가득 채워져 있으면 정작 중요한 것을 담을 공간이 없어진다. 영혼이 갈급한 순간 신이 주는 선물로 찻잔을 채우기 위해서는 잔이 비어 있어야 한다. 숨을 쉴 때 날숨으로 묵은 공기를 뱉어내야 들숨으로 신선한 공기를 들이마실 수 있듯이 먼저 비워야 새로운 것으로 채울 수 있다. 마음의 공간이 넓을수록 신선하고 지혜롭고 창의적인 것을 더 많이 채울 수 있다. 영혼이 자유롭게 숨을 쉬려면 마음을 수시로 '빈 잔'의 상태로 만들어야 한다. 그렇지 않으면 과부하가 걸린 컴퓨터에 갇힌 아이콘처럼 우리의 영혼은 한 걸음도 앞으로 나아가지 못하고 제자리에서 뱅글뱅글 맴돌게 된다.

요즘 잘나가는 기업을 보면서도 무소유와 비움의 의미를 깨닫는다. 세계 최대의 택시 회사 우버에는 차고가 따로 없다. 보유하고 있는 차량이 하나도 없기 때문이다. 하지만 그들은 전 세계 교통시장을 꽉 잡고 있다. 세계 최대의 숙박업체 에어비앤비도 마찬가지로 자신들이 소유하고 있는 건물이 없다. 하지만 에어비앤비 서비스를 이용하는 고객들은 원하는 장소와 공간에서 언제든지 편안하게 머무를 수 있다. 우버와 에어비앤비의 사업은 그 속이 비어서 더 많은 것으로 채울 수 있다는 것이 본질이다. 정원 디자인 전문가 마스노 슌묘는 '아무것도 없는 정원이 가장 아름다운 정원'이라고 했는데, 그런 의미에서 보면 우버와 에어비앤비는 세상에서 가장 아름다운 정원을 갖춘 기업인 셈이다.

세탁소에서 고참 옷걸이가 새로 들어온 신참 옷걸이에게 이렇게 말했다. "너는 항상 이 말을 명심해라. 너는 그저 옷걸이일 뿐이다." 그러자 신참 옷걸이가 물었다. "왜 그런 말씀을 하십니까? 선배님." 이에 고참 옷걸이는 다음과 같이 말했다.

"나는 그동안 많은 옷걸이를 봐왔다. 그들은 대부분 자신에게 걸리는 옷이 자기 자신인 줄로 착각한다. 밍크 옷을 걸치면 자신이 밍크가 된 것처럼 착각하고, 가죽 재킷을 걸치면 자신이 가죽 재킷이 되는 양 착각한다. 하지만 네게 걸리는 옷은 절대로 네가 아니다. 너는 그저 옷걸이일 뿐이다. 옷이 걸쳐지지 않고 비어 있을 때가 너 자신이라는 사실을 단 한시라도 잊어서는 안 된다."

우리도 그렇다. 우리는 자신에게 주어진 사회적 지위나 부, 명예를 자신의 정체성과 일치시킨다. 하지만 그런 것은 한순간 머물다가 지나가는 뜬구름에 지나지 않는다. 지위나 돈, 명예는 영원하지 않다. '나'라는 존재를 제외한 모든 것은 스쳐 지나가는 것들이다.

노자는 이렇게 말한다.

하늘은 높고 땅은 끝이 없다.

天長地久 **천장지구**

하늘이 높고 땅이 끝이 없는 까닭은

스스로를 드러내려고 굳이 애쓰지 않기 때문이다.

天地所以能長且久者 **천지소이능장차구자** **以其不自生** **이기불자생**

그러하기에 더 오래갈 수 있는 것이다.

故能長生 **고능장생**

성인은 몸을 뒤에 두기에 앞설 수 있고

是以聖人後其身而身先 **시이성인후기신이신선**

몸을 밖에 둠으로써 몸을 보존한다.

外其身而身存 외기신이신존

사사로운 마음을 앞세우지 않기에 능히 자신을 이룰 수 있다.

非以其無私邪 비이기무사사 **故能成其私** 고능성기사

《도덕경》 7장

부처님의 제자들 가운데 판타카라는 이름을 가진 형제가 있었다. 형인 마하판타카는 두뇌가 명석해 일찌감치 법문을 깨우쳤지만 동생인 출라판타카는 머리가 아둔해서 게송(부처의 공덕이나 가르침을 찬탄하는 노래) 하나도 제대로 외우지 못했다. "냄새 향기로운 붉은 연꽃이 새벽에 피어 향이 풍기는 것처럼 두루 비치는 앙기라사(부처)를 보라. 허공에 빛나는 해와 같으니"라는 게송을 4개월이 넘도록 못 외웠다. 보다 못한 형은 '너는 세속에 가서 남의 집 일이나 하며 살라'며 동생을 환속시키려 했다. 동생은 싫다며 버텼지만 형은 억지로 그를 쫓아냈다. 길바닥에 앉아서 울고 있는 출라판타카를 본 부처님은 수건을 한 장 주면서 이렇게 말했다. "게송은 외울 필요가 없다. 이 수건으로 다른 사람들 신발을 열심히 닦거라." 그후 출라판타카는 시간이 날 때마다 다른 사람들의 신발을 닦았다. 마음과 잡념을 비우고 오로지 신발만 닦았다. 그렇게 오랜 시간이 흐르자 그는 높은 깨달음을 얻었고 부처님께서는 그를 늘 곁에 두고 사랑했다. 부처님은 이렇게 말했다.

"깨달음은 게송을 많이 외우는 데서 얻어지는 것이 아니다. 마음

을 비우고 작은 일 하나라도 성심껏 하면 그것이 곧 깨달음에 이르는 길이다. 출라판타카는 수건으로 남의 신발을 열심히 닦아 깨달음을 얻지 아니하였느냐."

법문을 많이 알고 게송을 잘 외웠던 형 마하판타카보다 법문을 모르고 게송도 제대로 외우지 못하는 동생 출라판타카가 더 높은 깨달음의 경지에 이를 수 있었던 것은 그의 빈 마음 덕분이었다. 출라판타카는 자아를 버리고 오직 타인을 위해 헌신하는 마음으로 정진하는 덕을 쌓았고 그 덕업으로 깨달음에 이르렀다. 헤르만 헤세도《싯다르타》에서 이렇게 말한다.

> "지식은 가르칠 수 있지만 지혜를 가르칠 수는 없다. 바위는 자신을 가득 채우고 있으면서 늘 아우성치지만 물은 자신을 텅 비우고 있으면서 늘 경청한다. 그러하기에 부드러운 저 강물이 단단한 바위를 이길 수 있는 것이다."

식물원 산책길에서 가끔 대나무를 본다. 매화나무와 버드나무가 겹겹이 피어 있는 연못가에 작은 군락을 이루고 서 있는 대나무는 자태가 늘 꼿꼿하다. 언제 봐도 청정하다. 대가 가늘고 키가 커서 바람에 꺾일 것 같은데 어지간한 강풍이 불어와도 너끈하게 견딘다. 그것은 대나무가 자신을 완전히 비우고 있기 때문이다. 속을 다 비우고 있기에 유연하고 탄력성이 강하다. 그래서 바람에 흔들릴지언정 꺾이지 않는다. 나무 중에서 가장 겸허한 나무가 바로 대나무다. 나도 대나무처럼 속을 완전히 비우고 겸허하게 살고 싶다. 그래서 세상 풍파가 불어와도 꺾이지 않은 채 나 자신을 꿋꿋하게 지키면서 살고 싶다.

사람의 크기는 겸손으로 측정한다

"겸손은 윗사람에게는 의무,
나와 동등한 사람에게는 예의,
아랫사람에게는 기품이다."

– 벤저민 프랭클린

〈동아비즈니스리뷰DBR〉라는 잡지에 '주역'을 주제로 칼럼을 싣고 있다. 한동안 이 잡지에 '장자'에 관한 글을 실었는데 이 연재를 끝내고 지금은 경영의 측면에서 주역을 해설하는 글을 연재하는 중이다. 주역을 처음 접했을 때는 이 언어들이 별세계에서 왔다고 생각했다. 인간의 상식으로는 도저히 이해할 수 없는 텍스트들이었기 때문이다. 하지만 찬찬히 되풀이해서 읽으면서 주역도 결국은 일상의 기록이라는 생각이 들었다. 수학이나 기하학을 처음 접하면 이해하기 어렵듯이 주역도 초심자에게는 어렵다. 전체 텍스트가 상징과 비유, 은유로 되어 있기 때문이다. 하지만 수학과 기하학도 원리를 알고 나면 술술 풀리듯이 주역도 마찬가지다. 괘에 담긴 상징적 의미를 알고 나면 그것이 삶을 예견하고 풀어주는 평범한 메시지임을 알게 된다.

주역 64괘의 괘사와 효사에는 인간의 길흉화복이 번갈아 가며 나타난다. 하지만 딱 하나 예외가 있다. 겸謙괘가 바로 그것인데 독특하게도 겸괘에는 흉凶과 화禍를 상징하는 텍스트가 단 하나도 없고 길吉과 복福을 상징하는 메시지만 담겨 있다. 즉, 겸괘는 겸손이란 좋은 일과 복을 부르는 습관이고, 겸손해서 손해볼 일이 없다는 가르침이다. 지산겸이라고도 불리는 겸괘는 땅을 의미하는 곤괘가 위, 산을 상징하는 간괘가 아래에 놓인 모양이다. 산은 위치상 땅보다 월등하게 높다. 그런 속성을 지닌 산이 땅 아래에 있다는 것은 산이 자신을 한없이 낮춘다는 의미다. 그래서 겸손하다고 할 때의 겸을 괘 이름으로 지었다.

5월로 접어들 무렵이면 식물원에는 수련이 본격적으로 피기 시작한다. 올해는 작년보다 며칠 늦은 것 같은데 큰 차이는 없다. 어제 산책길에는 한 송이만 피어 있더니 오늘 산책길에서는 여러 송이가 피어 있다. 부처님 오신 날을 기다리기라도 한 듯 연꽃들이 일제히 피어났다.

그런데 내 눈에 신기한 장면이 하나 들어왔다. 지난해 핀 연꽃들은 대부분 다 졌는데 딱 한 송이가 지금까지도 연못 한가운데에 꼿꼿하게 우뚝 서 있다. 꽃잎은 다 떨어졌지만 다른 연꽃들은 줄기마저 죄다 꺾였는데 유독 이 한 송이는 가냘픈 몸체를 그대로 지탱하고 있다. 지난겨울 혹독했던 칼바람에도 꺾이지 않고 후손들이 피어나기 시작하는 지금까지 몸을 그대로 유지하고 있다. 그 모습이 하도 기특해서 산책 할 때마다 그 연꽃을 눈여겨본다. 60센티미터가량 된 그 연꽃의 가장 큰 특징은 고개를 푹 숙이고 있다는 점이다. 1년 동안 언제나 그 자세를 유지하고 있다. 자신을 쳐다보는 인간들에게 겸손의 미덕을 가르치기라도 하는 양 말이다.

노자는 이렇게 말한다.

도는 스스로를 드러내지 않기에 밝고,

不自見故明 부자견고명

스스로 옳다 하지 않기에 돋보이고,

不自是故彰 부자시고창

스스로 자랑하지 않기에 그 공을 인정받게 되고,

不自伐故有功 부자벌고유공

스스로 뽐내지 않기에 오래간다.

不自矜故長 부자긍고장

다투지 않기에 천하의 어떤 것도 그에 맞서지 못한다.

夫唯不爭 부유불쟁 故天下莫能與之爭 고천하막능여지쟁

《도덕경》 22장

도를 깨우친 사람은 겸손하다. 스스로 드러내지 않고 스스로 옳다 하지 않고 스스로 자랑하지 않는다. 노자는 그런 사람은 오래가고 세상에서 그를 당할 사람이 아무도 없다고 설명한다. 신약성경 〈야고보서〉의 "주 앞에서 너희를 낮추어라. 그리하면 주께서 너희를 높이시리라"라는 구절도 위에서 인용한《도덕경》22장과 속뜻이 같다. 초대 그리스도교 교회가 낳은 위대한 사상가이자 철학자였던 성 아우구스티누스도 이렇게 말했다. "신앙에서 제일가는 것이 무엇이냐고 내게 묻는다면 나는 '첫째도, 둘째도, 셋째도 겸손'이라고 대답하겠다."

과거에 신실한 기독교인이었던 나는 이제 더 이상 교회에 다니지 않는다. 진리로써 성경 말씀을 가끔 묵상하지만 일요일마다 습관적으로 교회에 나가지도 않고 스스로를 기독교 신자라고 말하지도 않는다. 기독교 문화를 조금씩 멀리하게 된 계기는 여러 가지가 있지만 말과 행동이 일치하지 않는 기독교계 지도자들의 영향이 가장 컸다. 내가 생각하는 종교인들은 세상에서 가장 겸손한 사람들이어야 하는데 크리스천, 특히 대형 교회 지도자들에게서는 그런 향기를 맡기가 어려웠다. 크고 화려한 예배당을 갖고 있으면서도 그 안에 참된 그리스도의 정신을 간직하고 있는 교회들은 그다지 많지 않다. 유발 하라리가 지적한 것처럼 그들은 신의 이름으로 신도들 위에 군림한다. 하라리는《21세기를 위한 21가지 제언》에서 '모든 형태의 겸손 중에서 가장 중요한 것은 신 앞에서의 겸손'이라며 요즘의 종교인들이 강단에서는 자신을 한없이 낮추지만 평소에는 신의 이름을 활용해 신도들 위에 군림한다고 비판한다.

사회적 지위가 높은 사람들, 특히 권력을 행사하는 자리에 있는 사람의 첫 번째 덕목은 겸손이다. 하지만 사람들은 그 사실을 쉽게 잊는다. 권력의 크기가 크다는 것은 그만큼 그 권력을 위임해준 사람들에게 빚이 많다는 뜻이다. 그러므로 다른 사람들의 운명을 손에 쥐고 있는 사람일수록 한없이 겸손해져야 한다. 능력이 아무리 출중해도 겸손하지 못하고 오만하면 신의 심판을 받는다. 그리스 신화의 아라크네는 아테나 여신을 능가하는 베짜기 실력을 갖추고 있었지만 신의 영역에 도전하려는 오만함으로 결국 거미가 되고 말았다. 사람은 모두 뿌린 대로 거둔다. 농부가 허리를 굽히지 않고는 땅을 파고 갈고 씨앗을 뿌릴 수 없듯이 인생에서 뿌린 대로 거두기 위해서는 가장 먼저 허리를 깊이 숙이는 겸손함의 미덕부터 갈고닦아야 한다.

〈울지마 톤즈〉라는 영화의 주인공인 이태석 신부는 내가 알고 있는 몇 안 되는 참된 종교인 중 한 사람이다. 의사이면서 신부였던 그는 남수단에서 손수 병원을 지어 한센병과 결핵 환자들을 보살피며 헌신적으로 봉사했다. 그는 의사로서, 신부로서 항상 낮은 자세로 사람들을 섬겼다. 20세기의 살아 있는 예수로 불리던 알베르트 슈바이처도 그랬다. 그는 항상 겸손했다. 기차를 타도 항상 3등칸을 이용했다. 1등칸 플랫폼에서 그를 기다리던 사람들이 '왜 3등칸에서 나오시냐?'고 물었을 때 슈바이처는 이렇게 답했다. "4등칸이 없기 때문입니다."

유대인들의 속담에는 다음과 같은 말이 있다. "백양목의 크기는 그늘을 보고 잴 수 있고, 사람의 크기는 겸손으로 측정할 수 있다." 유대인들의 기준에서 이태석 신부나 슈바이처는 그 누구보다 큰 인물들이었다. 한량없이 겸손했기 때문이다.

화목한 가정에는 효자가 없다

"행복한 가정은 대개 비슷하다.
그러나 불행한 가정에는 제각각의 이유가 있다."

– 레프 톨스토이 《안나 카레니나》

가족 구성원들끼리 마음이 잘 맞고 화목하면 단란한 가정이라고 표현한다. 반대로 마음이 잘 맞지 않고 불화가 심할 때는 콩가루 집안이라는 표현을 쓴다. 단순한 삶의 궁극적 목적은 나 혼자만의 행복이 아니라 가족 구성원 전체의 행복, 즉 단란한 가정이다. 내가 행복해지기 위해서는 우선 가정이 편해야 한다. 부모와 자식 간의 관계가 원만하지 않거나 형제자매 사이의 우애가 좋지 않으면 단순한 삶은 요원해진다. 단순한 삶은 물질적인 것보다는 정신적인 것에 더 많이 좌우된다. 가진 것이 적어도 서로 위로하고 배려하는 마음만 갖고 있으면 행복한 가정을 이룰 수 있다. 하지만 가진 것이 아무리 많아도 욕심을 앞세워 서로 다투고 반목하면 결코 행복해질 수 없다. 가진 것에 만족하고 가지지 못한 것을 탐내지 않는 소박한 마음이 행복의 원천이다.

톨스토이의《안나 카레니나》는 이러한 삶의 이치를 잘 보여주는 작품이다. 19세기 러시아 귀족사회를 배경으로 하는 소설이지만 오늘날에도 '참된 행복이 무엇인지' 찾는 사람들에게 큰 교훈을 준다. 안나는 남들이 볼 때 아쉬운 것 하나 없는 행복한 여자였다. 사회적으로 잘나가는 남편과 귀여운 아들, 대저택, 수많은 하인 등 어느 것도 부족함이 없었다. 하지만 모스크바 기차역에서 브론스키라는 군인을 만나고 그를 남편과 비교하기 시작하면서 불행이 시작되었다. 브론스키와의 연애는 무척 달콤했지만 그것은 순간적으로 활활 타오르다가 꺼져버리는 불꽃에 지나지 않았다.

반면 소설 속의 또 다른 주인공인 키티는 달랐다. 그녀는 주어진 조건에 만족하며 일상에서 행복을 찾았다. 자신의 남편이 브론스키보다 잘생기지는 않았지만, 남편을 있는 그대로 받아들이고 신뢰 관계를 키워갔다. 많이 가졌으면서도 자신에게 없는 것 하나를 크게 여긴 안나보다 자신에게 없는 것을 아쉬워하지 않고 있는 것에 만족한 키티가 더 행복했다. 톨스토이가《안나 카레니나》를 통해서 우리에게 던지는 궁극적인 메시지도 이런 것이다. '모자라면 모자라는 대로 받아들여라. 거기에 행복이 있다.' 행복은 필요한 것을 얼마나 갖고 있느냐가 아니라 불필요한 것에서 얼마나 자유로워지는가에 달려 있다.

유교에서는 효를 특히 강조한다. '부모에게 효도하고 어른을 공경하는 것이 사람됨의 기본孝弟仁之本'이라는 것이《논어》의 가르침이다. 소크라테스도 '자기 부모를 섬길 줄 모르는 사람과는 벗하지 마라. 왜냐하면 그는 인간의 첫걸음을 벗어났기 때문이다'라고 말했다. 요즘에는 이러한 가치관이 다소 옅어졌지만 부모를 잘 모시고 웃어른을 공경하는 마음이 공동체의 중요한 덕목이라는 사실은 변함이 없다. 그런데 노자는 효도를 조금 다른 시각에서 바라본다.

노자는 이렇게 말한다.

육친이 불화하면 효와 자애가 있게 되고

六親不和 육친불화 有孝慈 유효자

국가가 혼란하면 충신이 있게 된다.

國家昏亂 국가혼란 有忠臣 유충신

《도덕경》 18장

육친은 부모, 형제, 아내와 자식을 가리키는 말이다. 노자는 사회나 국가의 질서를 인위적으로 바로잡으려 하지 않고 자연의 섭리대로 두는 무위를 최상의 도덕으로 여긴다. 대도大道가 실현되면 굳이 인위적인 도덕률을 도입하지 않아도 자연스럽게 공동체의 질서가 유지된다는 것이 노자의 논리다. 사람들이 자연을 닮은 마음으로 서로를 존중하고 신뢰하므로 구태여 '부모에게 효도하라', '국가에 충성하라' 같은 말을 할 필요가 없어진다는 것이다. 효도와 자애, 충성과 같은 덕목을 강조하는 것 자체가 가정이 화목하지 않고 국가가 화평하지 않다는 증거라는 것이다.

단순한 삶의 원칙으로는 유교식 가치관보다는 노자식의 무위자연이 더 유용하다. 부모는 부모로서, 자식은 자식으로서, 남편은 남편으로서, 아내는 아내로서 서로의 역할에 최선을 다하면 그걸로 족하다. 그렇게 되면 알프레드 아들러가 말한 과제의 분리가 쉬워진다. 굳이 남의 일에 끼어들 필요가 없으므로 간소하고 단순하게 각자의 삶에 집중할 수 있다. 톨스토이가《안나 카레니나》의 첫 문장에서 '행복한 가정은 대개 비슷하다'라고 한 것도 그러한 맥락이다. 행복한 가정은 먹고, 일하고, 쉬는 평범한 일상들로 채워지기 때문에 다들 비슷하게 보이는 것이다. 반대로 자신의 위치에서 최선을 다하지 않으면 단순한 삶을 구현하기가 어려워진다. '내가 너를 어떻게 키웠는데', '효가 땅에 떨어졌다', '당신이 그럴 줄 몰랐다'라는 말들이 오가고 심해지면 가정의 평화가 깨진다.

아내는 퇴직 이후 텃밭 가꾸기와 독서에 푹 빠졌다. 독서 분야는 나와 크게 다르다. 나는 주로 인문학 책을 보는데, 아내는 수학이나 물리학 책을 좋아한다. 나도 가끔 그런 책을 보지만 아내는 편식이 심한 편이다. 내용이 제법 어려울 법도 한데 '재밌다'라는 말을 입에 달고 산다. 인문학 책을 함께 읽고 공유하면 서로 대화의 폭이 넓어질 수도 있겠지만 나는 그 다름이 오히려 더 낫다고 생각한다. 서로 이질적인 것을 접하면서 세상을 바라보는 시각이 더 넓어지기 때문이다. 그래서 아내의 독서 취향에 대해 조금도 시비를 걸지 않는다. 책뿐만 아니라 아내의 나머지 버킷리스트에 대해서도 왈가왈부하지 않는다. 아내가 주말농장을 하겠다고 했을 때, 처음에는 크게 달가워하지 않았지만 그간 배운 명리학 지식으로 아내의 사주를 뽑아본 이후에는 오히려 권장한다.

아내의 사주팔자에는 수水 기운이 다섯 개 있다. 나머지는 금金이 두 개, 목木이 하나다. 생명의 싹을 이롭게 하는 물 성분이 8자八字 가운데 5자五字나 있으니 '육성', '재배', '생장' 같은 곳에 재능이 있을 법하다. 교직 생활 35년을 무리 없이 잘 해낸 것도 팔자대로 살았기 때문인 것 같다. 같은 이치라면 물을 주어 작물을 기르는 일에도 적합하겠다는 생각이 든다. 게다가 수水를 이롭게 하는 금金이 두 개가 있으므로 텃밭을 가꾸는 데 금상첨화의 팔자가 아닐까 싶다. 좋아하는 책을 읽으면서 틈틈이 텃밭을 가꾸고 나와 함께 식물원 산책을 하는 일상이 자리를 잡으면 아내의 제2의 인생은 멋지게 완성될 것이다. 나는 늘 그걸 응원한다.

운명을 거슬러 올라가는 삶이 더 멋있어 보일 수도 있다. 하지만 주어진 운명에 순응하면서 주변과 조화롭게 사는 삶도 그리 나쁘지만은 않다. 바꿀 수 있는 것은 용기를 가지고 바꾸되 그렇지 못한 것은 그것대로 받아들일 줄도 알아야 한다. 삶을 소박하고 단순하게 살기 위해서는 자신이 바꿀 수 있는 것과 바꿀 수 없는 것의 차이를 명확하게 구분하는 분별력과 지혜가 필요하다. 인생의 후반전에서는 특히 그렇다. 그러지 않으면 쇼펜하우어처럼 묘비명에 이렇게 쓸지도 모른다. “우물쭈물하다가 내 그럴 줄 알았다.”

지는 법을 알아야 이기는 법도 알 수 있다

"하나님은 무에서 세상을 만드셨다.
우리 자신을 한없이 낮추고 낮춰 무의 상태가 되게 한다면
하나님은 우리 안에서 엄청난 것을 만드실 수 있다."

– 마르틴 루터

나는 바둑을 좋아한다. 고수는 아니지만 깔끔한 승부의 세계가 마음에 든다. 요즘에는 바둑돌을 손에 쥐는 일이 거의 없지만 예전에는 바둑을 두다가 날밤을 새우기도 했다. 첫 번째 수를 착점하기 전 텅 비어 있는 바둑판을 바라보면서 느끼는 충만감도 나를 바둑 애호가로 만든 요인 중 하나다. 바둑을 잘 두는 비결은 마음을 비우는 것이다. 판세가 불리할 때 뭔가 수를 내기 위해 머리를 쥐어짜는 인위人爲를 버리면 오히려 눈에 보이지 않던 묘수가 생긴다. 바둑판 위에도 노자의 무위자연이 있는 셈이다.

2016년 알파고와 세기의 바둑 대결을 펼친 이세돌이 바로 그랬

다. 전체 전적에서는 1승 4패로 이세돌이 졌지만 난공불락이었던 인공지능을 상대로 한 판을 이겼다는 사실만으로도 역사적 명승부로 기억되고 있다. 내리 세 판을 진 이세돌이 4국에서 알파고를 꺾을 수 있었던 비결은 바로 무위의 한 수였다. 이때 이세돌이 둔 수는 세상에 없는 수였다. 이세돌은 불리하게 진행되던 바둑판을 무위지치로 역전하고 알파고를 혼란에 빠뜨렸다. 대국이 끝난 후에는 '지는 법을 통해서 이기는 법을 배웠다'라는 소감을 밝혔다. 내리 세 판을 지면서 알파고의 약점을 파악했고 그것을 적절하게 활용해서 4국을 승리로 이끌 수 있었다는 얘기였다.

아무리 실력이 뛰어난 프로 바둑 기사라 해도 늘 이기는 것은 아니다. 질 때도 있고 이길 때도 있다. 중요한 것은 진 후에 이기는 법을 배우려는 자세다. 바둑 기사들이 대국을 끝낸 후에 반드시 복기復碁하는 것도 그 때문이다. 바둑이 인생을 가장 많이 닮은 부분이 바로 이 지점이다. 이기고 지는 것보다는 지난날을 되돌아보면서 성찰하는 자세가 더 중요하다. 지고 난 후 분해서 씩씩거리기만 하면 발전할 수 없다. 겸허한 마음으로 왜 졌는지, 무슨 수를 잘못 뒀는지, 결정적인 악수가 뭐였는지 꼼꼼하게 짚어봐야 그다음 판에서 실수를 되풀이하지 않을 수 있다. 한 번의 승패에 얽매이기보다 과거를 돌아보고 앞날을 생각하는 것이 훨씬 중요하다.

내가 단순한 삶을 원칙으로 정한 것도 그런 복기에서 비롯되었다. 과거를 돌아볼 때 그동안 인생을 너무 복잡하게 살았다는 점이 아쉬웠다. 특히 인간관계가 그랬다. 그동안 받아놓은 명함이 1,000장 가까이 되었으니 인간관계가 1,000가지로 얽혀 있었던 셈이다. 나는 새로운 인생을 시작하면서 그것부터 먼저 간소화했다. 그동안은 생각도 너무 복잡했다. 그러다 보니 번뇌도 많았다. 이러한 습관도 함께 버렸다. 삶에서 가장 소중하다고 생각하는 것들에만 집중하고 나머지 일들로 몸과 마음을 복잡하게 만들지 않기로 했다. 무조건 이기려는 마음을 내려놓고 단순하고 간소하게 살아가다 보니 조금씩 이기는 법이 보이기 시작한다.

나는 시골에 계시는 큰 누님을 '보살'이라고 부른다. 아내는 교회 권사님을 그렇게 부르면 어떻게 하냐며 뭐라 하지만 속뜻이 그렇다는 것일 뿐 면전에서 누님을 그렇게 부르지는 않는다. 그만큼 누님은 속이 깊고, 배려심이 많고, 겸손하다. 동생이 셋이나 있지만 결코 맏이로서 권위를 내세워 이기려 들지 않고 늘 지는 사람이기도 하다. 산에서 고사리나 취나물 같은 귀한 산나물을 캐거나 쑥을 캐서 떡을 만들면 늘 동생들부터 챙긴다. 덕분에 우리 집 냉장고는 빌 날이 없다. 어머님을 집 근처 요양원에 모셔놓고 가장 자주 찾아뵙는 분도 큰 누님이다. 어머님을 마땅히 장남인 내 집 근처에 모셔야 했는데, 누님이 시골이 공기가 더 좋다며 그리로 모셨다. 다니는 교회에서도 그렇고 가까이 사는 이웃들에게도 누님은 아낌없이 덕을 베푼다. 먹을 것이 생기면 교회 성도와 이웃들에게 나눈다. 그렇게 베풀고 사는데도 집에는 먹을 것이 넘쳐난다. 어머님을 찾아뵙는 길에 가끔 누님 집에 들르면 거실이 비어 있는 날이 없다. 이렇게 나는 '비움으로 더 크게 채운다'라는 도덕경의 가르침을 큰 누님에게서 배운다. 요즘은 정부 지원금으로 시행되고 있는 '이야기 할머니'에 선발돼 더 바쁘게 사시는데 초등학교를 졸업한 학력으로 대졸 출신의 전직 교사 같은 분들과 경쟁해서 선발됐다고 한다. 가문의 영광이라고 추어올리면 누님은 언제나 '아는 게 없어서 아이들 수준하고 잘 맞을 것 같으니까 뽑아준 것 같다'며 겸손한 말을 하신다.

노자는 이렇게 말한다.

이룬 후 자랑하지 않고

이룬 후 뽐내지 않고 이룬 후 교만하지 않는다.

果而勿矜 과이물긍 果而勿伐 과이물벌 果而勿驕 과이물교

이루되 꼭 필요한 것만 하고 더 강해지려는 욕심을 버린다.

果而不得已 과이부득이 果而勿强 과이물강

《도덕경》 30장

법정 스님의 《무소유》에서 겸손함과 비움의 의미를 깨우쳐주는 다음 이야기를 소개한다.

해가 저문 어느 날, 오막살이 토굴에 사는 노승 앞에 더벅머리 학생이 하나 찾아왔다. 아버지가 써준 편지를 꺼내면서 그는 사뭇 불안한 표정이었다. 사연인즉, '이 망나니를 학교에서고 집에서고, 더 이상 손댈 수 없으니 스님이 알아서 사람을 만들어달라'는 것이었다. 물론 노승과 그의 아버지는 친분이 있는 사이였다. 편지를 보고 난 노승은 아무런 말도 없이 몸소 후원에 나가 늦은 저녁을 지어왔다. 저녁을 먹인 뒤 발을 씻으라고 대야에 가득 더운물을 떠다 주었다. 이때 더벅머리의 눈에서는 주르륵 눈물이 흘러내렸다. 그는 아까부터 훈계가 있으리라고 각오하고서 은근히 기다렸는데, 스님이 한마디 말도 없이 시중만 들어주는 데에 크게 감동한 것이다. 그는 훈계라면 진저리가 났을 것이다. 그에게는 백천白千 마디 좋은 말보다는 다사로운 손길이 그리웠던 것이다.

이제는 가버리고 안 계신 한 노사老師로부터 들은 이야기다. 산을 곁에 두고 살다 보면 누구나 다 알게 되는 일이지만, 겨울철이면 나무들이 많이 꺾인다. 모진 비바람에도 끄떡 않던 아름드리나무들이, 꿋꿋하게 고집스럽기만 하던 그 소나무들이 눈이 내려 덮이면 꺾이게 된다. 가지 끝에 사뿐사뿐 내려 쌓이는 그 하얀 눈에 꺾이고 마는 것이다. 사람들은 이를 깨달아야 한다. 바닷가의 조약돌을 그토록 둥글고 예쁘게 만든 것은 무쇠로 된 정이 아니라 부드럽게 쓰다듬는 물결이라는 것을.

나는 그동안 무쇠 같은 정으로 세상을 부수려고만 했던 것 같다. 그러다가 오히려 내가 부서지고 부러지는 일이 잦았다. 앞으로는 나도 부드러운 물결이 되고 싶다.

칼은 칼집에 있을 때 위엄이 있다

"둔감력, 본인이 어떤 일에 지나치게 예민하게 반응하는지를 자각하고
적절히 둔감하게 대처하면서 자신만의 삶을 살아야 한다는 의미입니다.
둔감력은 무신경이 아닌 복원력에 가깝습니다."

– 이기주《말의 품격》

그동안 내게 특히 부족한 점이 둔감력이었다. 세상을 살다 보면 사소한 일에 동요되지 않고 느긋하게 대처해나가는 것이 좋은데 그게 잘 안됐다. 남의 눈치를 많이 보는 성격도 한몫했던 것 같다. '끽다끽반喫茶喫飯'이라는 불교의 가르침처럼 밥을 먹을 때는 밥과 일체가 되고 차를 마실 때는 차와 일체가 되어야 하는데 밥을 먹을 때 차 마실 생각부터 하고 차를 마실 때는 밥 먹을 걱정을 하는 식이었다.

다행히 아내는 정반대다. 둔감력이 뛰어나 사소한 일에 쉽게 흔들리지 않는다. 일을 결정할 때도 대소사를 막론하고 급하게 결정하는 법이 없다. 여러 가지 고려 사항을 신중하게 검토해서 천천히 결정하

는 편이다. 그러다 보니 가끔 의견충돌이 일어나 다퉜지만 요즘에는 그 횟수가 많이 줄어든 편이다. 내가 단순한 삶을 원칙으로 삼으면서 둔감력을 조금씩 키워나가다 보니 그런 효과가 나타나는 게 아닌가 싶다. 하지만 아직은 많이 부족하다. 그 부족함을 메우고 메워서 《장자》 〈달생편〉의 다음 우화에 나오는 목계木鷄처럼 되는 것이 내 목표다.

투계鬪鷄(닭싸움)를 좋아하는 왕이 어느 날 기성자라는 조련사에게 최고의 싸움닭을 만들어달라고 부탁했다. 열흘 후 왕이 물었다.

"닭이 이제 싸울 수 있겠는가?"

기성자가 아뢰었다.

"아직 안 됩니다. 강하긴 하지만 교만합니다. 허세를 부리면서 제 힘만 믿습니다."

다시 열흘이 지나서 왕이 기성자에게 물었다.

"이제는 다 됐는가?"

그러자 기성자는 이렇게 말했다.

"아직도 아닙니다. 교만함은 많이 줄었지만 너무 조급해서 진중함이 없습니다. 다른 닭을 보거나 울음소리만 들어도 당장 덤벼들 것처럼 합니다."

또 다른 열흘이 지났을 때 왕이 '다 됐느냐'며 재차 물었다. 하지만 기성자는 이번에도 이렇게 말했다.

"아직도 안 됩니다. 눈초리가 너무 공격적이어서 최고의 투계는 아닙니다."

또 열흘이 지나 40일째 되는 날 왕이 묻자 기성자는 '이제 된 것 같다'며 이렇게 말했다.

"다른 닭이 소리를 질러대고 도전해도 움직이지 않아 마치 나무로 만든 닭 같습니다. 싸움닭으로서 최고의 덕이 갖추어졌습니다. 그 모습을 보면 어떤 닭도 감히 덤비지 못하고 도망칠 것입니다."

이 우화에 나오는 목계는 둔감력이 최고의 경지에 오른 인물을 상징한다. 어느 분야에서든 경지에 이른 사람은 자신의 힘을 함부로 뽐내지 않는다. 칼을 칼집에 넣은 채 상대에게 무언의 힘을 보여줄 뿐 먼저 칼을 뽑지 않는다. 상대가 깐죽거리면서 싸움을 걸어와도 목계처럼 초연한 마음으로 평정심을 유지한다.

이병철 회장은 아들 이건희 씨가 그룹 부회장으로 승진한 다음 날 아들을 집무실로 불러 목계 그림을 선물했다. 조직이 외파에 흔들릴 때도 목계와 같은 평정심을 유지하라는 의미였다. 그러면서 붓으로 '경청'이라는 휘호를 써주었다. 언제나 상대의 말을 깊게 잘 들으라는 뜻이었다. 이건희 회장은 말이 어눌했다. 경영자로서는 단점이었지만 그는 부친이 물려준 '목계'의 가르침 덕분에 단점을 장점으로 바꿀 수 있었다. 헤세는《클라인과 바그너》에서 다음과 같이 말한다.

"가지 굵은 나무 같아라. 의연한 산 같아라. 또 고독한 야수 같아라. 가끔은 높은 곳에서 반짝이는 별 같아라. 세상이 어떻게 변하든 항상 나 자신으로 있으라.”

이순신도 전쟁을 시작하기 전 부하들에게 항상 이렇게 주문했다고 한다. “태산같이 진중하라.” 열두 척의 배로 수백 척의 왜적을 무찌른 이순신의 힘은 바로 이 태산 같은 진중함에서 나온 것이었다. 무겁게 처신하는 일이 얼마나 중요한지를 새삼 일깨워주는 일화다.

나는 자전거를 잘 타지 못한다. 자전거를 잘 타는 아내에게서 좀 배워보려 해도 좀처럼 잘 되지 않는다. 서울시에는 따릉이가 있어 자전거를 탈 줄 알면 여러모로 좋을 텐데 아무리 노력해도 어렵다. 조금 되는가 싶다가도 사람들이 많이 지나가는 도로에 나가면 먼저 마음부터 흔들린다. 그래서 혹시 모를 안전사고에 대비해서 한동안 연습하다가 지금은 중단했다. 건널 수 없는 강물을 만나면 발길을 돌리는 것도 살아가면서 필요한 지혜라며 스스로를 다독이고 있다. 특히 나이 들어서는 그런 게 필요하다는 아내의 충고도 한몫했다. 하지만 언젠가는 다시 도전해볼 생각이다. 둔감력을 높여 마음의 중심을 잡아나가다 보면 자전거 타기도 조금 수월해지지 않을까 싶다.

노자는 이렇게 말한다.

무거움은 가벼움의 뿌리이고 고요함은 조급함의 군주이다.

重爲輕根 중위경근 靜爲躁君 정위조군

그러므로 성인은 종일 다닐지라도 짐수레를 떠나지 않는다.

是以聖人終日行 시이성인종일행 不離輜重 불리치중

화려한 경관이 있을지라도

초연함을 잃지 않고 제자리를 지킨다.

雖有榮觀 수유영관 燕處超然 연처초연

《도덕경》 26장

인생 후반전을 살면서 혹 화려한 불꽃놀이가 나를 유혹해도 초연하게 중심을 지키고 싶다. 과거의 그림자가 어른거리는 경우가 있어도 내 자리를 떠나지 않으려 한다. 태산처럼 묵직하게 중심을 지키면서 살고 싶다.《논어》에서 공자가 말하는 윤집기중允執其中의 마음으로 좌로도 우로도 치우치지 않고 남은 생을 마치고 싶다. 단순한 삶의 원칙이 그런 내 소망을 지켜주는 든든한 울타리가 될 것이다.

검
儉

견소포박
見素抱樸

소박하고 검소하게 살다

값으로 매길 수 없는 것이 가장 비싼 것이다

"소박하고 꾸밈없이 사는 것이 뽐내며 사는 것보다 낫고,
맑고 담담하게 사는 것이 번잡하고 화려하게 사는 것보다 낫다."

– 홍자성《채근담》

봄날의 식물원은 색이 두 번 바뀐다. 하얀색으로 피는 매화와 목련, 벚꽃이 꽃잎을 떨굴 때쯤이면 진달래와 철쭉이 식물원을 붉게 물들인다. 그러다가 5월에 접어들면 다시 흰색으로 바뀐다. 색상의 반전을 이루어내는 일등 공신은 조팝나무와 이팝나무다. 조팝나무도 제법 볼만하지만 나는 이팝나무를 더 좋아한다. 순백색의 은은하고 수수한 이팝나무꽃을 보고 있노라면 겨울철 밤사이에 내려 소복하게 쌓인 흰 눈이 생각나기도 하고 무명 삼베옷을 걸치고 밭일을 나가시던 어머니의 모습이 떠오르기도 한다. 꽃이야 다 아름답지만 나이 탓인지 화려하고 번잡한 꽃보다는 소박하고 단아한 꽃들에 더 마음이 간다.

단순한 삶을 꽃에 비유하자면 이팝나무와 가장 많이 닮아 있지 않나 싶다. 벚꽃만큼 화려하지는 않지만 더 향기롭고, 조팝나무만큼 다채롭지는 않지만 더 충만해 보인다. 이팝나무는 수수하고 검소한 모습이 아내와도 많이 닮았다. 지금도 크게 달라지지 않았지만 아내는 처녀 시절부터 크게 치장하지도 않고 멋을 부리지도 않았다. 그런 담백하고 소박한 모습이 좋았다. 식물원 산책길에 이팝나무를 만나면 자연스럽게 젊은 시절의 아내가 떠오르는 것도 그런 기억 때문이 아닐까 싶다.

노자는 이렇게 말한다.

물들이기 전 비단의 흰 바탕을 보고
다듬기 전의 원목을 간직한다.
見素抱樸 견소포박
사사로움을 줄이고 욕심을 적게 한다.
少私寡欲 소사과욕

《도덕경》 19장

소素는 물을 들이지 않은 흰 비단이고 박樸은 장인이 가공하기 전의 원목, 즉 통나무를 가리킨다. 흰 바탕을 보고 통나무를 간직한다는 것은 무위자연으로 돌아가 소박하고 검소하게 산다는 의미다. 소사과욕은 사사로운 욕심을 줄인다는 의미다. 그러니까 '견소포박 소사과욕'은 '사사로운 욕심을 내려놓고 소박하고 검소하게 살라'는 문장으로 고쳐 쓸 수 있다. 법정 스님은 오두막에 '더 단순하고 더 소박하게'라는 문장을 걸어놓고 마음을 다잡았다고 하는데 나는《도덕경》의 이 구절을 마음속에 걸어놓고 행동 강령으로 삼고 있다.

아침에 라디오에서 영어 프로그램을 청취하다가 어느 날 문득 그동안 잊고 있었던 영어 단어 하나가 문득 떠올랐다. '프라이슬리스priceless'라는 단어다. 직역하면 '값으로 매길 수 없다'라는 뜻인데 보통 '값지다, 비싸다, 귀하다'는 의미로 쓰인다. 참 잘 만든 단어다. 우리에게 가장 소중한 것은 값으로 매길 수 없다. 산책길에서 매일 접하는 나무들과 연못, 꽃, 새, 그리고 맑은 공기, 푸른 하늘을 어떻게 값으로 매길 수 있겠는가? 이것은 모두 공짜다. 하지만 세상에 그만큼 귀한 존재도 없다. 이 외에도 저녁 시간 호수에 잠기는 장엄한 태양과 일몰, 분수대에서 시원하게 뿜어져 나오는 물, 생태계를 건강하게 유지하기 위해 조성된 습지 같은 것들도 모두 값으로 매길 수 없다. 세상에서 가장 소중하고 귀한 것들을 내가 공짜로 누리고 있는 것이다. 이만하면 나는 세상에서 가장 행복한 사람이다. 목에 다이아몬드를 걸친다고 행복지수가 높아지지는 않는다. 그것은 남들에게 보이기 위한 가짜 행복일 뿐 진짜 행복은 자연을 벗 삼아 여유롭게 살아가는 소박하고 검소한 삶에 있다.

재래시장도 소박한 행복을 가져다주는 성소聖所 중 하나다. 집에서 도보로 20분 거리에 있는 재래시장은 어려서 다니던 대구의 서문시장만큼 크지는 않지만 그 정취만큼은 충분히 느낄 수 있다. 아내와 함께 작은 배낭을 하나 짊어지고 가서 한 시간 정도 시장을 둘러본 후 간단한 저녁 찬거리나 순대, 붕어빵, 떡볶이 같은 간식거리를 사서 오는 재미도 돈으로 계산할 수 없다. 현대식 건물에 입점해 있는 대형마트에 비하면 물건의 종류가 많지 않지만, 오히려 조금 부족해서 더 아름다워 보인다. 생선 가게를 지나칠 때마다 어린 시절 동네 시장에서 좌판을 깔고 생선을 팔면서 고단한 삶을 살았던 어머니의 기억을 떠올리는 것만으로도 재래시장은 내게 소중한 케렌시아(투우사와 싸우다 지친 소가 잠시 숨을 고르며 쉬는 공간)다. 다산 정약용은 유배지에서 두 아들에게 다음과 같은 편지를 보냈다.

> "나는 논밭을 너희들에게 남겨줄 만한 벼슬을 못했으니 오직 두 글자의 신비로운 부적을 주겠다. 너희는 이것을 소홀히 여기지 말아라. 한 글자는 근勤이고 또 한 글자는 검儉이다. 부지런함과 검소함, 이 두 글자는 좋은 논밭이나 기름진 토지보다 나은 것이니 평생을 두고 필요한 곳에 쓴다고 해도 다 쓰지 못한다. 그러면 부지런함이란 무엇인가? 오늘 할 수 있는 일을 내일로 미루지 않는 것이며, 맑은 날에 해야 할 일을 비 오는 날까지 끌지 않는 것이며, 아침에 할 일을 저녁때까지 미루지

않는 것이다. 집안 식구들이 한 사람도 놀고먹는 사람이 없게 하고, 한순간도 게으름이 없는 것을 부지런함이라 한다. 또 검소함이란 무엇인가? 한 벌의 옷을 만들 때마다 이 옷을 먼 훗날까지 입을 수 있는지 헤아려보는 일이다. 가는 베로 만들면 머지않아 해지고 말 테니 질박한 천으로 만들어 입는 것이다. 음식도 목숨을 이어가면 그것으로 족한 줄 알아야지, 맛있고 기름진 음식을 탐하면 결국 변소에 가서 대변 보는 일에 정력을 소모할 뿐이다. 이와 같은 생각은 당장의 어려운 생활 조건을 극복하는 일시적인 방편이 아니라, 여유 있는 가정일지라도 집안을 다스리고 몸을 바르게 하는 항구적인 생활 규범이다. 그러니 가슴 깊이 새겨두어라."

다산이 자식들에게 강조한 근검을 나도 삶의 지침으로 삼으려 한다. 일에 최선을 다하면서 분수 밖의 재물을 탐하지 않고 검소하게 살면 그보다 더 큰 삶의 부적이 없을 것이다. 그런 부적은 돈으로는 그 가치를 환산할 수 없는, 그 어떤 귀한 보석보다 값이 비싼priceless 부적이 아닐 수 없다.

검약하기에 널리 베풀 수 있다

"만족할 줄 아는 자는 맨땅에 누워 있어도 행복하고
만족할 줄 모르는 자는 천당에 있어도 흡족하지 않다.
만족할 줄 모르는 자는 부자라 하더라도 가난하고
만족할 줄 아는 자는 가난하더라도 이미 부자이니라."

–《유교경》

가끔 엉뚱한 상상을 한다.《실리콘밸리로 간 노자》라는 내 전작은 그러한 상상의 결과물이다. 세계 최고의 부자들이 모여 있는 실리콘밸리를 노자와 연결하는 것은 상식적으로 맞지 않다. 그런데 나는 거꾸로 이런 생각을 해봤다. '실리콘밸리의 천재들이 그렇게 많은 돈을 번 것은 오히려 돈을 벌 생각을 완전히 비웠기 때문에 가능한 일이 아니었을까?' 이런 생각을 하게 된 계기는 마이크로소프트의 빌 게이츠와 페이스북의 마크 저커버그, 그리고 오마하의 현자로 불리는 워런 버핏의 자서전을 읽으면서였다. 세 사람은 모두 약간의 재산만 남기고 평생 모은 돈 대부분을 사회에 환원했다. 그들의 재산을 합치면 우리

돈으로 수백조 원에 이른다. '어떻게 그들은 그렇게 큰 금액을 아낌없이 사회에 내놓을 수 있었을까?' 하는 생각을 하다가 노자의 무위를 떠올렸다.

그들의 자서전을 다 읽고 난 후 이런 결론을 내렸다. '그들의 마음은 비어 있었다. 그들의 마음에는 돈이 없었다. 돈은 일을 한 결과로 따라온 선물이었을 뿐 그들은 결코 돈을 추구하지 않았다.' 실제로 돈을 억만금 번 이후에도 그들은 검소하게 살았다. 물론 우리가 생각하는 것과는 다른 검소였지만, 넓게 보면 본질적으로는 큰 차이가 없다. 그랬기에 그들은 평생 모은 돈을 사회에 내놓을 수 있었을 것이다.

노자는 이렇게 말한다.

내게는 세 가지 보물이 있는데
나는 이를 간직하고 보존하고자 한다.
我有三寶 아유삼보 持而保之 지이보지
첫째는 자애로움이고, 둘째는 검약함이고,
셋째는 천하에 앞서려 하지 않는 것이다.
一曰慈 일왈자 二曰儉 이왈검 三曰不敢爲天下先 삼왈불감위천하선
자애롭기 때문에 능히 용감하고,
검약하기 때문에 널리 베풀고,
慈故能勇 자고능용 儉故能廣 검고능광

감히 세상에 앞서려 하지 않기 때문에
능히 사물을 만들고 키울 수 있다.

不敢爲天下先 불감위천하선 故能成器長 고능성기장

《도덕경》 67장

실리콘밸리의 부자들은 '검약하기 때문에 능히 베풀 수 있다'는 노자의 말처럼 활동했다. 그들이 만약 들어온 재물을 물 쓰듯이 낭비했다면 결코 남을 위해 널리 베풀 수 없었을 것이다. 그들의 마음은 돈을 벌기 전에도 후에도 비어 있었다. 《실리콘밸리로 간 노자》에서 나는 미국의 돈 많은 천재들 가운데 빈 마음으로 '검고능광'을 실천하는 사람이 많은 것이 오늘날의 미국을 떠받치는 주요인이라고 진단했다. 지금도 그 생각에는 변함이 없다. 흔히 말하는 노블레스 오블리주는 《도덕경》의 '검고능광'을 다른 말로 표현한 것 같다.

법정 스님은 우여곡절 끝에 탄생한 길상사의 회주로 몇 년을 시무했지만 단 한 차례도 그곳에서 머무르지 않았다. 절 살림을 맡은 총무스님이 사무실을 겸한 방 한 칸을 따로 마련해주겠다고 했을 때도 단칼에 거절했다. 만일 길상사가 여느 세속의 절처럼 재물을 밝히는 기미가 조금이라도 보이면 즉각 절을 떠나겠다며 엄포를 놓기도 했다. 법회가 아무리 늦어져도 길상사에서는 단 한시도 머무르지 않고 산골의 암자로 돌아갔다. 송광사 탐방 길에 그가 머물렀던 불일암을 잠시

들른 적이 있는데 그곳은 한여름 뙤약볕에도 불구하고 사람들의 발길이 끊이질 않았다. 스님이 입적한 지 상당한 시간이 흘렀지만 그의 향기가 아직도 세상을 넓게 적시고 있는 것은 그가 '검고능광'의 정신을 투철하게 실천했기 때문일 것이다. 그의 몸은 비록 먼지로 변했지만 그가 남긴 맑은 기氣가 세상을 아름답게 변화시키고 있다.

옛말에 '복을 누리되 끝까지 누리지 말라'는 말이 있다. 절제와 소박에 행복이 있음을 깨우쳐주는 교훈이다. 재산이 아무리 많아도 절약하지 않으면 언젠가는 곳간이 비게 되고 절약하면서 살면 언젠가는 곳간이 차게 되는 것이 인생의 진리다. 소족지욕小足之欲이란 말처럼 큰 욕심을 부리지 않고 벌이의 범위에서 만족하면 덜 갖고도 얼마든지 행복하게 살 수 있다. 우리가 누리는 행복은 크고 많은 것보다는 작고 적은 것에 있다. 크고 많은 것을 원하면 어떻게 해도 욕망의 그릇을 다 채울 수가 없다. 그것은 바닷물을 다 마시겠다고 덤비는 것과 같은 어리석은 짓이다. 소박하고 검소한 것에 삶의 향기인 아름다움과 고마움이 스며 있다.

특히 나이가 어느 정도 들어서는 무엇보다 건강이 최고다. 욕심을 내려놓으면 무리하지 않게 되고 무리하지 않으면 건강을 해치지 않는다. 건강이 돌아오면 마음이 밝아지고 마음이 밝아지면 적은 것에서도 행복을 느끼게 된다. 그것이 나에게도 좋고, 가족에게도 좋고, 이웃에게도 좋다. 내가 건강하고 밝아야 가족들도 편할 수 있고 내 몸에 아픈 데가 없어야 이웃에게 선한 인정을 베풀 수도 있다. 일석삼조란 이런 걸 두고 하는 말이다. 가진 것이 많아 그걸 지키려고 아등바등 애를 쓰면 건강을 해쳐 돈이 아무리 많아도 행복해질 수 없다. 내가 갖지 못한 것에 집중하면 삶은 온통 결핍투성이가 되고 내가 가진 것에 만족하면 삶에는 온통 감사할 일뿐이다. 내가 좋아하는 성경 구절 가운데 다음과 같은 말이 있다.

> "공중 나는 새를 보라. 심지도 않고 거두지도 않고 창고에 모아들이지도 아니하되 하나님께서 기르시나니 너희는 이것들보다 귀하지 아니하냐. 너희 중에 누가 염려함으로 그 키를 한 자나 더할 수 있느냐. 또 너희가 어찌 의복을 위하여 염려하느냐. 들의 백합화가 어떻게 자라는가 생각하여보라. 수고도 아니하고 길쌈도 아니하느니라. 그러나 내가 너희에게 말하노니 솔로몬의 모든 영광으로도 입은 것이 이 꽃 하나만 같지 못하였느니라."
>
> 〈마태복음〉 6장 26~29절

검소하게 살겠다는 마음만 있으면 공중을 나는 새나 들의 백합화처럼 큰 걱정과 수고로움 없이 행복하게 살 수 있다. 예수도 법정스님도 그렇게 살았다. 그런 소박하고 검소한 삶이 솔로몬의 모든 영광보다 더 아름답다는 성경 말씀에 나는 전적으로 공감한다.

가장 소박한 것이 가장 아름다운 것이다

"행복이라는 것은 포도주 한 잔, 밤 한 알, 허름한 화덕,
바다 소리처럼 참으로 단순하고 소박한 것이라는 생각이 들었다.
필요한 건 그것뿐이었다. 지금 한순간이 행복하다고 느끼게 하는 데
필요한 것이라고는 단순하고 소박한 마음뿐이었다."

– 니코스 카잔차키스《그리스인 조르바》

여행을 하다 보면 뜻하지 않은 횡재를 하는 경우가 더러 있다. 아내와 둘째 딸아이랑 함께 갔던 순천만 여행이 내게는 그랬다. 순천만 습지를 둘러보고 난 후에 트램을 타고 순천만국가정원으로 이동하는 길에 표지판이 눈에 띄길래 잠시 순천문학관에 들렀다. 내가 좋아하는 작가 두 사람의 문학관이 나란히 있어서 그들의 작품세계와 삶의 흔적을 둘러볼 수 있었다. 한 사람은 김승옥이었고 또 한 사람은 정채봉이었다. 김승옥의《무진기행》은 몇 번이나 반복해서 읽은 작품이다. 그의 문장이 너무 좋아 필사하면서 봤던 기억이 새롭다. 정채봉도 그의 순수한 작품 세계가 좋아 마음에 담아두고 있었는데 우연히 전시관에

서 생전 모습을 볼 수 있었다. 특히 정채봉의 유품이 전시된 유리 상자 안에 법정 스님이 그에게 보낸 친필 편지와 엽서가 있어 더할 나위 없는 횡재였다. 법정 스님의 《홀로 사는 즐거움》에는 정채봉을 기리며 쓴 글이 있는데 마치 한 편의 시와 같아 내 마음에 오래 남았다. 스님은 정채봉의 부재를 아쉬워하는 글을 다음과 같이 남겼다.

"……올 때는 흰 구름 더불어 왔고 갈 때에는 함박눈 따라서 갔네. 오고 가는 그 나그네여 그대는 지금 어느 곳에 있는가."

정채봉은 한국을 대표하는 아동문학 작가다. 비교적 이른 나이에 세상을 떠나 많은 사람을 안타깝게 만든 인물이다. 정채봉의 작품을 읽고 있으면 저절로 영혼이 맑아지는 느낌이 든다. 그의 대표작 《오세암》은 워낙 감동적인 이야기라 많은 사람의 눈물샘을 자극한다. 정채봉과 함께 내가 좋아하는 아동문학 작가인 권정생의 《강아지똥》을 읽으면서도 비슷한 경험을 했다. 짧은 글 한 편으로 폭포수처럼 쏟아지는 큰 감동을 주는 작품이 바로 권정생의 《강아지똥》이다.

돌이네 흰둥이가 똥을 눴어요. 골목길 담 밑 구석 쪽에요. 흰둥이는 조그만 강아지니까 강아지똥이에요. 보슬보슬 봄비가 내렸어요. 강아지똥 앞에 파란 민들레 싹이 돋아났어요.

"너는 뭐니?" 강아지똥이 물었어요.

"난 예쁜 꽃을 피우는 민들레야."

"얼마만큼 예쁘니? 하늘의 별만큼 고우니?"

"그래, 방실방실 빛나."

"어떻게 그렇게 예쁜 꽃을 피우니?"

"그건 하느님이 비를 내려주시고, 따뜻한 햇볕을 쬐어주시기 때문이야."

"그래애…… 그렇구나……."

강아지똥은 민들레가 부러워 한숨이 나왔어요.

"그런데 한 가지 꼭 필요한 것이 있어. 네가 거름이 돼줘야 한단다.

네 몸뚱이를 고스란히 녹여 내 몸속으로 들어와야 해. 그래야만 별처럼 고운 꽃이 핀단다."

비가 사흘 동안 내렸어요. 강아지똥은 온몸이 비에 맞아 자디잘게 부서졌어요. 부서진 채 땅속으로 스며들어가 민들레 뿌리로 모여들었어요. 줄기를 타고 올라가 꽃봉오리를 맺었어요.

보잘것없는 강아지똥이 세상에서 가장 아름다운 민들레꽃을 피우듯이 사람의 자취도 그렇다. 화려하고 부유한 삶이 아니라 법정 스님 같은 검소하고 소박한 삶이 사람들에게 더 큰 울림을 준다. 법정 스님이 말로만 무소유를 이야기하고 실제로는 재물을 끌어안고 살았다면 그가 걸어간 발자취에 그렇게 아름다운 민들레꽃이 피어나지 못했을 것이다.

노자는 이렇게 말한다.

족함을 아는 사람이 부자다.

知足者富 지족자부

《도덕경》 33장

가장 소박한 것이 가장 아름답다. 검소함이란 단지 절제나 곤궁이 아니라 적은 것으로 더 많은 것을 할 수 있는 우아함이다. 가난이라는 단어는 불행이라는 단어와 동의어가 아니라 우물 속 깊이 숨겨져 있는 맑은 샘물과 같은 행복의 원천이다. 우리의 영혼에 깊이 감춰져 있는 본성을 찾기 위해서는 소박한 삶을 살아야 한다. 중요한 것을 생각할 시간을 내려면 삶을 소박하게 만들어야 한다. 번잡한 일상과 소유물에 둘러싸여 있으면 영혼의 풍성함을 맛볼 수 없다. 가지치기로 웃자란 가지들을 쳐내지 않으면 정원이 아름다운 초목과 화초로 풍성해질 수 없는 것과 같은 이치다. 심리학자로 위대한 족적을 남긴 칼 융도 이렇게 말한다.

"저녁이 되면 나는 우물에서 물을 깃고 장작불을 지피고 음식을 요리한다. 이렇게 단순하고 소박한 생활이 내 삶을 꽃피우게 한다."

인류의 스승으로 불리는 현인들은 공통적으로 '사소하고 소박하고 단순한 일상에 감사하고 기뻐하고 즐거워하라'고 말한다. 동서양을 통틀어 인류 역사에서 가장 강력한 절대 권력을 누리면서 화려하게 살았던 알렉산더 대왕도 '내가 만일 제국의 왕이 아니라면 디오게네스처럼 살고 싶다'라고 했다.

검소함과 소박함을 삶의 원리로 받아들이면 적게 가질수록 아름답다는 말이 진리임을 체득하고 몸과 마음이 자유로워진다. 그리고 그러한 생활이 일상으로 정착되면 자신만의 단순한 생활 리듬이 생기고 내면의 평화와 조화를 이루면서 살아갈 수 있다. 풍광이 화려한 관광지에서만 세상의 아름다움을 느낄 수 있는 것은 아니다. 집 주변을 산책하면서 서산에 걸린 해를 바라보면서도 그런 아름다움은 얼마든지 느낄 수 있다.

바람이 부는 날에는 그저 돛을 펼쳐라

"미리 자신을 책망하지 마라.
필요할 때 누군가가 확실히 꾸짖을 테니 그때 뉘우치면 된다."

– 알베르트 아인슈타인

아내와 함께 싱가포르를 여행하다가 낭패를 당한 적이 있다. 싱가포르는 국가 전체가 서울 정도의 크기라 자유여행을 하기에 맞춤한 곳이다. 우리 부부도 4박 5일의 일정으로 숙소를 하나 잡아놓고 지하철 패스를 끊어서 온 나라를 자유롭게 돌아다녔다. MRT라고 부르는 싱가포르의 지하철은 서울만큼이나 노선이 편리하게 잘 연결되어 있다. 게다가 영어를 공용어로 쓰고 있어 의사소통에도 큰 문제가 없다.

그런데 마지막 날 보타닉가든에서 문제가 생겼다. 정원 이곳저곳을 돌아다니다가 기념품 가게에 들렀는데 그곳에서 아내가 "아, 참!" 하면서 갑자기 파우치에서 비행기 티켓을 확인했다. 그러더니 갑자기 얼굴이 하얗게 질렸다. 그때까지만 해도 귀국 비행기 시간이 저녁 8시인 줄로 알고 여유 있게 마지막 일정을 소화하고 있었는데 항공권에는 '오후 2시'라고 적혀 있는 것이 아닌가! 귀신에 씌기라도 했는지 두 사람 모두 착각하고 있었던 것이다. 그때는 오전 11시가 좀 넘은 시간이었다. 택시를 잡아타고 호텔로 돌아가서 로비에 맡겨둔 짐을 싣고 서둘러 공항으로 간다 해도 탑승을 장담할 수 없었다.

그래도 머뭇거리지 않고 냅다 뛰었다. 우선 공원부터 나가야 택시를 잡아탈 수 있었기에 누가 먼저랄 것도 없이 무조건 뛰었다. 숨을 헐떡이면서 간신히 도로변으로 나왔지만, 택시를 잡기가 만만치 않았다. 계속 지하철만 타고 다녔기 때문에 그랩Grab이라는 공유 택시 앱을 깔아만 놓았지 한 번도 이용하지 않았던 것이다. 금쪽같은 시간이 흘러가면서 초조해하고 있는데 저쪽에서 공사장 안전모를 쓴 젊은 청년이 걸어오길래 다짜고짜 그를 붙잡고 부탁했다. 천만다행히 이 젊은이는 자기 일인 양 발을 벗고 나서주었다. 자신의 휴대폰으로 직접 그랩을 불러준 것이다. 잠시 후 도착한 택시에 타면서 우리는 젊은이에게 연신 고맙다는 인사를 건넸다. 그리고 택시 기사에게 사정을 이야기하고 우선 호텔로 가서 짐을 싣고 공항으로 다시 가달라고 했다. 그렇게 가까스로 2시 비행기를 탈 수 있었다.

그때 나는 '하늘이 무너져도 솟아날 구멍은 있다. 긴급할 때는 무조건 앞을 보고 뛰어라'라는 귀중한 교훈 하나를 얻었다. 만일 우리 부부가 거기서 '지금 가면 늦을 텐데 어떡하지?' 하면서 머뭇거리거나

"깜박할 게 따로 있지 어떻게 비행기 시간을 착각할 수가 있어?"라면서 서로를 책망하느라 지체했더라면 예정된 비행기를 놓쳤을 것이다. 우리 부부는 1분 1초도 그런 일에 시간을 허비하지 않고 무조건 앞을 보고 뛰었다. 지금 생각해도 정말 지혜로운 처신이었다.

노자는 이렇게 말한다.

회오리바람도 아침 내내 불지 않고

소낙비도 종일 내리지는 않는다.

飄風不終朝 표풍부종조 驟雨不終日 취우부종일

《도덕경》 23장

삶에서 가장 중요한 것은 '지금 이 순간' 해야 할 일에 집중하는 것이다. 이것저것 따지다 보면 물때는 지나간다. 그러는 사이에도 인생은 흘러간다. 바람이 부는 날에는 그저 돛을 활짝 펼치는 것, 이 간단한 법칙이 인생을 만족스럽게 하는 가장 강력한 비결이다. '조금 있다가 저 바람이 강해져서 태풍으로 변하면 출항하지 않는 것이 더 나을 텐데. 그렇게 되면 후회하지 않을까?'라는 생각으로 일을 미루다 보면 눈앞의 기회를 영영 놓칠 수 있다. 살면서 마주하는 의사결정을 단순하게 하는 것은 빼놓을 수 없는 행복의 원칙이다.

내일을 걱정하다가 오늘의 행복을 놓치는 것보다 어리석은 일은 없다. 오늘은 오늘의 짐만으로 족하다. 굳이 오지 않은 내일의 짐까지 질 필요는 없다. 미래의 청사진을 멋지게 짜는 것보다는 오늘 하루를 멋지게 사는 것이 훨씬 더 좋은 삶이다. 미래의 비전을 생각하는 사이 앞에 놓인 음식은 다 식어버린다. 기다리는 버스가 확실하게 온다는 보장은 그 어디에도 없다. '이거다' 싶으면 냅다 뛰는 것이 최선이다. 우리가 싱가포르에서 그랬던 것처럼 말이다. 우리에게 가장 중요한 때는 지금이며 우리에게 가장 중요한 일은 지금 하고 있는 일이다. 미래를 두려워하지 말고 지금 여기에서 온전히 살고 있지 않음을 두려워해야 한다. 더럽지도 않은 그릇을 미리 씻지도 말고, 물을 엎질렀을 때는 양동이를 탓하기보다 곧바로 우물로 가서 물을 깃는 것이 최선이다. 산이 내게로 오지 않는다고 산을 원망할 것이 아니라 내가 산을 향해 다가가면 된다.

내일 사랑할 수 있으면 오늘도 사랑할 수 있다. 그런데 많은 사람이 그걸 모르고 자꾸만 사랑을 내일로 미룬다. 프랑스 출신의 베스트셀러 작가였던 프랑수아즈 사강은 죽으면서 '진정 후회 없이 신나는 인생을 즐겼다'라는 말을 남겼다. 그는 자신의 대표작《브람스를 좋아하세요》에서 작품 속 등장인물인 시몽 변호사의 입을 빌려서 이렇게 말했다.

"저는 당신을 인간으로서의 의무를 다하지 않았다는 이유로 고발합니다. 사랑을 스쳐 지나가게 한 죄, 행복해야 할 의무를 소홀히 한 죄, 핑계와 편법과 체념으로 인생을 낭비한 죄로 당신을 고발합니다. 당신에게는 사형을 선고해야 마땅하지만, 종신 고독형을 선고합니다."

시몽의 선고는 우리 자신에게도 내려질 수 있다. 그걸 피하기 위해서는 '지금 이 순간 나 자신을' 삶의 중심에 놓아야 한다. 과거와 미래, 남들의 시선, 변명 같은 것은 모두 벗어던지고 단순하고 소박하게 오직 '현재의 나'만을 위한 생을 살아야 한다. 나를 삶의 중심에 놓는다는 것은 인생에 대한 새롭고 독특한, 누구도 흉내 낼 수 없는 멋진 철학을 갖는 일이다. 그 철학으로 무장할 때 우리는 종신 고독형을 피할 수 있다. 화려함이 아니라 수수하고 검소한 모습에서 아름다움을 발견하는 습관을 기르면 현재의 나에게 집중할 수 있다. 가장 화려한 삶을 살았다고 알려진 재클린 케네디 오나시스도 이렇게 말했다.

"나는 내가 원하는 물건을 모두 가질 수 있었다. 하지만 내가 가장 소중하게 여겼던 소유물은 '나만의 시간'이었다. 단 10분이라도 내 시간을 가질 수 있다면 더 이상 바랄 게 없었다."

별을 흔들지 않고는 꽃을 꺾을 수 없다

"봄에 대지 위를 걸어갈 때는 가벼운 발걸음으로 조심조심 걸어라.
왜냐하면 우리들의 어머니인 대지가 아이를 배고 있기 때문이다.
우리는 아직 태어나지 않은 아이의 얼굴을 밟고 가는 것이다."

– 인디언들의 잠언

양자물리학에 따르면 지금 우리 집 거실에 존재하는 작은 먼지 입자는 같은 시간 뉴욕 맨해튼의 어느 가정집 거실에도 똑같이 존재한다. 달나라의 분화구에도 존재하고, 아직 알려지지 않은 미지의 별세계에도 존재한다. 내가 처음 양자물리학을 접했을 때는 이런 이야기를 전혀 믿지 않았다. 그저 물리학자들이 내세우는 단순한 가정에 불과하다고 막연하게 생각했다. 하지만 이제는 아니다. 그것이 엄연한 물리적 사실임을 믿는다. 양자물리학의 역사와 이론적 근거, 그동안의 수많은 실험 결과를 충분히 읽은 후 내린 결론은 "별을 흔들지 않고는 꽃을 꺾을 수 없다"라는 인디언들의 속담이 객관적 사실이라는 점이다.

즉, 우주는 모두 연결되어 있다. 단순히 '그럴 수도 있을 것'이라는 합리적 추론의 차원이 아니라 그러한 명제가 우주의 존재론적 토대다.

노자는 이렇게 말한다.

유와 무는 서로를 생성시키고
어려움과 쉬움은 서로를 이루고
有無相生 유무상생 難易相成 난이상성
길고 짧은 것은 서로를 만들고
높고 낮음은 서로를 견준다.
長短相形 장단상형 高下相傾 고하상경

《도덕경》 2장

사람의 자비와 선행에도 이와 같은 원리가 적용된다. 그들은 서로 맞물려 있다. 그래서 한 사람의 자비와 선행은 나비효과를 일으켜 결국은 인류 전체를 이롭게 한다.

나는 산책할 때 보통은 지갑을 두고 다니지만 크리스마스 시즌과 연말연시에는 꼭 챙겨서 나가는 편이다. 식물원 입구의 환승역에는 늘 사람이 붐비는데 크리스마스나 연말연시가 되면 출입구에 불우이웃돕기 캠페인을 하는 젊은이들이 서 있다. 다섯 명 정도가 한 팀을 이뤄 마음을 따뜻하게 해주는 노래를 부르면서 모금하는 걸 보면 적은 돈이지만 매번 지갑을 열게 된다. 추운 날씨에 손을 호호 불어가면서 기타를 치는 젊은이들을 도저히 외면할 수 없어서다. 모금함에 돈을 넣을 때 감사 인사를 전하는 젊은이들의 눈길에서 우리 부부가 싱가포르에서 어려움에 처했을 때 기꺼이 도움을 준 젊은이의 모습을 떠올린다. 아마 내 작은 도움의 손길을 받은 이 젊은이들도 나중에 지구촌 어느 곳에선가 나이가 지긋한 행인에게 선행을 베풀면서 성금을 놓고 가던 내 모습을 떠올릴 수도 있을 것이다.

빈 마음으로 행하는 자비에는 우주의 기운이 서려 있다. 그래서 그 기운이 돌고 돌아 온 우주를 적신다. 산책길에서 만나는 길고양이에게 자비를 베풀면 그 고양이가 아이들에게 따뜻한 영향을 미치고, 그 아이가 자라 그 고양이의 자손들을 보살피는 선순환이 일어난다. 요즘 아이들은 고양이나 개뿐만 아니라 도마뱀, 육지거북이 같은 동물들도 반려동물로 기른다는 이야기를 들은 적이 있는데 그런 추세는 앞으로 더 확산될 것 같다. '핏줄이 땡긴다'는 말처럼 고양이나 개, 거북이, 도마뱀 등도 거슬러 올라가면 우리와 같은 조상에게서 나왔기 때문에 그들에게서 정서적 동질감을 느끼는 것은 어쩌면 당연한 일일지도 모른다. 먼 옛날 한 조상에서 갈라져 나온 후 생활 반경이 달라져서 헤어졌다가 다시 한 가족으로 만나는 것일 수도 있겠다. 엉뚱한 상상이지만 정말 그렇게 믿는다. 헤어진 시간만큼의 긴 세월이 흐르면 늑대나 호랑이, 사자 같은 동물들도 한 가족으로 만날 수 있지 않을까? 예전에 고양이를 키울 때 텔레비전에 나오는 삵을 유심히 쳐다보고 앙손을 화면에 갖다 대는 고양이를 보면서 나는 '핏줄이 땡긴다'는 말을 실감했다.

절에서 수행하는 스님들에게는 안거安居제도라는 게 있다. 여름 3개월과 겨울 3개월 동안 출가한 승려들이 한곳에 모여 외출을 금하고 수행하는 불교의 제도 혹은 수행법이다. 여름에 하는 안거를 하안거, 겨울에 하는 안거를 동안거라 한다. 법정 스님은 책에서 안거제도의 유래를 설명했는데, 그것을 알고 나니 부처님의 지혜와 덕성이 새삼 고맙게 느껴졌다.

안거제도는 부처님이 살아 있을 때부터 시행되었는데 봄기운이 감돌 무렵 땅을 뚫고 올라오기 시작하는 생명체들을 보호하기 위해서 시작됐다고 한다. 밖으로 돌아다니면 아무래도 발을 잘못 디뎌 그 생명체들을 죽일 수 있으므로 일체의 바깥출입을 삼가고 한곳에 머물면서 수행에 정진한 것이다. 이 사실을 알고 난 이후부터 나는 산책길에서 혹여 개미를 밟을라치면 얼른 발을 옆으로 옮긴다. 류시화의 《좋은지 나쁜지 누가 아는가》에는 '직박구리새의 죽음'이라는 제목의 일화가 나오는데 읽으면서 느낀 바가 커 그 내용을 간추려서 소개한다.

그날은 그해의 가장 추운 날이었다. 겨울이었고 대문 두드리는 소리에 밖으로 나가 보니 그 아이가 서 있었다. 죽은 새 한 마리를 손에 들고. 아이는 이웃에 사는데 ADHD(주의력 결핍 및 과잉 행동 장애)를 앓고 있었다. 늘 집에 갇혀 지내는 아이가 어디서 직박구리를 발견했는지는 모른다. 새는 이미 굳어 있었고 얼어 있었다. 아이는 어눌한 목소리로 부탁했다. 뜰에다 새를 묻어달라고. 자기 집에는 그럴 만한 장소가 없다고. 그리고 아이는 떠났다. 경직된 새와 나를 남겨두고. 아무리 작은 새라도 언 땅을 파서 묻기는 쉬운 일이 아니었다. 흰 서리가 땅속까지 파고 들어가 있었다. 호미가 돌을 쳐도 불꽃이 일지 않았다. 아이가 돌아온 것은 그때였다. 다시 대문 두드리는 소리가 났고 아이는 신발 한 짝을 내밀며 말했다. 새가 춥지 않도록 그 안에 넣어서 묻어달라고. 한쪽 신발만 신은 채로. 양말도 신지 않은 맨발을 하고서.

고양이를 키우면서 자연스럽게 길고양이들에게도 정이 들어 한동안 먹을 것을 챙겨줬다. 특히 겨울철 추위를 피해 지하 주차장으로 오는 아이들을 보살폈다. 그런데 어느 날 차들이 드나드는 출입구 경사로에서 새끼 고양이 한 마리가 차에 치여 죽었다. 내가 발견했을 때는 형체를 알아보기 힘들 정도로 사고를 크게 당한 뒤였다. 나는 관리실에 연락해서 아이를 치우게 했다. 그리고 기도했다. '다음 생에는 좀 더 안전하고 좋은 곳에 태어나서 나랑 다시 만나자.' 직박구리새에게 신발과 양말을 벗어준 아이의 심성이 내게 있었더라면 그때 떠나는 고양이에게 내가 가지고 있던 손수건이라도 꺼내 덮어주었을 텐데…… 영혼이 조금이라도 덜 춥게……. 지난 일을 떠올리면서 글을 쓰다 보니 뒤늦은 회한이 밀려온다.

자연은 스스로를 꾸미지 않는다

"왕자의 옷으로 치장하고 보석 목걸이를 목에 건 아이는 어떤 놀이를 해도
아무 기쁨이 없다. 모든 발걸음마다 옷이 방해가 되기 때문이다.
화려한 옷과 장식에 둘러싸여 건강한 대지의 흙에서 멀어진다면 그리하여
평범한 인간 삶의 거대한 축제 마당에 입장할 자격을 잃는다면,
그것이 다 무슨 소용인가?"

– 라빈드라나드 타고르《기탄잘리》

자연은 빗물로 세수를 한다. 비가 한줄기 내린 후 식물원을 찾으면 한결 싱그러워진 자연의 모습이 눈에 확 들어온다. 화장기를 싹 지운 하늘은 파란색의 맨얼굴을 활짝 드러내고 있고, 호숫가에 줄지어 선 느티나무와 버드나무에는 녹색 물이 잔뜩 올라 있고, 미처 물기를 다 지우지 못한 물푸레나무와 대왕참나무의 잎사귀는 영롱한 햇살을 받아 반짝이고 있다. 비 갠 식물원을 산책하면서 나 역시 눈에 낀 티끌들을 말끔하게 씻어낸다. 비가 내리고 나면 새들도 그 목소리가 더 청아해진다. 매화나무 가지 위에서 재잘거리는 참새 소리와 호수에서 꾸루룩거리는 오리 소리, 무리 지어 창공을 날면서 끼룩거리는 기러기와

두루미의 합창 소리에 귀를 기울이고 있노라면 자연의 교향곡을 듣는 것 같다.

문명이 주는 이로움에 길들여져 있는 인간의 입장에서 자연은 한갓 연극의 무대 장치에 불과할 수도 있다. 그러나 자연은 그 어떤 문명도 풀지 못하는 신비로운 비밀을 간직하고 있다. 인간의 손이 아무리 정교해도 자연의 색을 그대로 표현할 수는 없고, 인간의 귀가 아무리 예민해도 자연의 소리를 완벽하게 재현할 수는 없다. 자연은 스스로를 꾸미지 않지만 그 어떤 예술작품보다 위대하다. 자연은 무위하지만 못하는 것이 없다. 사람은 화장품으로 얼굴을 치장하고 말로 인품을 치장한다. 말이 많다는 것은 그만큼 감추어야 할 것이 많다는 이야기다.

노자는 이렇게 말한다.

자연은 말수가 적다.

希言自然 희언자연

《도덕경》 23장

자연을 닮은 삶이 단순한 삶이다. 이러한 삶의 가장 큰 특징은 자신을 있는 그대로 드러낸다는 것이다. 소박하고 수수하게 살기 때문에 굳이 뭔가를 감출 필요가 없다. 집 안에 다이아몬드를 가진 사람은 본능적으로 그걸 깊숙이 숨기려 한다. 소박하게 살면 그럴 필요가 없다. 단순한 삶을 원칙으로 삼으면 삶의 궤적이나 목표가 단순해지기 때문에 화려한 언술을 동원해서 상황을 꼬거나 비틀 필요가 없어진다. 가지고 싶은 물건도 적어지기 때문에 욕망으로부터도 비교적 자유롭다. 그래서 소유에 대해 집착할 일도 없어지고 남에게 아쉬운 소리를 할 필요도 없어진다. 그러니 인간관계도 자연스럽게 단출해지고 관계에서 오는 피로감도 줄일 수 있다. 의사결정도 간단해져 일의 능률과 효율이 오른다.

자연을 닮은 소박한 마음으로 살면 베푸는 삶을 살 수 있다. 욕망은 줄어들고 마음의 품은 넓어지기 때문에 적게 가짐으로써 더 많은 것을 가질 수 있다. 유대인들이 구약성서보다 더 귀한 지혜의 서書로 여기는《탈무드》에는 그런 교훈을 주는 형제의 이야기가 나온다.

옛날에 어떤 형제가 살고 있었다. 그들은 아주 사이가 좋아서 동네 사람들은 모두 두 사람의 우애를 부러워했다. 그런데 형은 결혼해 아내와 아이들과 함께 살았고, 동생은 형의 집에서 얼마 떨어지지 않은 곳에서 혼자 살았다. 두 사람은 부모님이 물려주신 논밭을 함께 경작했다. 그래서 가을에 많은 곡식을 추수하게 되었다. 두 사람은 추수한 곡식을 공평하게 반으로 나누었다. 그런데 곡식을 나눈 날 밤, 형은 이런 생각을 했다. '동생은 혼자 사니까 늙었을 때를 대비해서 재산을 많이 모아야 할 거야. 그러니까 곡식은 동생이 더 많이 가져야 해.' 그래서 형은 곡식을 동생의 집 창고로 옮겨 놓았다. 같은 날 동생도 이런 생각을 했다. '형님은 형수님도 계시고 자식들이 많으니 곡식이 나보다 더 많이 필요할 거야.' 그래서 동생 역시 자기 곡식을 형의 집 창고에 가져다 놓았다.

다음 날 아침, 형제는 자기의 집 창고를 보고는 깜짝 놀랐다. 어젯밤 분명히 곡식을 옮겨 놓았는데 아침에 보니 양이 그대로였기 때문이다. 이상하게 생각한 형제는 그날 밤 다시 서로의 창고에 몰래 곡식을 갖다 날랐다. 그러나 다음 날도, 그다음 날도 결과는 마찬가지였다. 그러던 어느 달 밝은 밤, 형제는 길가에서 서로 마주치게 되었다. 두 사람의 손에는 곡식이 가득 들려 있었다. "아니 그럼 그동안 형님이 제 창고에 곡식을 가져다 놓으셨단 말입니까?" 동생이 형의 손을 잡으며 물었다. "아니 그럼 네가 내 창고에 곡식을 갖다 놓았단 말이냐?" 형도 동생의 손을 잡으며 되물었다. 그 후로 두 형제는 죽을 때까지 서로 사랑하며 사이좋게 지냈다.

형제는 굳이 자신의 선행을 예고하거나 드러내지 않았다. 오른손이 하는 일을 왼손이 모르게 그저 묵묵히 선행을 실천했다. 그러다가 달밤에 서로의 선행을 알게 되었다. 달밤은 자연이다. 꾸밈없이 소박한 자연의 마음을 닮았던 형제는 자연의 선물을 받았다. 형제의 마음이 욕심으로 가득 채워져 있었더라면 그런 선물을 받을 수 없었을 것이다. 형제는 모두 소박한 빈 마음을 가지고 있었기에 서로에게 감동을 주었고 더 깊은 우애를 다질 수 있었다.

삶은 곧 길이다. 우리의 마음도 한 가닥 길과 같다. 그래서 마음이 넓게 열려 있는 사람에게는 길도 열리고 계속해서 넓어진다. 하지만 마음이 닫힌 사람에게 길은 계속 좁아지다가 결국 닫히고 만다.《탈무드》에 나오는 형제의 마음은 넓게 열려 있었다. 그래서 그들의 길은 계속해서 넓어졌고 우애의 마당도 넓어졌다. 열린 마음은 천국으로 가는 길이고 닫힌 마음은 지옥으로 가는 길이다. 서로에게 줄 곡식을 어깨에 짊어지고 가다가 달빛 아래서 만난 형제가 걸은 길이 곧 천국으로 가는 길이었다.

마음이 검소해야 다름을 인정할 수 있다

"그게 뭐 어떠니, 서로 다르게 생겼어도 사랑할 수 있어.
내가 너를 얼마나 사랑하는데."

– 황선미 《마당을 나온 암탉》

결혼을 앞둔 큰딸이 '결혼식 날 아빠가 축사를 해달라'고 말했을 때 내심 기뻤다. 아빠로서 존재감을 인정받은 기분이었다. 하지만 무슨 말을 해줘야 할지 은근히 걱정이 앞서기도 했다. 공공기관 임원으로 근무할 때 팀장으로 일했던 직원이 주례사를 부탁해서 한 번 해본 적이 있었지만 딸의 결혼식 축사는 또 다른 차원의 문제였다. 그래서 아내와 둘째 딸의 도움으로 원칙을 세웠다. 간단하게 할 것, 꼰대 같은 훈계조의 말을 하지 말 것, 그렇게 정해놓고 몇 날을 고심하며 준비한 축사는 이랬다.

"금슬 좋은 부부라고 할 때 금과 슬은 같은 거문고이지만 하나는 줄이 많고 다른 하나는 줄이 적단다. 서로 다른 줄을 가진 거문고가 각자의 고유한 소리를 내서 하나로 어울릴 때 좋은 음악을 만들어내듯이 부부도 서로 다른 성향을 가진 두 사람이 각자의 고유한 소리를 내면서 어울릴 때 행복한 가정을 꾸릴 수 있단다."

요지는 서로의 다름을 인정하고 그 바탕에서 상대를 배려하고 이해하는 것이 결혼 생활에서 가장 중요한 요소라는 내용이었다. 행복은 마음에 근심이 없는 상태다. 즉, 즐거움과 기쁨으로 충만한 심리적 상태를 행복이라고 부른다. 우리를 불행하게 만드는 가장 큰 요인은 '심투心鬪'다. 심투란 자기 마음과의 싸움이라는 의미다. 왜 우리는 내 마음과 싸울까? 내려놓지 못하기 때문이다. 상대가 내 성에 차지 않을 때, 나와 의견이 잘 맞지 않을 때 '아, 저 사람은 나와 다르지' 하고 순순히 인정하면 심투가 일어나지 않는다. 그런데 이럴 때 대개 '왜 저 사람은 나와 다를까?', '왜 저 사람은 내 마음을 그렇게도 몰라줄까?'라면서 성질을 내거나 속으로 화를 끓인다. 이 때문에 날마다 심투를 한다. 자아, 고집, 편견이 강할수록 상대의 다른 점을 쉽게 인정하지 못한다. 행복해지기 위해서는 그런 것들로부터 자유로워지는 것이 가장 중요하다. 나를 앞세우지 않는 겸소한 마음을 가진 사람은 상대의 다름을 탄력적으로 받아들일 수 있고 상대적으로 더 행복하게 살 수 있다.

노자는 이렇게 말한다.

선한 사람은 선하지 못한 사람의 스승이고

善人者 선인자 不善人之師 불선인지사

선하지 못한 사람은 선한 사람의 바탕이다.

不善人者 불선인자 善人之資 선인지자

스승을 귀히 여기지 못하는 사람이나

바탕을 사랑하지 못하는 사람은

不貴其師 불귀기사 不愛其資 불애기자

비록 지혜롭다 해도 크게 미혹된 것이며

이것이 바로 도의 요체이면서 오묘함이다.

雖智大迷 수지대미 是謂要妙 시위요묘

《도덕경》 27장

나에게 선한 것은 상대에게 악한 것일 수 있고, 상대에게 선한 것은 나에게 악한 것일 수 있다. 세상은 모두 상대적이다. 내 기준으로 세상을 보면 세상에서 선한 것은 오직 나뿐이고 나머지는 모두 악하다. 그런 기준을 내려놓지 못하면 독선과 아집의 감옥에 갇혀 한시도 마음 편할 날이 없다. 그런 사람은 화려한 의상을 방어막 삼아 자신을 가두는 사람이다. 수수하고 소박한 옷으로 갈아입고 상대를 편하게 대할 때 그런 마음의 감옥에서 탈출할 수 있다.

봄철이 되면 산에 두릅이 많이 난다. 올봄에 요양원에 계시는 어머님을 뵙고 난 후 고향 마을 뒷산의 아버님 산소에 가보니 그 주변에 누님들이 몇 해 전 심어놓은 두릅이 지천으로 널려 있었다. 알맞게 자라 반찬으로 먹기에 맞춤해서 몇 개를 따는데, 가시 때문에 어려움을 겪었다. 그런데 다음 날 아내가 아침 반찬으로 준비한 두릅을 보니 가시가 부드러워져 먹기에 아무런 불편함이 없었다. 마음속의 가시도 그렇다. 자아와 독선이라는 날것 그대로의 가시는 사람들이 다가가는 데 장애물이지만 끓는 물에 자신을 담가 푹 데치면 가시가 누그러져 소통에 지장을 주지 않는다. 세상에 불가능한 일은 없다. 제아무리 단단한 가시가 마음속에 박혀 있어도 부단한 수행으로 덕을 꾸준히 쌓으면 가시를 부드럽게 만들 수 있다. 나도 요즘 그렇게 되기 위해 부지런히 마음의 거울을 닦고 있다.

스웨덴 사람들은 소박하고 검소한 삶을 '라곰 스타일'이라고 한다. 라곰은 '이만하면 충분하다'라는 뜻을 가진 스웨덴어인데 영어로 말하면 이너프enough와 비슷한 개념이다. 나는 라곰을 단순한 삶과 동의어라고 생각해 좋아한다. 특히 마음에 드는 것은 언어습관에 대한 부분이다. 스웨덴 사람들은 '예', '아니오'라는 단정적인 말을 거의 쓰지 않는다고 한다. 대신에 '글쎄요', '그럴 수도 있겠죠'라는 말을 자주 쓴다고 한다. 그런 말투 속에는 상대를 배려하고 상대와 자신의 다름을 인정하는 소박한 마음이 그대로 담겨 있다. 나도 요즘에는 의식적으로 그렇게 하려고 노력한다. 그래서 그런지 아내로부터 '많이 부드러워졌다'는 말을 자주 듣는다.

큰딸의 결혼식 축사를 한 후 류시화 시인이 편찬한《나는 왜 너가 아니고 나인가》에서 인디언들의 결혼식 축사를 읽었다. 참으로 지혜롭고 감동을 주는 축사였다. 그래서 만약 둘째 딸이 또다시 나에게 축사를 부탁하면 꼭 이 말을 들려주고 싶다.

"오늘 결혼하는 두 사람은 이제 더 이상 비를 맞지 않아도 됩니다. 왜냐하면 서로가 서로에게 우산이 되어줄 것이기 때문입니다. 이제 두 사람은 더 이상 춥지 않아도 됩니다. 왜냐하면 서로가 서로에게 따뜻한 난로가 될 것이기 때문입니다. 이제 두 사람은 더 이상 외로워하지 않아도 됩니다. 왜냐하면 서로가 서로에게 동행이 될 것이기 때문입니다. 두 사람의 몸은 나뉘어져 있지만 이제 두 사람 앞에는 오직 하나의 인생만이 남을 것입니다. 이 풍요로운 대지 위에서 두 사람은 오랫동안 영원한 행복을 누리며 살 것입니다."

서

徐

탁정서청

濁靜徐淸

흙탕물은 가만두면 절로 맑아진다

하늘의 구름은 시간이 지나면 무심히 걷힌다

"하고 싶은 말은 참 많은데 글이 써지지 않는다.
때로는 정리가 안 되는 생각들도 있으니까.
그럴 때는 애써 무언가 하려 하지 않고 자연스레 두기로 했다.
애쓰지 않고 가만히."

– 무과수《안녕한, 가》

비틀즈의 노래를 좋아한다. 그 가운데 〈렛잇비〉라는 노래는 한때 노래방에 갈 때마다 부를 만큼 애창곡이었다. 곡도 좋지만 특히 가사가 좋다.

"내가 지치고 힘들 때 어머니께서는 나에게 다가와 지혜의 말씀을 해주셨죠. 가만 두렴, 가만 두렴, 가만 두렴."

우리 속담에도 그런 지혜의 말이 있다. "시간이 약이다"라는 속담이 그것이다. 지금까지 살아오면서 경험했던 가장 과학적이고, 예술

적이고, 낭만적인 말이 바로 이 속담이다. 아무리 힘든 일도 시간이 지나면 덜 힘들어지고, 죽을 것 같은 극심한 고통도 시간이 지나면 무뎌진다. 그 과정을 견디는 것이 어디 쉬운 일이랴마는 영원히 가는 고통과 상처는 없다. 지혜의 왕 솔로몬의 말처럼 모든 것은 언젠가 지나간다. 고통과 상처를 키우는 것은 무위한 마음과 집착이다. 고통과 상처는 사라지라고 외치고, 규탄하고, 뿌리쳐도 없어지지 않는다. 오히려 그럴수록 더 심해지고 덧난다. 육체의 고통과 상처는 진통제와 연고로 다스릴 수 있지만 마음의 고통과 상처는 시간만이 해결해준다.

노자는 이렇게 말한다.

흙탕물은 가만두면 절로 맑아진다.

濁靜徐淸 탁정서청

《도덕경》 15장

탁정서청은 무위자연의 다른 표현이다. '렛잇비'나 '시간이 약'이라는 말의 《도덕경》 버전이다. 흙탕물을 깨끗하게 하려고 일부러 휘저으면 물이 더 탁해지고, 가만히 앉아서 지켜보면 서서히 맑아진다. 나는 위 인용문이 포함된 《도덕경》 15장을 노자 사상의 백미로 꼽는다. 한 편의 시를 연상케 하는 문장도 좋지만 노자의 무위자연을 이렇게 간결하면서도 쉽게 표현한 구절이 없기 때문이다. 다산 정약용도《도덕경》15장 본문에 나오는 여與자와 유猶자 두 글자를 따서 고향 마을에 여유당이라는 서재를 지었다.

힘이 들면 많은 사람이 스스로에게 '아파도 조금 더 견뎌보자. 곧 좋아지겠지'라고 되뇌인다. 하지만 이런 말은 그다지 지혜롭지 않다. 오히려 자신을 더 괴롭힐 수도 있다. 그럴 때는 차라리 '다 그런 거야'가 더 좋은 위로의 말이 될 수 있다. 그래야 놓을 수 있는 힘과 받아들일 수 있는 여백이 생긴다. 마음에 우울한 감정이 생길 때도 '내가 왜 이러지' 하면서 자신을 채근하기보다는 '그럴 때도 있지'라는 마음으로 가만히 두는 것이 더 지혜로운 처신이다.

내가 식물원 산책을 좋아하는 데는 특별한 이유가 없다. 그냥 좋다. 걷다 보면 마음이 절로 편해지고 여유로워진다. 습관이 되기 전까지는 마음을 다잡아야 산책길에 나설 수 있었지만 지금은 시간이 되면 몸이 먼저 반응한다. 그러면 아무 생각 없이 하던 작업을 멈추고 현관으로 나가 운동화를 신는다. 바람이 심하게 부는 날에는 바람막이 점퍼 하나를 걸치고, 비가 오는 날에는 우산을 하나 들면 그만이다. 그렇게 나서면 자연은 늘 똑같이 나를 반기고 나는 자연에 몸을 맡긴 채 그냥 걷는다. 목이 마를 때 물을 마시듯이 산책은 나에게 자연스러운 일상이다. 나는 그런 일상이 좋다. 삶이란 원래 그런 거다. 살아 있어서 살아가는 것이고, 그런 살아감이 모여서 삶을 이룬다. 일상에 굳이 특별한 의미를 부여할 필요는 없다. 달력에 적힌 '무슨 무슨 날'을 내가 좋아하지 않는 것도 그 때문이다. 일상을 소중하게 살아가면 모든 일상이 특별한데 굳이 이름을 붙이는 것은 혹에 지나지 않는다.

내가 사는 마곡지구는 과거에 삼麻밭이었다. 토지가 개발되기 전까지 일대는 논과 밭이었고 가옥의 형태도 아파트보다는 전통가옥이 많았다. 지금도 마곡지구 건너편에는 그런 형태의 주택들이 많이 남아 있는데 재래시장을 들를 때면 나와 아내는 일부러 그쪽 동네를 거쳐서 온다. 가을이 되면 집집마다 마당에 심어놓은 감나무에 감들이 주렁주렁 열려 있어 어린 시절 시골에서 느꼈던 정취를 도심에서 느낄 수 있기 때문이다. 감나무에 달린 생감이 홍시로 바뀌는 과정을 지켜보면서 또 한 번 탁정서청의 지혜를 깨닫는다. 감을 익게 만드는 것은 시간이다. 단단하던 생감은 시간이 지나면서 부드러운 속살의 홍시로 바뀐다. 사리 분별을 제대로 못하는 아이를 보면서 어른들은 철이 없다고 나무라지만 시간이 지나면 그 아이도 철이 든다. 계절을 나타낼 때도 철이라는 단어를 쓰는 것처럼 아이를 철들게 하는 것은 어른들의 훈육이 아니라 시간이다.

흐린 날 하늘에 낀 구름은 시간이 지나면서 무심히 걷힌다. 그리고 구름 속에 가려 있던 해가 다시 빛난다. '인생의 암흑기'라는 표현은 별로 좋은 비유가 아니다. 살다 보면 구름 낀 날도 있고 맑은 날도 있는데 특정 시기를 그렇게 규정해버리는 것은 인생의 궤적을 지나치게 좁혀버리는 일이다. 어떻게 사람이 살면서 꽃길만 걸을 수 있겠는가. 때로는 자갈길도 걷고 진흙탕 길도 걷는 것이 인생이다. 구름이 낀 날에는 '내 인생에는 도대체 언제 햇볕이 들려나' 하면서 초조해하지 말고 '살다 보면 그런 날도 있는 거야' 하는 생각으로 무심히 바라보는 것이 지혜롭다. 그러다 보면 아무리 짙은 먹구름도 스르르 걷힌다. 탁정서청은 인생의 힘든 시기를 견디는 가장 좋은 명약이다.

해는 달리지 않아도 서산으로 넘어간다

"더 빨리 흐르라고 강물의 등을 떠밀지 말라.
강물은 나름대로 최선을 다하고 있다."

– 장 루슬로

나는 성격이 느긋하지 못하다. 무슨 일이든 단기간에 성과를 내려는 경향이 강하다. 그러다가 일이 마음먹은 대로 되지 않으면 조급해하고 불안해한다. 요즘 들어 이런 조급증이 많이 없어져 마음이 편해졌다. 일이 잘 안 풀리더라도 '세상일이 다 그렇지. 하다 안 되면 또 시도하면 되지'라는 마음으로 상황을 긍정적으로 바라보려고 노력한다. 자기계발에 관한 명언인 "쓰러졌는가, 일어나 걸어라. 또 쓰러졌는가, 또 일어나 걸어라"라는 말을 주문처럼 외운다.

5월 첫째 주가 지나면 식물원 연못에 수련이 흐드러지게 핀다. 부처님 오신 날 즈음해서 활짝 피기 시작한다. 마치 그날을 기다리기라도 한 듯이 때맞춰 피어나는 걸 보면서 수련이 부처님의 얼굴이라는 생각을 하게 됐다. 그동안에는 수련의 수 자가 물 수水려니 생각했는데 최근 식물과 관련된 책을 읽다 보니 잠잘 수睡를 쓴다고 한다. 누가 처음에 그런 이름을 지었는지 모르겠지만 수련을 관찰하다 보니 맞춤한 작명인 것 같다.

수련은 이름 그대로 잠이 많다. 그래서 날씨가 맑게 갠 날이 아니면 수련의 얼굴을 구경하기가 어렵다. 구름이 조금이라도 낀 날에는 여지없이 꽃잎을 쏙 오므려버린다. 수련과 사촌쯤 되는 연꽃은 더하다. 경상남도 함안의 성산산성에서는 700년 동안 잠을 자다가 깨어난 연꽃 한 송이가 발견됐다고 하니 잠꾸러기도 이런 잠꾸러기가 없다.

조급하게 서두른다고 일의 효율이 높아지는 것은 아니다. 효율이 높아지기는커녕 공허함만 낳는다. 조급함과 공허함은 동전의 양면이다. 느리게 흘러가는 듯한 강물도 언젠가는 바다에 이르고, 태양은 달리지 않아도 서산으로 넘어간다. 시간에는 두 가지 유형이 있다. 하나는 지구가 공전과 자전을 되풀이하면서 생기는 물리적인 시간이고, 다른 하나는 내가 느끼는 감각적인 시간이다. 전자를 크로노스라 하고 후자를 카이로스라 하는데 크로노스를 기준으로 살면 조급증을 극복할 수 없다. 시간의 노예가 되기 때문이다. 그렇지만 카이로스를 기준으로 살면 시간의 주인이 될 수 있다. 인생의 속도를 줄이면 카이로스가 늘어나고 삶의 여유도 늘어난다.

식물원은 우리 집에서 불과 5분 거리에 있지만 산책 코스로 접어

들려면 신호등이 있는 횡단보도를 하나 건너야 한다. 예전에는 저만치에서 녹색불이 깜박일 때 빨리 건너기 위해 뛰었다. 하지만 지금은 그렇게 하지 않는다. 천천히 다른 길로 한 바퀴를 돌아 다음 신호에 맞춰 여유 있게 건넌다. 숨을 헐떡거리며 뛰어가면 체력 소모도 많이 되거니와 급히 서두르다가 자전거나 오토바이, 킥보드 등과 부딪쳐 사고를 당할 수도 있기 때문이다. 3분 먼저 가려다가 30년 먼저 가는 불상사가 생기지 말란 법은 없다. 특히 아내와 함께 산책길에 나설 때는 점멸 표시가 들어온 녹색신호는 무조건 패스한다. 아내를 배려하는 동시에 나 자신을 보호하는 확실한 안전장치이기 때문이다.

노자는 이렇게 말한다.

만승지국의 군주가 어찌 자기 몸을

가볍게 놀릴 수 있겠는가?

柰何萬乘之主 내하만승지주 而以身輕天下 이이신경천하

가벼우면 근본을 잃고 조급하면 군주의 자리를 잃는다.

輕卽失本 경즉실본 躁卽失君 조즉실군

《도덕경》 26장

현대인들은 속도 바이러스에 걸려 있다. 목표 지점이 어디인지도 모른 채 그냥 무작정 앞을 보고 달린다. 우리나라가 자살률 세계 1위를 기록하고 있는 것도 조급증과 관련이 있다. 남들보다 뒤처지고 있다는 심리적 압박감과 무언가에 쫓기는 것 같은 정서적 불안증이 하루에 약 40명의 소중한 생명을 자살이라는 극한 상황으로 내몰고 있는 게 아닌가 싶다. 한때 우리보다 자살률이 높았던 스웨덴은 '슬로라이프' 운동인 라곰을 지향하면서 자살률이 크게 줄었다.

푸지 씨는 이발사였다. 푸지 씨는 동네의 단골손님들을 상대로 시간을 충분히 쓰면서 머리를 깎아주었다. 이런저런 세상 돌아가는 이야기를 나누면서 여유 있게 가위질을 했다. 푸지 씨는 손님을 적게 받고 돈은 조금 덜 벌어도 그것에 만족하며 살았다. 그러던 어느 날 푸지 씨의 이발소에 세일즈맨 두 사람이 찾아온다. 그들은 푸지 씨에게 '시간저축은행 영업사원'이라는 명함을 내밀면서 이렇게 말한다. "당신은 시간을 너무 낭비하고 있소. 앞으로는 한 사람을 이발하는 데 절대로 20분을 넘기지 않도록 하시오. 그러면 당신은 지금보다 세 배, 네 배는 돈을 더 벌 수 있소." 푸지 씨가 속으로 계산해보니 그 말이 맞는 것 같았다. 그래서 그때부터 푸지 씨는 정신없이 가위질을 했다. 시간을 아끼느라 손님들과 세상 돌아가는 이야기도 나누지 않았고, 종종 만나던 이웃들과도 통 만나지 않게 되었다. 그렇게 알뜰하게 시간을 쪼개 쓰는데 이상하게도 시간이 남지 않았다. 오히려 하루하루가 더 짧아졌다. 푸지 씨는 더욱 시간을 아껴 썼고 하루하루는 더 빨리 흘러갔다.

미하엘 엔데의《모모》에 나오는 이야기다. 소설 속에서 시간 관리 업무를 하는 호라 박사는 주인공 모모에게 이렇게 말한다. "시간저축은행 영업사원들은 사람에게서 시간을 훔치는 자들이란다. 그들은 인간의 일생을 먹고 살지. 그런데 진짜 주인에게서 떨어져 나온 시간은 죽은 시간이 되고 말아. 모든 사람은 저마다의 시간을 갖고 있거든. 시간은 진짜 주인의 시간일 때만 살아 있단다. 가슴으로 느끼지 않은 시간은 모두 없어져버린단다."

나는 두 번째 인생을 설계할 무렵 이 소설을 몇 번이나 반복해서 읽었다. 읽을수록 감동의 깊이가 더해지는 책이라 싫증이 나지도 않았다. 특히 카시오페이아라는 거북이의 다음 말은 지금도 뇌리에 생생하다. "느리게 갈수록 더 빠른 거야." 러시아의 문호 세르게이비치 투르게네프도 이렇게 말한다.

"인생에서 가장 아름다운 순간은 천천히 산책을 즐기며 길가에 핀 꽃들을 어루만지는 때다."

나는 오늘도 천천히 식물원 산책을 하면서 길가에 핀 꽃들을 어루만진다.

내일을 위해 오늘의 행복을 미루지 마라

"현재를 즐겨라. 현재를 잡아라. 현재를 살아라."

– 영화 〈죽은 시인의 사회〉

'원고 쓸 게 많아서', '강의 일정이랑 겹칠 수도 있으니까', '두 번이나 갔다 왔는데 굳이 또 갈 필요가 있을까?' 아내와 둘째 딸아이가 미국과 캐나다 여행 일정을 짤 때 이번에도 이러저러한 이유로 합류하지 않기로 했었다. 하지만 최근에 마음을 바꾸게 되었다. 이러다가 나중에 진짜 후회할 수도 있겠다는 생각에 마음을 고쳐먹은 것이다. '다음에 언제 다시 이런 기회가 있을까?' 하는 쪽으로 생각을 바꾸니 소극적이던 마음이 적극적으로 바뀌었다. 이렇게 바쁘다는 핑계로 가족과의 여행을 자꾸 미뤄서는 안 될 것 같았다. 퇴직한 아내의 버킷리스트 가운데 하나를 이루기 위해서라면 내가 기꺼이 시간을 내줘야 한다는 의무감 혹은 사명감도 결정에 한몫했다. 아내는 내후년에 스페인과 북유럽 여행을 계획하고 있는데 그곳에 갈 때도 동행하리라 마음먹고 있다.

미국인 관광객이 멕시코의 작은 어촌에 도착했다. 그는 마을의 어부가 잡은 크고 싱싱한 물고기를 보고 감탄했다. 그는 그걸 잡는 데 얼마나 많은 시간과 노력이 들었냐고 물었다. 어부는 시간과 노력이 별로 들어가지 않는다고 말했다. 그러자 미국인 관광객은 어부에게 이렇게 말했다.

"당신은 더 많은 물고기를 잡을 수 있는데 왜 그러지 않습니까?"

"나는 몇 마리의 물고기면 충분해요. 이걸로 나와 우리 가족은 충분히 생활할 수 있습니다."

"그럼, 남는 시간에 당신은 뭘 합니까?"

"잠을 실컷 자고, 낮에는 가족들이랑 즐겁게 놀고, 밤에는 친구들과 술도 한잔합니다. 기타 치고 노래 부르면서요."

미국인은 어부에게 자신을 하버드대학교의 경영학과 교수라고 소개하면서 물고기를 잡는 데 좀 더 많은 시간을 투자하라고 조언했다. 더 많은 물고기를 잡아서 돈을 모으면 큰 배도 살 수 있고, 나중에는 큰 수산회사를 세우고, 이 조그만 어촌을 벗어나 멕시코시티나 뉴욕으로 이사도 갈 수 있다고 말했다. 미국인의 말을 듣고 있던 어부가 말했다.

"그렇게 되려면 얼마나 걸리죠?"

"한 20년이나 25년 정도요."

"그다음에는요?"

"그렇게 되면, 당신은 은퇴해 바닷가에 있는 작은 마을에서 살면서, 늦잠을 실컷 자고, 가족들이랑 즐겁게 놀 수 있습니다. 저녁에는 친구들이랑 기타를 치고 노래를 부르며 시간을 보내고, 술도 한잔할 수 있게 되죠."

아잔 브라흐마의《술 취한 코끼리 길들이기》에 나오는 내용이다. 현대인들의 대부분이 이 이야기 속 미국인의 말처럼 산다. 멕시코 어부처럼 주어진 현재의 생활에서 충분히 행복을 누리며 살 수 있음에도 그 행복을 자꾸만 미래로 유예한다. '시간 날 때 언젠가 해야지'라는 핑계를 대면서. 나도 그랬다. 하지만 그 '언젠가'가 정말 언제 올지는 아무도 모른다. 어쩌면 영영 오지 않을 수도 있다. 한 치 앞을 내다보지 못하는 게 우리 인생이 아닌가? 카르페 디엠! 순간순간 주어진 인생을 즐겨라.

톤 막의《천천히 쉬어가세요》에는 다음과 같은 이야기가 나온다. 나무늘보의 간결한 독백 형식으로 구성된 책의 내용이 단순한 삶에서 말하는 삶의 원칙과 너무도 닮아 발췌해서 소개한다.

"나무늘보로 산다는 게 쉬운 일만은 아니죠. 시간도 삶도 세상도 너무 느리게 흘러가는 것만 같거든요. 작은 일을 하나 하려 해도 엄청 힘을 쏟아야 하고요. 어떤 날은 침대에서 빠져나오기조차 힘들 때가 있어요. 일은 해도 해도 끝이 없고. 천천히 산다는 게 쉬운 일은 아니죠. 모든 걸 다 하려 하면 더 힘들어질 뿐이에요. 우리는 종종 작은 행복을 잊고 살죠. 행복은 이미 우리 안에 있는데 말이에요. 바로 우리 곁에 있기도 하고요. 마음의 눈으로 들여다보면 지금 이 순간의 행복이 보여요. 마음을 기울여보면 놀랍도록 아름다운 세상을 만나게 될 거예요. 마음을 비우면 현재를 더 분명하게 볼 수 있어요. 마음을 돌보는 데 정해진 시간 따윈 없어요. 평범한 일상 속에서도 얼마든지 마음을 다스릴 수 있어요. 마음을 챙기는 일이 쉽지만은 않아요. 어떤 날은 더 힘이 들어요. 그럴 때는 너무 애쓰지 않아도 돼요. 싱그러운 햇살을 받으며 걸어보아요. 걸을 땐 걷는 것만 생각하세요. 서두를 것 하나 없어요. 나무늘보가 마지막으로 전하는 말이 있어요. 꿈은 크게 노력은 꾸준히. 자신에게 휴식 시간을 주는 거 잊지 마세요. 차도 한잔 마시면서. 남을 의식하지 말고 나만의 속도로 나아가요."

노자는 이렇게 말한다.

까치 발로는 제대로 설 수 없고
보폭을 넓히면 제대로 걸을 수 없다.

企者不立 기자불립 跨者不行 과자불행

《도덕경》 24장

풀을 베는 사람은 들판의 끝을 보지 않는다. 자기 앞에 놓인 풀을 한 움큼씩 묵묵히 베면서 들판의 끝에 이른다. 풀 한 번을 벨 때마다 일어나 들판의 끝을 바라본다면 그는 아마도 풀을 반도 베기 전에 마음이 먼저 지치고 말 것이다. '아직도 저렇게 풀이 많이 남았어?' 하는 마음에 무리하게 낫을 놀리다 보면 풀이 아니라 제 손을 벨 수도 있다. 자신의 속도에 맞춰서 쉬엄쉬엄 일하다가 정 힘이 들면 잠시 풀밭에 누워 흘러가는 구름을 바라보면서 쉬기도 하고, 지루하고 무료하면 콧노래라도 흥얼거리면서 다시 힘을 내다 보면 어느덧 종착지에 이른다. 삶은 그렇게 살아가는 것이다.

인생은 여름날의 강물처럼 느릿하게 흘러간다. 급하게 노를 저을 필요도 없고 언젠가 만날 격랑 때문에 미리 고민할 필요도 없다. 혹시 노를 저어 가다가 급류를 만나면 그때 가서 슬기롭게 대처하면 된다. 스무 살에는 스무 살의 인생을 살고, 쉰 살에는 쉰 살의 인생을 살면 된다. 오지 않은 피부의 노화를 미리 걱정하는 것은 쓸데없이 얼굴에 주름을 늘리는 어리석은 일이다. 지혜롭지 못한 사람은 내일을 걱정하고 어제를 후회하느라 오늘을 그냥 그렇게 흘려보낸다. 반면 지혜로운 사람은 오직 현재만을 바라보고 즐긴다.

만리장성도 한 줌 흙에서 시작됐다

"나는 사실 느리게 인생을 살아왔다.
항상 한 번에 한 걸음씩 내디디려고 노력해왔다.
10년 20년 앞을 내다보지 않았다."

– 프로골프 선수 양용은

아직 추위가 가시지 않은 어느 쌀쌀한 봄날 달팽이 한 마리가 앵두나무를 기어오르기 시작했다. 나뭇가지에 앉아 있던 새 한 마리가 달팽이에게 쏘아붙였다. "이 바보 같은 달팽이야. 도대체 네가 어디로 가는 줄이나 알고 있니? 지금은 나무에 올라가봤자 아무런 열매도 없어." 그러자 묵묵히 올라가던 달팽이가 대꾸했다. "내가 저 꼭대기에 올라갈 즈음에는 분명히 앵두 열매가 열릴 거야."

어느 동화책에서 본 이야기지만 어른들에게도 꼭 들려주고 싶은 내용이다. 자신의 신념대로 뚜벅뚜벅 한 걸음씩 내딛다 보면 언젠가는 목표에 이를 수 있다. 달팽이가 조급증이 나서 뛰거나 속도를 높이면 앵두나무에서 떨어질 수 있다. 그래서 달팽이는 자신의 속도를 유지하면서 한 걸음 한 걸음 목표를 향해 나아간다. 어린이 성장 소설인 《창가의 토토》도 어른들에게 꼭 추천하고 싶은 책이다. 그중에서 특히 다음 일화는 삶의 본질을 잊고 세상을 바쁘게만 살아가는 어른들에게 '느림의 미학'이 무엇인지를 일깨워준다.

점심시간에 요즘 재미있는 일이 한 가지 더 늘었다. 모두가 밥을 먹는 동안, 매일 누군가 한 사람씩 앞에 나가 이야기를 하는 '누군가의 얘기'라는 순서가 생긴 것이다. 대부분의 아이들이 교장 선생님의 의견에 찬성해 자연스럽게 순서도 정해졌지만, 전교생 앞에서 이야기한다는 것은 용기도 필요하고 그리 쉬운 일이 아니었다. 하지만 처음에는 부끄러워서 웃기만 하던 아이들도 앞에 나가 이야기하는 것에 조금씩 재미를 붙여갔다. 그러던 어느 날, 순서가 됐는데도 절대로 하지 않겠다고 버티는 한 남자아이가 있었다.

"할 이야기가 하나도 없어요."

교장 선생님은 그 아이에게 말했다.

"자, 네가 오늘 아침에 일어나서 학교에 올 때까지 있었던 일을 기억해보렴. 제일 먼저 뭘 했니?"

"그러니까……."

"그것 봐, 넌 '그러니까' 하고 지금 말했잖아. 할 말이 있었잖아. 자

'그러니까' 다음에는 어떻게 됐지?"

"그러니까…… 아침에 일어났어요."

"그렇게 하면 되는 거야. 이렇게 해서 네가 아침에 일어났다는 것을 모두가 알게 되었으니까 말야. 재미있거나 웃기는 이야기를 해야만 하는 건 아니야. '할 이야기가 없다'고 했던 네가 얘깃거리를 찾아냈다는 것이 중요한 거야."

그러자 갑자기 아이는 아주 큰 소리로 이렇게 외쳤다.

"그러고 나서 말이죠……. 엄마가 있죠. 이를 닦으라고 해서 이를 닦았어요. 그러고 나서는요. 그러고 나서는, 학교에 왔습니다."

교장 선생님은 박수를 쳤다. 토토와 아이들도 아주 힘차게 박수를 쳤다. 강당 안은 박수 소리로 가득 찼다. 그 남자아이는 이날의 박수 소리를 아마 어른이 되어서도 결코 잊지 못했을 것이다.

할 이야기가 없다던 아이의 말문을 틔운 것은 별다른 의미가 없는 단순한 연결사 하나였다. '그러니까'라는 한마디가 터져 나오자 아이는 아침에 일어나서, 이를 닦고, 학교에 온 자신의 일상에 관한 이야기를 할 수 있게 됐다. 역사에 남은 인류의 위대한 업적도 모두 이처럼 작은 한 걸음에서 시작됐다. 인류 최초로 달에 착륙한 후 닐 암스트롱은 이렇게 말했다. "이것은 한 명의 인간에게는 작은 발걸음이지만, 인류에게는 위대한 도약이다."

노자는 이렇게 말한다.

아름드리나무도 털끝 같은 작은 싹에서 나오고

合抱之木 합포지목 生於毫末 생어호말

구층 누대도 한 줌 흙이 쌓여 올라가고

九層之臺 구층지대 起於累土 기어누토

천릿길도 한 걸음부터 시작된다.

千里之行 천리지행 始於足下 시어족하

《도덕경》 64장

시계방에 새 시계가 하나 들어왔다. 주인은 두 개의 낡은 시계 사이에 새로 들어온 시계를 걸었다. 오른쪽에 있는 낡은 시계가 새 시계에 말했다. "자, 젊은이 이제 일을 시작해보게나. 근데 몸이 좀 약해 보여서 걱정이 되는군그래. 그런 체력으로 3200만 걸음을 걸을 수 있을려나 모르겠네." 그러자 새 시계가 말했다. "3200만 걸음이라고요. 전 절대로 못할 것 같아요." 그러자 왼쪽편에 있는 낡은 시계가 이렇게 말했다. "걱정할 것 없네. 1초에 한 걸음만 걸으면 된다네." 그러자 새 시계는 자신 있게 말했다. "1초에 한 걸음은 충분히 할 수 있어요." 그렇게 새 시계는 1년 후 3200만 걸음을 걸었다. 이처럼 같은 일도 어떻게 생각하느냐에 따라 마음가짐이 달라진다. 간단하게 생각하면 의외로 쉬운 문제를 사람들은 지나치게 복잡하게 생각한다. 천릿길을 한

번에 내딛는 것은 아무도 할 수 없지만 한 걸음씩 내디뎌 천릿길을 가는 것은 누구나 할 수 있다.

알렉산더 대왕은 자신이 죽으면 관 뚜껑에 두 개의 구멍을 뚫어 자신의 두 손을 관 바깥으로 나오게 한 다음 도시를 한 바퀴 돌라고 말했다. 신하들이 그 이유를 묻자 알렉산더 대왕은 이렇게 말했다. "사람은 누구나 빈손으로 왔다가 빈손으로 간다. 나는 바빌론 시민들이 나를 보며 교훈을 얻고 귀중한 생명을 너무 일찍 소모해버리지 않기를 바란다." 알렉산더 대왕은 세계를 제패하기 위해 질주했다. 페르시아를 정복한 김에 인도까지 정복하려다 34살의 젊은 나이에 세상을 떠났다. 급하게 쌓아 올린 그의 제국은 그가 죽은 후 곧바로 붕괴됐다. 기초가 튼튼하지 못했기 때문이다.

귀중한 생명을 너무 일찍 소모하지 말라는 알렉산더 대왕의 유언은 바빌론 시민들뿐만 아니라 우리에게도 유용하다. 마치 세상이 내일 당장 끝나기라도 하는 것처럼 덤벼들지 말고 천천히 여유 있게 살아가는 것이 지혜롭다. 행복은 한 마리 나비와 같다. 급하게 손을 뻗어 잡으려 하면 훌쩍 날아가버리지만 가만히 기다리고 있으면 조용히 다가와 어깨 위에 머무른다. "제발 가만히 있지 말고 뭐라도 좀 해"라는 말은 인생의 행복 공식과 거리가 멀다. 그보다는 "제발 아무것도 하지 말고 가만히 앉아 있어라"가 행복 공식에 더 가깝다.

크게 이루어진 것은 조금 모자라 보인다

"국민 여러분 안심하십시오.
독일군의 포격 덕분에 그동안 왕실과
국민들 사이를 가로막고 있던 벽이 무너졌습니다."

– 엘리자베스 여왕

무겁게 사는 것보다는 조금 가볍게 사는 것이 좋다. 인생을 농담으로 만들면 곤란하지만 '필사즉생'의 각오로 사는 것보다는 농담처럼 조금 가볍게 사는 인생이 더 행복하다.

나는 그동안 에디슨을 역사에 이름을 남긴 위인들 가운데 가장 진지한 인물로 여겼다. '천재는 99퍼센트의 노력과 1퍼센트의 영감으로 이루어진다'는 그의 어록으로 미루어볼 때 당연히 진중한 태도로 살았을 것이라 생각했다. 그러나 에디슨의 전기를 읽어보고는 생각이 바뀌었다. 그의 일상은 '농담', '가벼움' 그 자체였다. 자율근무제, 야식 파티, 노래 부르기, 낮잠, 산책, 농담 따먹기 등이 에디슨의 삶을 이해하는 데 가장 중요한 키워드들이다. 에디슨은 와트의 화학사전을 베고 낮잠을 즐겼다고 하는데 하루는 직원 한 사람이 '왜 그렇게 딱딱한 책을 베고 자느냐?'고 물었다. 그러자 에디슨은 이렇게 말했다. "와트가 영감을 주거든."

삶을 뜻하는 영어 단어 '라이프life'에 if가 들어가는 이유는 우리 삶에 아직도 많은 가능성이 있기 때문이다. 무궁한 가능성을 지닌 것이 인생인데 조금 천천히 간다고 큰 탈이 나지는 않는다. 더러는 농담도 주고받으면서 가볍게 사는 것이 건강에도 좋다. 나는 한때 아재 개그를 일부러 연습하기도 했다. 사람들과 격의 없이 소통하기 위해서였다. 부하 직원들과의 술자리에서는 이런 농담을 즐겼다. "술 마신 다음 날에는 들깨를 먹지 말아야 하는데 그 이유가 뭔지 알아?" 직원들이 고개를 갸웃거리면 이렇게 대답한다. "덜 깨." 썰렁하다고 손사래를 치는 사람도 있겠지만 이런 유머가 인간관계를 좀 더 편하게 하는 데 도움이 된다.

농담을 농담으로 받아들이지 못하는 사회는 삭막하다. 밀란 쿤데라의 《농담》은 그런 문제의식에서 출발한 작품이다. 주인공이 농담처럼 던진 한마디를 당국은 반체제를 선동하는 구호로 해석하고 급기야 주인공의 인생을 나락으로 떨어뜨린다. 반대로 농담을 농담으로 받아들일 줄 아는 사회에서는 자유롭게 숨을 쉴 수 있다. 에이브러햄 링컨도 평소에 농담을 즐겼다. 그는 못생겼다는 말을 자주 들었는데, 대통령 선거전이 한창 불붙고 있을 때 상대 후보가 링컨에게 '당신은 이중

인격자'라고 공격하자 이렇게 응수했다. "아니 내가 진짜 두 얼굴을 가졌다면 왜 이 자리에 이렇게 못생긴 얼굴을 들고 나왔겠습니까?" 일순간 유세장은 웃음바다로 변했고 이로써 링컨의 지지율은 더 올라갔다.

노자는 이렇게 말한다.

위축시키려면 먼저 성하게 하고

將欲歙之 장욕흡지 必固張之 필고장지

약하게 하려면 먼저 강하게 해야 한다.

將欲弱之 장욕약지 必固强之 필고강지

없애려면 먼저 흥하게 하고

將欲廢之 장욕폐지 必固興之 필고흥지

빼앗으려면 먼저 줘야 한다.

將欲脫之 장욕탈지 必固與之 필고여지

《도덕경》 36장

링컨은 농담으로 자신을 낮춤으로써 오히려 그 이름값을 더 높였다. 독일군의 포격으로 버킹엄궁이 무너졌을 때 엘리자베스 여왕이 대성통곡하며 무너진 모습을 보였더라면 영국 국민은 더 위축되었을 것이다. 하지만 그는 그렇게 하지 않았다. 여왕은 가벼운 농담을 던짐으로써 국민을 안심시키고 하나로 결집했다. 너무 무겁게 처신하는 것보다는 농담처럼 가볍고 소박하게 처신하는 것이 때로는 인생을 더 빛나게 만드는 신의 한 수가 된다.

마하트마 간디가 영국에서 대학을 다니던 시절, 인도에서 온 이 젊은 학생을 아니꼽게 여기던 피터스라는 교수가 있었다. 하루는 간디가 구내식당에서 점심을 먹고 있는 피터스 교수 옆으로 다가가 앉았다. 교수는 거드름을 피우며 이렇게 말했다. "간디 학생, 아직도 잘 모르는 모양인데, 돼지와 새가 함께 앉아서 식사하는 경우는 없다네." 그러자 간디는 이렇게 응수했다. "아, 걱정 마세요, 교수님. 제가 다른 곳으로 날아갈게요."

속이 부글부글 끓어올라 복수심에 불탄 교수는 다음번 시험에서 간디를 골탕 먹이려고 했으나 간디는 만점에 가까운 점수를 받았다. 피터스 교수는 분을 삭이며 간디에게 다음과 같은 질문을 던진다. "간디 학생, 자네가 길을 걷고 있다가 두 개의 자루를 발견했다고 치자. 한 자루에는 돈이 가득 들어 있고, 다른 자루에는 지혜가 가득 들어 있었어. 둘 중 하나만 주울 수 있다면, 어떤 쪽을 택하겠나?" "그야 당연히 돈 자루죠." "저런, 학생이 벌써 그래서야 쓰나? 나라면 틀림없이 돈 대신 지혜를 택했을 것이네." 그러자 간디가 미소를 지으며 말했다. "뭐, 각자 자신이 가지고 있지 않은 것을 선택하는 것 아니겠어요?"

거의 히스테리 상태에 빠진 교수는 간디의 시험지에 신경질적으로 '멍청이idiot'라 적은 후 그에게 돌려주었다. 시험지를 받은 간디는 교수에게 다가가 다음과 같이 말했다. "교수님, 제 시험지에 점수는 안 적혀 있고 교수님 서명만 있는데요?"

미켈란젤로 역시 농담을 명언으로 승화했다. 어느 날 누군가가 다비드상을 보면서 '어떻게 이런 위대한 작품을 만들었느냐?'고 묻자 미켈란젤로는 다음과 같이 말했다. "그저 불필요한 부분을 덜어냈을 뿐입니다." 우리 인생을 위대하게 만드는 것도 불필요한 것을 계속해서 덜어내는 데 있다. 간디는 앙상한 몸만 남기고 모두 덜어냄으로써 인생을 위대하게 만들었고 법정 스님은 필요한 것 딱 한 가지 외에는 모두 덜어내는 무소유의 정신으로 위대한 족적을 남겼다. 위대한 사람은 다른 사람이 갖지 못한 특별한 무언가를 지닌 사람이 아니라 자신을 드러내기 위해 장애물을 모두 제거해버린 사람이다.

내가 생각하는 인생의 가장 진지한 농담은 '죽을 것 같다'는 말이다. 그렇게 말하는 사람 중 단 한 사람도 그 자리에서 당장 죽는 사람은 없다. 그러므로 그 말은 농담이다. 이 말을 '이제 좀 살 것 같다'는 말로 바꾸면 인생은 진짜 살 만해지지 않을까? 살 만한 인생을 굳이 죽을 것 같은 인생으로 바꿀 이유가 어디에 있겠는가? 마음속의 무거움을 내려놓고 검소하고 소박하게 일상을 살아가면 만족스러운 삶을 살 수 있다.

링컨은 완벽해서 위대한 인물이 된 것이 아니라 조금 부족하고 모자라서 위대한 인물이 되었다. 그가 만일 자신을 진지하게 묘사했더라면 그런 자취를 남기지 못했을 것이다. 마블 영화의 주인공들이 그랬던 것처럼 말이다. 우리도 너무 완벽해지려고 애쓸 필요는 없다. 조금 부족한 듯, 조금 모자라는 듯, 조금 손해보는 듯 살아야 인생의 큰 그림을 그릴 수 있다. 완벽하지 않아도 평범한 일상 속에서 자신의 일에 최선을 다하는 사람들, 그들이 우리 사회의 영웅이다.

자연은 서두르지 않는다

"사람이 아무리 느리게 걸어 다니며 본다 해도,
세상에는 늘 사람이 볼 수 있는 것보다 더 많은 것이 있다.
진정으로 소중한 것은 생각하며 보는 것이지 속도가 아니다."

– 알랭 드 보통《여행의 기술》

누구에게나 그렇듯 나에게도 소울푸드가 있다. 예전에는 오그락지가 소울푸드였다. 대학을 서울로 진학한 후 사람들에게 오그락지라고 말하면 아무도 알아듣는 사람이 없었다. 그래서 모양과 맛을 설명하면 "아, 무말랭이?"라고 해서 오그락지가 무말랭이라는 것을 알게 되었다. 그래도 어린 시절부터 듣던 오그락지라는 말이 내게는 더 정겹다. 어머니가 손수 만든 양념에 조물조물 버무려서 주던 무가 왜 그렇게도 맛있었던지 지금도 나는 그 맛을 잊을 수가 없다. '죽음을 앞두고 꼭 한 가지를 먹는다면 무얼 먹겠느냐?'고 누가 내게 물으면 서슴지 않고 오그락지라고 말할 것이다. 하지만 지금은 그걸 먹을 수가 없다. 치매로 요양원에 계시는 어머니의 머릿속에 그 레시피가 남아 있을 것 같지 않기 때문이다.

아내와 함께 가끔 들르는 동네 재래시장에서 파는 순두부가 요즘은 나의 소울푸드다. 대형 식품회사에서 만들어 파는 순두부는 재래시장에서 파는 순두부와는 그 맛이 다르다. 담백하면서도 부드러운 재래시장 순두부가 좋아서 시장에 들를 때마다 한 봉지씩 사온다. 모두부 한 모와 함께 사도 5,000원밖에 하지 않아 가격도 저렴하다. 5,000원으로 우리 세 식구의 저녁 식사를 거뜬히 해결할 수 있으니 그보다 가성비 좋은 식품도 없다.

모든 소울푸드는 슬로푸드다. 적어도 내 세대에서는 그렇다. 나와 비슷한 시대를 살아온 사람들 가운데 시중에서 파는 패스트푸드를 소울푸드로 꼽는 사람은 아무도 없지 않을까 싶다. 김치와 된장, 고추장 같은 우리의 전통 음식들은 모두 슬로푸드다. 한때 유행했던 〈오징어 게임〉이라는 드라마에 나오는 달고나도 슬로푸드의 일종이다. 설탕물을 천천히 느리게 녹여서 모양을 만든 후 바늘로 한 땀 한 땀 떼서 별 모양이나 삼각형 모양을 만든다. 드라마에서 모양을 제대로 만들지 못하는 참가자들을 총으로 쏴서 죽이는 장면은 조금 잔인하지만 속도만 강조하는 현대문명에 대한 경고라는 메타포로 받아들이면 작가가 의도하는 메시지가 와닿는다.

내가 감동 깊게 본 영화 가운데 〈말아톤〉이라는 영화가 있다. 발달장애를 겪고 있는 초원이라는 아이가 주인공으로, 아이의 엄마는 치료 수단으로 마라톤을 선택한다. 마라톤에 참가한 초원이가 경기 내내 스스로에게 다짐하듯 하는 말은 지금도 내 귀에 쟁쟁하다. "천천히, 너무 빨리 달리면 안 돼." 사람에 따라 행동이 조금 느리거나 빠를 수 있는데 조금 느리다고 차별적 시선을 보내는 건 온당치 않다. 사람의 생각도 그렇다. 생각의 속도가 빠른 사람도 있고 느린 사람도 있다. 하지만 생각이 빠른 것이 반드시 좋은 것은 아니다. 생각을 천천히 갈무리하는 것이 창조적인 삶을 사는 데 더 도움이 될 수도 있다.

자연은 서두르지 않는다. 봄이 겨울에게 빨리 가라고 등을 떠미는 일도 없고, 뒤따라오는 시냇물이 앞서가는 시냇물을 추월하기 위해 경적을 울리는 일도 없다. '추운 겨울이 빨리 지나갔으면 좋겠다'라며 계절을 재촉하는 것은 사람의 마음이다. '왜 저렇게 못 가?'라고 하면서 앞서가는 운전자를 향해 자동차 경적을 울려대는 것도 다 사람이다. 자연은 때가 되면 왔다가 또 때가 되면 간다. 급하게 서두르지 않고 천천히 자신의 속도를 유지한다. 사람의 마음이 바쁠 뿐 자연은 절대로 바쁘지 않다. 누가 재촉하지 않아도 때가 되면 생명의 몫을 한다. 추운 겨울 꽁꽁 얼어붙은 대지 아래에서 푸른 기운을 감추고 있다가 따뜻한 봄날이 돌아오면 어김없이 다시 생명의 싹을 틔운다.

동작이 조금 굼뜬 사람을 '굼벵이 같다'고 하거나 '그렇게 느려터져서 어디 써먹겠냐?'고 하면서 속도를 강조하는 언어 습관부터 바뀌어야 한다. 속도를 두 배로 높인다고 인생을 두 배로 더 잘 살 수는 없다. 바쁘게 달려가느라 삶에서 소중한 것들을 놓칠 뿐이다. 그렇게 달리다 보면 주변 경관을 보지도 못하고 자신이 어디로 가는지 모르게 될 수도 있다. 느림의 정도는 기억의 강도에 정비례하고 빠름의 정도는 망각의 강도에 정비례한다. 초고속 KTX가 아니라 느린 비둘기호를 타고 가면서 차창 밖을 스치며 지나가는 풍경들을 감상하는 것이 더 행복한 삶이다. 삼풍백화점 붕괴 사고나 성수대교 붕괴 사고, 세월호 침몰 사고 등은 모두 속도전이 빚어낸 참극이었다. 우리 인생도 그렇다. 살아가면서 예기치 않게 닥칠 수 있는 붕괴 사고를 막기 위해서는 차근차근 기초부터 다지면서 천천히 살아가는 슬로라이프가 필요하다.

노자는 이렇게 말한다.

잘 세운 것은 뽑을 수 없고 잘 안은 것은 빼앗을 수 없다.

善建者不拔 선건자불발 善抱者不脫 선포자불탈

《도덕경》 54장

노년의 피카소가 한 카페에서 냅킨에 그림을 끄적이고 있었다. 그는 무덤덤한 태도로 그리고 싶은 걸 쓱쓱 그렸다. 그가 그린 낙서는 희미한 커피 얼룩 위에 수놓은 입체파 또는 인상파 작품이었다. 옆자리에 앉은 한 여성이 그 모습을 바라보며 감탄하고 있었다. 몇 분 뒤, 커

피를 다 마신 피카소는 자리를 뜨기 전에 냅킨을 구겨서 휴지통에 버리려 했다. 그러자 여성이 피카소에게 말했다. "잠깐만요. 제가 그 냅킨을 가져도 될까요? 사례는 해드리겠습니다." 이에 피카소는 이렇게 대답했다. "아, 물론이죠. 2만 달러입니다." "예? 그리는 데 겨우 2분밖에 안 걸렸는데 2만 달러라뇨?" 그러자 피카소는 이렇게 말했다. "아니요, 이걸 그리기까지 60년이 걸렸습니다." 피카소는 냅킨을 주머니에 쑤셔 넣은 뒤에 카페를 나갔다.

피카소는 서두르지 않았다. 같은 그림을 수천 번 넘게 반복해 그리면서 사물의 본질을 가장 잘 표현할 수 있는 자신만의 화법을 터득했다. 천천히 꾸준하게 노력하는 과정에서 작품의 완성도를 높여나갔다. 피카소가 만약 결과만을 생각하고 성급하게 서둘렀더라면, 그래서 그에게 그만한 내공이 쌓이지 않았더라면, 2분 만에 낙서하듯이 그린 그림이 위대한 작품이 될 수는 없었을 것이다. 에디슨은 4,000번의 실험을 거듭한 끝에 마침내 백열전구를 발명했으며, 아인슈타인은 250편의 논문을 쓴 후에야 비로소 상대성 이론에 관한 논문을 쓸 수 있었다. 피카소와 에디슨, 아인슈타인이 천천히 쏟아부은 시간은 낭비한 세월이 아니라 위대한 성취를 이루기 위한 밑거름이었다.

쉼이 있어야 삶도 있다

"내가 치는 음표는 다른 피아니스트와 다를 게 없다.
하지만 음표 사이의 정지, 그렇다, 바로 그곳에 나의 예술이 존재한다."

– 피아니스트 아르투르 슈나벨

나이가 들수록 휴식의 중요성을 절감한다. 젊었을 때는 웬만큼 일을 오래 해도 크게 피곤하지 않았는데 요즘에는 장시간 쉬지 않고 일하고 나면 피로가 몰려온다. 그래서 지금은 한 시간 반 정도 글을 쓰거나 책을 읽은 후에는 반드시 10분이나 20분 정도 휴식하는 걸 원칙으로 삼고 있다. 식사 시간을 제외하고도 오전에 한 번, 오후에 한 번 하던 일을 멈추고 간단한 스트레칭이나 근력 운동을 하면서 쉬어간다. 매일 빼놓지 않는 식물원 산책도 나에게는 휴식 시간이다. 휴식 休息이라는 단어가 뜻하는 것처럼 나무에 기대 편하게 쉬는 기분으로 가볍게 걸으면서 내 마음을 돌아본다.

아프리카 현지를 탐험하던 서구의 경제학자들이 그곳 원주민들에게 이렇게 물었다. "당신들은 왜 열심히 일하지 않습니까?" 그러자 원주민들은 이렇게 대답했다. "당신들은 왜 쉬지 않습니까?" 히말라야 등반을 도와주는 현지 셰르파들도 여행객들이 '조금 더 빨리 걸을 수 없겠느냐?'고 재촉하면 이렇게 답한다고 한다. "영혼이 따라오려면 쉬어가면서 천천히 가야 합니다." 급히 가면 영혼이 따라오지 못한다. 쉬엄쉬엄 가더라도 영혼과 동반하는 삶이 아름답다. 뛰어난 글솜씨로 중국의 사마천에 비유되기도 했던 조선시대의 명문장가 강희맹은 《만휴정기》에서 다음과 같이 말한다.

"사람의 병이란 쉴 줄 모르는 것인데, 세상은 쉬지 않는 것을 즐거움으로 여긴다. 사람의 생명은 그다지 길지 않아 백 년의 수명을 누리는 사람은 만 명 중 하나 혹은 둘에 불과하다. 가령 백 세를 산 사람이라고 하더라도, 어렸을 때와 늙고 병든 햇수를 제외하면 건강하게 산 시간은 불과 40~50년에 지나지 않는다. 또한 그사이에 성공과 실패, 영화로움과 욕됨, 즐거움과 슬픔, 이로움과 해로움이 내게 병이 되고 정신과 기운을 해친 경우를 제외하면 웃으며 즐겁고 쾌활하게 쉴 수 있었던 날 역시 몇 달에 불과하다. 사정이 이러한데, 백 년도 못 살면서 끝도 없는 근심과 걱정을 감당해서야 되겠는가? 세상 사람들은 근심과 걱정에 골몰하느라 끝내 쉴 날을 기약하지 못한다. 옛날 당나라 시대 말기의 시인 사공도가 왕관곡에서 오랫동안 살면서 정자를 짓고 그 이름을 '삼휴정三休亭'이라고 했다. 그러면서 말하기를, 첫째는 재주를 가늠해보니 쉬는 것이 마땅하고, 둘째는 분수를 헤아려보니 쉬는 것이 마땅하고, 셋째는 늙어서 망령이 들고 귀까지 멀었으니 쉬는 것이 마땅하다고 했다. 사람이 한평생 살아가는 데 일의 기미와 단서가 만 가지나 되는데, 어찌 쉬어야 할 까닭이 특별히 이 세 가지뿐이겠는가?"

현대인 중에는 바쁘게 사느라 병원 침대에 몸을 누이고 나서야 쉴 수 있는 사람이 의외로 많다. 하지만 그런 사람은 그래도 나은 편이다. 죽어서 관속에 들어간 후에야 비로소 쉴 수 있는 사람도 있으니까 말이다. 내일 일은 아무도 모른다. 우리에게 힘든 일이 닥치지 말란 법은 없다. "엎어진 김에 쉬어 간다"는 옛말이 틀린 말은 아니다. 엎어진 후에도 쉬지 않고 일을 하는 것보다는 그게 낫다. 하지만 그보다 더 좋은 것은 엎어지기 전에 미리미리 쉬는 것이다. 강희맹의 말처럼 쉬어야 하는 명분은 만 가지도 더 넘게 찾을 수 있다. 그중에서도 자신과 가족을 위해 쉬어가는 시간이 가장 소중하다. 한 몸 병들고 나면 이 세상 그 어떤 것도 존재의 의미가 없어지며, 가족의 안녕과 행복이 깨지면 억만금의 재물도 아무런 소용이 없어진다. 그러니 나와 가족을 위한 휴식이라면 만사를 제쳐놓고 시간을 내서 쉬어줘야 한다. 이것은 선택이 아니라 필수다.

노자는 이렇게 말한다.

그칠 줄 알면 위태로움을 당하지 아니하고 오래간다.

知止不殆 지지불태 可以長久 가이장구

《도덕경》 44장

음식을 준비하는 일 외의 집안일은 모두 내가 하고 있다. 아내가 퇴직한 후 그렇게 역할을 나눴다. 내가 하는 집안일은 크게 청소와 빨래, 설거지인데 빈도는 가장 낮지만 시간으로 치면 가장 많이 소요되는 것이 청소다. 토요일이나 일요일에 날을 잡아 청소기를 돌린 후 구석구석 걸레질을 하면 한 시간 반가량이 걸린다. 예전에는 아내가 로봇청소기를 사줘서 편하게 청소했지만, 그게 고장 난 후에는 청소기를 직접 손으로 돌리다 보니 힘도 더 많이 든다. 특히 요즘에는 그마저도 배터리가 금세 닳는 바람에 중간중간 흐름이 끊겨 소요 시간이 더 늘어났다. 아내가 새것을 사주겠다고 했지만 지금까지도 손사래를 치고 있다. 완전히 못쓰게 된 것은 아니기 때문에 굳이 그러지 않아도 된다. 흐름을 끊고 배터리를 충전하는 동안을 휴식 시간이라고 생각하니 짜증도 나지 않고 여유도 생긴다. 《장자》의 〈어부편〉에 나오는 다음 우화는 휴식의 필요성과 인간의 어리석음을 잘 보여준다.

> "그림자가 두렵고 발자취가 싫어서 그것을 버리고자 달린 자가 있었다. 발을 빨리 뗄수록 발자취는 더욱 많아졌고, 빨리 달릴수록 그림자는 몸에서 떨어지지 않았다. 제 딴에는 달리는 것이 느린 걸음 때문이라 생각해 쉬지 않고 빨리 달렸는데, 결국 힘이 다하여 죽었다. 그늘진 곳에 있으면 그림자가 없어지고, 움직이지 않고 가만히 있으면 발자취가 없어진다는 것을 몰랐으니, 참으로 어리석은 사내였다."

일에 쫓기듯이 살아가는 우리도 이런 어리석음을 범하고 있는 건 아닌지 돌아봐야 한다. 일손을 놓고 쉬지 못하는 것은 일보다는 마음이 바쁘기 때문이다. '오늘 못하면 내일 하면 되지'라는 마음으로 짐을 내려놓고 쉬면 되는데 우리는 대개 '이것까지만 끝내고 쉬자'며 계속해서 일손을 놓지 않는다. 그러다가 몸에 이상 신호가 오면 그제야 '아, 조금 쉬면서 할걸' 하고 후회한다. 성공한 사람은 연말에 그다음 해의 휴가 계획부터 잡는다. 반대로 실패한 사람은 연말에 그다음 해의 업무 계획부터 잡는다. 주간 달력이 빨간 날부터 시작되는 것도 먼저 쉬고 일은 그다음부터 하라는 취지다. 일하는 것보다 쉬는 걸 더 어려워하는, 그래서 열심히 일하고도 실패한 인생을 사는 어리석은 사람이 되지는 말자.

단
斷

절성기지
絶聖棄智

성스러움을 끊고 지혜를 버린다

군더더기는 걷어내고
본질에 충실하라

"우리는 필요에 의해서 물건을 갖지만
때로는 그 물건 때문에 마음이 쓰이게 된다.
따라서 무엇인가를 갖는다는 것은 무엇인가에 얽매이는 것.
그러므로 많이 갖고 있다는 것은 그만큼 많이 얽혀있다는 뜻이다."

– 법정스님 《무소유》

단순하고 간소하게 살기 위해서 가장 중요한 것은 무엇이 삶을 행복하게 만드는지 깊이 따져보고, 삶의 본질에서 불필요한 부분, 즉 군더더기를 과감하게 걷어내는 것이다. 하나만 있어도 충분한 물건을 신상품이라고 해서 하나 더 산다거나, 홈쇼핑 채널을 보다가 눈에 꽂혀 하나 더 산다거나, 해외여행을 하다가 눈에 띈 물건이라고 해서 하나 더 사는 것이 대표적인 삶의 군더더기다. 내가 그랬다. 특히 넥타이라면 사족을 못 쓰는 사람이라서 그렇게 모은 넥타이가 한때는 족히 100개가 넘었다. 미니멀리즘을 삶의 모토로 삼으면서 드레스룸 진열장을 장식하고 있던 100여 개의 넥타이 가운데 딱 두 개만 남기고 싹

버렸더니 마음이 홀가분해졌다. 하나는 결혼식장용이고, 다른 하나는 상갓집용인데, 지금 돌이켜봐도 잘했다는 생각이 든다.

이런 군더더기는 물건에만 국한되지 않는다. 사회생활을 하면서 맺는 유무형의 인간관계에도 그런 군더더기가 낄 수 있고, 마음속의 생각이나 감정, 욕망에도 마찬가지다. 관계가 복잡해지면 쓸데없는 명함만 잔뜩 쌓이고 마음속이 복잡해지면 괜한 걱정거리만 쌓인다. 물건이나 관계, 정신적 요소 등 우리를 둘러싸고 있는 다양한 삶의 조건에서 불필요한 군더더기를 없애는 것이 단순한 삶의 중요한 과제 중 하나다. 후회 없는 삶을 살고 싶으면 반드시 있어야 할 것, 있어도 되고 없어도 되는 것, 반드시 버려야 할 것을 구별할 줄 알아야 한다.

사막에서 낙타가 쓰러지는 건 깃털같이 가벼운 마지막 짐 하나 때문이라고 한다. 우리를 쓰러뜨리는 건 냉장고나 에어컨 같은 필수품이 아니라 불필요한 쿠폰 한 장일 수 있다. 대가 없는 공짜 상품이라고 해서 마구 모으다가는 큰 대가를 치를 수도 있다. 반드시 필요한 물건은 하나면 족하고 쓸데없는 물건은 하나라도 많다. 넘치는 물건은 스스로에게 남기는 허물이다. 적당한 선에서 그쳐야 하는데 욕심껏 사다 보면 오히려 짐만 되고 마는 것이다. 심하게 말하면 집 안에 쓸데없는 쓰레기를 잔뜩 쌓아놓고 사는 것이나 다름없다. 그러다 보면 어느새 내가 아닌 짐이 삶의 터전에서 주인 자리를 차지해버리고 만다. 그리고 "가랑비에 속옷 젖는 줄 모른다"라는 속담처럼 어느 순간 삶의 기반이 와르르 무너져내릴 수도 있다. I. C. 스프링맨의 《하나만 더》에 나오는 까치가 그랬다.

까치가 생쥐에게서 구슬 하나를 선물로 받는다. 그때부터 까치에게 '내 것'이라는 소유 개념이 생겼다. 그 후로 까치는 예뻐 보이는 물건을 수집하기 시작했다. 까치의 둥지는 어느새 각종 물건으로 가득 찼다. 더 이상 공간이 없었지만 까치는 '하나만 더, 하나만 더' 하면서 물건을 모으는 데 열중한다. 구슬을 선물해준 생쥐가 위험하다고 경고했지만 까치는 생쥐의 말을 귓등으로 흘린다. 그러다가 결국 물건의 무게를 견디지 못한 까치의 둥지는 와르르 무너지고 만다.

노자는 이렇게 말한다.

부귀를 누리면서 삼가지 않으면
스스로에게 허물을 남기게 된다.

貴富而驕 귀부이교 自遺咎 자유구

《도덕경》 9장

현대카드는 금융사 가운데 혁신에 성공한 대표적인 기업으로 꼽힌다. 현대카드의 성공 비결은 군더더기를 잘라내는 것이었다. 먼저 의사결정 과정에서 불필요한 요소들을 최대한 걷어냈다. 현대카드의 평균 결재 시간은 10.5시간이다. 다른 회사들이 결재에 평균 일주일에서 한 달 정도 걸리는 걸 감안하면 그야말로 초스피드다. 의사결정 과정뿐 아니라 사옥의 인테리어에도 미니멀리즘을 철저히 반영했다.

불필요한 것들은 그때그때 버려야 짐이 되지 않는다. 화난 마음도 쌓아두면 마음의 짐이 된다. 홀가분하게 가벼운 마음으로 살기 위해서는 주기적으로 영혼을 청소하고 인생길에서 쌓인 각종 재고를 수시로 정리해야 한다. 음지가 있으면 양지도 있듯이 삶에는 버리는 것이 있으면 얻는 것도 있기 마련이다. 미련 때문에 움켜쥔 것을 내려놓지 않는다면 새로운 것을 얻을 기회를 스스로 봉쇄하는 것이다.

루치아노 파바로티는 성악에 천부적인 소질을 타고났다. 학창 시절에도 단연 두각을 나타냈다. 그는 사범대학을 졸업한 후 학생들을 가르치면서 틈틈이 노래 연습을 했다. 성악가가 되려면 교직을 그만둬야 했지만 안정적인 생활을 포기하지 못해 차일피일 미뤘다. 그때 아버지가 파바로티에게 두 개의 의자 비유를 들려줬다. 동시에 두 의자에 앉으려고 하는 사람은 결국 의자 사이로 빠져 땅바닥에 주저앉고 만다고 말이다. 그렇기에 파바로티 또한 인생이라는 무대에서 성공하려면 둘 중 하나는 반드시 포기해야 한다고 조언한다.

아버지의 말을 들은 파바로티는 곧바로 학교에 사표를 던진다. 그리고 전문적인 성악가의 길을 걷기 시작했다. 파바로티가 세계 최고의 성악가가 될 수 있었던 것은 자신의 인생에서 불필요한 군더더기를 걷어내고 본질에 충실했기 때문이었다.

가지고 싶은 것이 많을수록, 또한 그것을 실제로 가지게 될수록 그에 따라 지불해야 하는 대가는 더욱 커진다. 소유에 짓눌려 삶을 조종당하기 때문이다. 가정과 인간관계에서 소중한 것을 이루려면 끊임없는 덜어내기로 일상을 단순화해야 한다. 행복은 간단하다. 한 가지 일에 집중해 자신의 에너지와 열정을 쏟을 때 자신도 모르는 사이에 슬그머니 찾아오는 것이 행복이다. 행복은 많은 것에 있지 않다. 적당한 것, 적은 것, 작은 것에 조용히 숨어 있다.

배움을 끊으면 근심이 사라진다

"자신의 지식이 실제로는 아무 가치도 없다는 것을 아는 사람이 가장 현명한 사람이다."

– 버트런드 러셀 《러셀 서양철학사》

《논어》를 펼치면 '학이시습지學而時習之 불역열호不亦說乎'라는 문장이 첫머리에 나온다. '배우고 때로 익히면 또한 즐겁지 아니한가'라는 뜻인데,《논어》에서 가장 먼저 나오는 글자가 배울 학學 자인 만큼 공자는 사람이 사람답게 되기 위해서는 가장 먼저 배워야 한다고 말한다. 남송시대 대유학자로서 성리학을 집대성한 주자도 이렇게 말한다.

"소년은 쉽게 늙고 배움을 이루기는 어렵다. 촌음의 시간도 헛되이 보내지 마라.
少年易老學難成 소년이로학난성 一寸光陰不可輕 일촌광음불가경"

맹자의 어머니가 자식의 공부에 방해가 되는 환경을 피해 다니기 위해 세 번이나 이사를 했다는 '맹모삼천지교孟母三遷之教'라는 고사에서 강조하는 메시지도 배움의 중요성이다.

그런데 노자는 거꾸로 말한다.

배움을 끊으면 근심이 없어진다.

絶學無憂 절학무우

《도덕경》 20장

공자는 배움이 사람의 근본이라고 말하지만 노자는 배움이 근심의 뿌리라고 말한다. 그래서 근심을 없애기 위해서는 배움을 끊으라고 말한다. 쉽게 표현하면 공자는 '아는 것이 힘'이라고 말하는 반면 노자는 '아는 것이 병'이라고 말하고 있는 것이다. 둘 중 어느 것이 옳다고 할 수는 없다. 각자의 방식대로 삶의 이치를 설파하고 있을 뿐이다. 배움을 끊으라는 말은 단순한 삶에 대한 노자식 표현이다. 가볍게 살기 위해서는 마음속에 잡다한 지식이나 생각, 번뇌를 쌓아두지 말고 깨끗이 비워야 한다는 것이 '절학무우'의 핵심 메시지다.

유발 하라리는 근대과학혁명을 무지無知의 혁명이라고 말한다. '나는 아무것도 모른다'는 인간의 고백이 바로 근대과학혁명을 탄생시킨 원동력이라는 것이다. 아이작 뉴턴이 우주의 이치를 알았더라면, 찰스 다윈이 생명의 기원을 알았더라면 근대과학혁명은 태어나지 못했을 것이다. 그들은 몰랐기 때문에 관찰했고 탐험했다. 장자도 다음의 우화를 통해 기성 지식의 무용성을 강조한다.

> "어느 날 설결이 세상사의 이치에 대해 왕예에게 물었다. 왕예는 모른다고 답했다. 설결은 또다시 물었다. 이번에도 왕예는 모른다고 말했다. 설결은 세 번, 네 번 거듭해서 물었지만 그때마다 왕예는 '나는 모른다'라고 답했다. 왕예의 대답을 들은 설결은 크게 기뻐했다."
>
> 《장자》〈응제왕편〉

설결이 물었을 때 왕예가 배운 티를 내거나 자신의 지식을 자랑했더라면 설결은 크게 기뻐하지 않았을 것이다. 오히려 '아는 것이 병'이라며 핀잔을 주었을지 모른다. 유교에서 강조하는 덕목인 인의仁義나 예지禮智를 들먹이면서 세상사의 이치를 설명하려 들었다면 설결은 고개를 절레절레 저었을 것이다. 장자는 세상 이치를 다 아는 것처럼 자신의 지식을 자랑하는 것을 '모기로 하여금 산을 지게 하는 것使蚊負山'과 같은 어리석은 행동이라고 말한다. 소크라테스도 이렇게 말한다. "나는 아무것도 모른다. 아무것도 모른다는 사실을 안다는 점에서 남들보다 조금 더 현명할 뿐이다."

모래를 가득 채운 항아리에는 굵은 돌을 채울 수 없듯이 자잘한 지식으로 가득 찬 머릿속에는 큰 생각이 들어올 수 없다. 그리스의 연합군이 압도적인 전력 차이에도 불구하고 트로이를 쉽게 점령할 수 없었던 것은 연합군을 지휘한 아가멤논의 틀에 박힌 작전 때문이었다. 그는 전형적인 전술을 사용했을 뿐 트로이의 지형적 여건에 맞는 새로운 전술을 전혀 구사하지 못했다. 결국 트로이는 오디세우스의 목마로 함락당했다. 오디세우스는 아무도 생각하지 못한 새로운 아이디어를 동원해 10여 년에 걸친 긴 전쟁에 마침표를 찍었다.

적벽대전에서 조조가 오촉 연합군에게 대패한 것도 같은 이유 때문이었다. 조조는 수공水攻에는 배가 흔들리지 않게 하는 것이 가장 중요하다며 연환계를 썼다. 바람이 심하게 불 때 배가 흔들리지 않도록 선수와 선미를 고리로 연결하는 것은 기존의 전투 교과서에 나오는 것, 즉 학學의 범주에 속하는 것이다. 하지만 제갈량과 주유는 그 학學을 절絶하는 전략으로 맞섰고 결국 대승을 거뒀다. 조조는 학學을 절絶하지 못해 근심憂에 휩싸였고, 반대로 제갈량과 주유는 절학絶學으로 근심에서 벗어났다無憂.

대화 도중에 배운 티를 내기 위해 전문용어를 쓰는 사람들이 더러 있는데 이런 사람들은 대개 공감 능력이 떨어진다. 어려운 용어를 구사하는 것은 상대방이 어떻게 자신의 메시지를 받아들일지 별로 고민하지 않는 사람들의 전형적인 태도다. 미국의 9·11 테러 당시 응급구조대들이 쓰는 전문용어가 서로 달라 현장에서 큰 혼선이 빚어졌다는 이야기도 학學이 장애물로 작용한 대표적인 사례다. 소통에 장애가 생기지 않으려면 전문용어를 배우지 않은 사람도 쉽게 알아들을 수 있어야 한다. 병원에서 취소를 뜻하는 캔슬cancel을 암을 뜻하는 캔서cancer로 잘못 알아들어 한바탕 소동이 벌어진 웃지 못할 이야기도 있다. 간호사의 인터폰을 받은 의사가 "캔슬?"이라고 했는데 환자는 그 말을 '캔서'로 잘못 알아듣고는 자신의 병을 암이라고 오해한 것이다. 식자우환이라고 했던가? 캔서라는 영어 단어를 알지 못했다면 그런 해프닝도 일어나지 않았을 것이다. 1996년 노벨문학상을 수상한 폴란드의 시인 비스와바 심보르스카는 노벨상 수락 연설에서 다음과 같이 말했다.

"어떤 영감이든 '나는 모른다'는 단순한 말 한마디에서 나온다."

요즘 책 읽는 범위를 좁히는 것도 그런 이유 때문이다. 살아가는데 필요한 것은 많은 지식이 아니라 빈 마음의 지혜다. 아이들이나 아내와 대화할 때 과거에는 내 주장이 옳음을 끝까지 입증해야 직성이 풀렸는데 지금은 그저 '그래, 네 말이 옳다', '당신 말이 일리가 있다'는 말로 내 머리와 입을 스스로 막는다. 말처럼 쉽지는 않지만 부단히 노력하다 보니 점차 익숙해져간다. 그러다 보니 가정이 편하다. 그리고 무엇보다 내 마음이 편하다.

집착하는 마음이 인생을 꼬이게 만든다

"누군가는 성공하고 누군가는 실패할 수도 있다.
하지만 이런 차이에 너무 집착하지 말라.
타인과 함께, 타인을 통해서 협력할 때 비로소 위대한 것이 탄생한다."

– 앙투안 드 생텍쥐페리

나는 요즘 상황을 유연하게 바라보려고 애쓴다. 과거에는 뭔가 하나에 꽂히면 그것이 절대 진리인 양 직진하는 스타일이었지만 요즘은 가능하면 한 가지 일에 집착하지 않으려 한다. 그래서 '절대로'라는 말을 피한다. 과거에는 내 말을 강조하기 위해 이 표현을 자주 썼지만 요즘은 의식적으로 자제한다. 나이가 들면서 그 '절대'가 정답이 아닐 수 있으며 설사 정답이라 하더라도 너무도 많은 변수가 개입되어 있다는 사실을 깨달았기 때문이다. 요즘 내가 즐겨 쓰는 말은 '쉬엄쉬엄', '두루두루', '그럴 수도 있지'와 같은 것들이다. 살아보니 그게 더 인생의 정답에 가까운 것 같다.

금메달에 집착하면 금메달을 잃고, 이름에 집착하면 이름을 잃는다. 브라질 리우 올림픽 펜싱 에페 부문에서 금메달을 차지한 박상영 선수는 이렇게 말한 바 있다. "경기에 들어설 때는 금메달을 꼭 따겠다는 마음이 강했어요. 하지만 14대 10으로 밀리는 순간, 금메달에 대한 집착을 내려놓았어요. 그랬더니 희한하게 연거푸 5점을 따게 되더라고요." 〈낭만닥터 김사부〉라는 드라마에서 김사부 역의 한석규도 이렇게 말한다. "살면서 내가 가장 잘한 일은 내 이름을 버린 것이다. 이름을 버리니 어깨가 가벼워지고, 명성을 버리니 자유가 찾아왔다."

니코스 카잔차키스의 《그리스인 조르바》는 노자가 말하는 비움의 미학을 소설로 구현한 명작이다. 내용이 꽤 길지만 조르바의 다음 대사에는 소설의 주제가 잘 녹아 있다.

> "까짓것 밧줄을 놓아버려요. 절벽에서 밧줄을 놓을 수 있어야 진정한 자유를 얻을 수 있어요."

조르바가 '두목'이라고 부르는 '나'는 글만 알던 백면서생이다. 자신이 딛고 사는 현실 세계에서 무언가 살아 있는 진리를 탐구하기 위해 노력하지만 끝까지 지식인의 한계를 벗어던지지 못한다. 그러다가 조르바와 공동으로 경영하던 탄광 사업이 실패로 돌아가고 난 후 비로소 껍질을 벗어던진다. 투자한 자금을 몽땅 날렸지만 '까짓것' 하는 마음으로 털어버리고 나니 자유가 찾아온 것이다. 동명의 영화에서 조르바로 출연한 안소니 퀸이 크레타 바닷가에서 두목과 함께 어깨를 걸고 추던 춤사위를 나는 아직도 잊지 못한다. 그것은 모든 것을 내려놓은 사람들의 자유 그 자체였다.

사람을 구속하는 것은 여러 가지다. 《그리스인 조르바》의 두목을 구속했던 지식일 수도 있고, 미니멀리즘을 추구하는 사람들이 말하는 것처럼 물건일 수도 있다. 혹은 수행하는 스님들이 말하는 것처럼 삶에서 만나는 번잡한 생각일 수도 있다. 그리고 낭만닥터 김사부를 구속했던 것처럼 명성일 수도 있다. 참된 자유를 누리면서 살기 위해서는 물건에 대한 집착, 지식에 대한 집착, 이름에 대한 집착 등 모든 집착을 내려놓아야 한다. 즉문즉설로 유명한 법륜스님은 집착의 괴로움과 인간들의 어리석음을 다음과 같이 말한다.

> "손에 든 찻잔이 뜨거우면 그냥 놓으면 됩니다. 그런데 사람들은 뜨겁다고 괴로워하면서도 잔을 놓지 않습니다."

법정 스님의 《무소유》에는 난초 이야기가 나온다. 사소한 일상에서 법정 스님이 큰 깨달음을 얻는 과정이 청명한 가을 하늘에 걸린 달처럼 맑고 귀하다. 그래서 나는 노자 강의를 할 때 이 일화를 자주 인용한다. 법정 스님의 트레이드마크가 된 무소유가 이 난초 이야기에서 비롯되었다고 해도 과언이 아닐 정도로 특별한 의미가 있는 일화이기도 하다.

나는 지난해 여름까지 난초 두 분盆을 정성스레, 정말 정성을 다해 길렀었다. 3년 전 거처를 지금의 다래헌茶來軒으로 옮겨왔을 때 어떤 스님이 우리 방으로 보내준 것이다. 혼자 사는 거처라 살아 있는 생물이라고는 나하고 그 애들뿐이었다. 그 애들을 위해 관계 서적을 구해다 읽었고, 그 애들의 건강을 위해 하이포넥스인가 하는 비료를 구해 오기도 했었다. 여름철이면 서늘한 그늘을 찾아 자리를 옮겨주어야 했고, 겨울에는 그 애들을 위해 실내 온도를 내리곤 했다. 이런 정성을 일찍이 부모에게 바쳤더라면 아마 효자 소리를 듣고도 남았을 것이다. 이렇듯 애지중지 가꾼 보람으로 이른 봄이면 은은한 향기와 함께 연둣빛 꽃을 피워 나를 설레게 했고 잎은 초승달처럼 항시 청청했었다. 우리 다래헌을 찾아온 사람마다 싱싱한 난초를 보고 한결같이 좋아라했다.

지난해 여름 장마가 갠 어느 날 봉선사로 운허노사를 뵈러 간 일이 있었다. 한낮이 되자 장마에 갇혔던 햇볕이 눈부시게 쏟아져 내리고 앞 개울물 소리에 어울려 숲속에서는 매미들이 있는 대로 목청을 돋구었다. 아차! 이때서야 문득 생각이 난 것이다. 난초를 뜰에 내놓은 채 온 것이다. 모처럼 보인 찬란한 햇볕이 돌연 원망스러워졌다. 뜨거운 햇볕에 늘어져 있을 난초잎이 눈에 아른거려 더 지체할 수가 없었다. 허둥지둥 그 길로 돌아왔다. 아니나 다를까, 잎은 축 늘어져 있었다. 안타까워하며 샘물을 길어다 축여주고 했더니 겨우 고개를 들었다. 하지만 어딘지 생생한 기운이 빠져나간 것 같았다.

나는 이때 온몸으로 그리고 마음속으로 절절히 느끼게 되었다. 집착이 괴로움인 것을. 그렇다. 나는 난초에게 너무 집념한 것이다. 이 집착에서 벗어나야겠다고 결심했다. 난을 가꾸면서는 산철—승가의 유행기 遊行期—에도 나그네 길을 떠나지 못한 채 꼼짝을 못했다. 밖에 볼일이 있어 잠시 방을 비울 때면 환기가 되도록 들창문을 조금 열어 놓아야 했고, 분을 내놓은 채 나가다가 뒤미처 생각하고는 되돌아와 들여놓고 나간 적도 한두 번이 아니었다. 그것은 지독한 집착이었다. 며칠 후, 난초처럼 말이 없는 친구가 놀러왔기에 선뜻 그의 품에 분을 안겨주었다. 비로소 나는 얽매임에서 벗어난 것이다. 날아갈 듯 홀가분한 해방감. 3년 가까이 함께 지낸 '유정 有情'을 떠나보냈는데도 서운하고 허전함보다 홀가분한 마음이 앞섰다. 이때부터 나는 하루 한 가지씩 버려야겠다고 스스로 다짐을 했다. 난을 통해 무소유 無所有의 의미 같은 걸 터득하게 됐다고나 할까.

노자도 이렇게 말한다.

억지로 천하를 얻고자 하는 것,

나는 그것의 불가능함을 본다.

將欲取天下而為之 장욕취천하이위지 吾見其不得已 오견기부득이

무릇 천하는 불가사의한 그릇이고

억지로 할 수 있는 것이 아니다.

天下神器 천하신기 不可為也 불가위야

일부러 일을 만드는 자는 실패하고,

잡으려는 자는 잃어버린다.

爲者敗之 위자패지 執者失之 집자실지

《도덕경》 29장

기르되 군림하려 들지 마라

"자신의 인생을 남이 결정하게 해서는 안 된다.
자기 삶의 결정권은 자신에게 있다. 자신이 누구인지,
자신이 어디에 있는지를 아는 사람은 결코 타인의 지배를 받지 않는다."

– 프리드리히 니체

식물원에는 소나무와 물푸레나무, 버드나무와 같이 덩치가 제법 커 강해 보이는 식물이 있는가 하면 제비꽃과 구절초, 민들레처럼 덩치가 작고 왜소해서 약해 보이는 식물도 있다. 그렇다고 이런 강약의 차이가 인간 세상에서처럼 서열을 만들지는 않는다. 식물들은 무위한 채 각자의 위치에서 대지의 기운을 받아 생장소멸을 거듭할 뿐, 큰 식물이 작은 식물을 지배하거나 그 위에 군림하려 들지는 않는다. 사람도 주어진 각자의 영역에서 자신에게 주어진 임무나 역할을 충실히 수행하되 주변 사람들을 지배하거나 군림하려는 생각을 버리면 인간관계가 좀 더 편해지지 않을까 싶다. 하지만 현실을 보면 세상이 반드시 그렇게 돌아가지는 않는 것 같다. 강자의 위치에 있는 부모나 상사가 약자의 위치에 있는 자식이나 부하 직원을 지배하거나 그 위에 군림하려다 갈등을 일으키는 현상을 종종 목격한다. 그것이 심해 사회 문제가 되기도 한다. 예전보다는 많이 개선되었지만 여전히 갑질이라 불리는 일들이 연일 뉴스를 장식하곤 한다.

언뜻 생각하면 남을 지배하려는 사람의 마음속에는 우월감이 자리 잡고 있을 것 같다. '내가 너보다 힘이 세고 강하니까 내가 너를 보호해주겠다'는 마음에서 지배욕이 생기는 것처럼 보이지만 심리학자들에 따르면 사실은 그 반대다. 지배욕은 우월감보다는 열등감의 발로일 가능성이 더 높다. 아들러는《아들러의 인간이해》에서 '열등감이 극심해지면 과잉 보상을 추구하게 되고 어떤 대가를 치르더라도 타인을 압도하고 말겠다는 정복욕을 품게 된다'고 말한다. 이런 사람이 조직의 일원이 되면 조직원들끼리의 인간관계가 꼬이고 서로가 피곤해진다. 아들러가 제시하는 해결책은 과제 분리다. 쉬운 말로 하면 거리 두기다. 내 일과 남의 일을 엄격하게 구분하고 타인의 업무에 임의로 끼어들지 않으면 자연스럽게 서로를 존중하게 되면서 인간관계가 덜 피곤해진다는 것이다.

"이게 다 너를 위해서야." 남의 일에 끼어드는 사람들은 늘 이렇게 말한다. 하지만 본심을 들여다보면 그 말에는 자신의 욕망이 담겨 있다. 타인을 배려하거나 타인을 성장시키기 위해서가 아니라 자신의 욕망을 관철하기 위해서 끼어드는 것이다. 부모가 자식의 학업이나 진로, 결혼 문제에 시시콜콜 간섭하는 것도 자식의 장래가 아니라 부모 자신의 사회적 체면이나 이목 때문인 경우가 대부분이다. 드라마 〈SKY 캐슬〉에 나오는 부모들의 문제는 일부 잘나가는 상류층 부모들만의 문제가 아니라 대다수 부모의 문제다. 타인의 삶에 끼어드는 사람은 물가로 데려간 말에게 강제로 물을 먹이려는 것과 같다. 하지만 그런 일은 현실적으로 불가능하다. 말을 물가로 데려갈 수는 있지만 물을 먹일 수는 없다. 안 되는 일을 억지로 하려다 보니 자신만 힘들어진다. 타인의 과제에 개입하는 것과 타인의 과제를 떠안는 것은 인생을 무겁게 짓누르는 짐을 스스로 만드는 것이다.

인간관계에서 적당한 거리를 두는 것은 단순한 삶의 기본 조건이다. 무엇보다 먼저 남의 일에서 내 일을 분리해야 삶을 간소하게 만들 수 있기 때문이다. 사이가 너무 가까워지면 사람에 치이게 된다. 그렇게 되면 아무래도 신경 써야 할 일이 많아지고 그에 따른 고민거리도 늘어날 수밖에 없다. 그렇다고 너무 멀어지는 것도 좋지는 않다. 사이가 너무 멀어지면 관계가 냉랭해져 불필요한 오해를 불러일으킬 수 있다. 단순한 삶이라고 해서 인간관계를 완전히 끊어야 한다는 의미는 결코 아니다. 난로처럼 뜨겁지도 차갑지도 않게 적당한 거리를 유지하면서 일에 집중하는 것이 단순한 삶이다. 《장자》〈소요유편〉에 나오는 다음 우화에서 이런 교훈을 얻을 수 있다.

요임금이 허유에게 천하를 넘겨주려고 이렇게 말했다. "해와 달이 떠 있는데도 횃불을 끄지 않으면 그 빛은 헛된 것이 아닙니까? 그대가 천자가 되면 천하를 잘 다스릴 수 있을 텐데, 어찌 내가 천자 자리를 차지하고 있겠습니까? 부디 천하를 맡아주십시오."

허유가 대답했다. "그대는 이미 천하를 맡아 잘 다스리고 있습니다. 내가 그대를 대신한다면 이는 이름뿐일 것입니다. 이름이란 주체가 아니라 껍데기에 지나지 않습니다. 그대는 어찌 나더러 껍데기가 되라고 말씀하십니까? 뱁새가 깊은 숲속에 보금자리를 틀 때도 나뭇가지 하나면 족합니다. 나에게 천하는 아무 소용이 없습니다. 그러니 돌아가십시오. 요리사가 부엌일을 소홀히 한다고 해서 제사를 주관하는 제관이 그걸 대신할 수는 없는 법입니다."

제관이 요리사의 영역을 침범하지 않는 것은 아들러 심리학에서 말하는 과제 분리다. 허유가 요임금을 대신해서 천하를 맡지 않는 것도 같은 이치다.

나 스스로 주체적 역량을 키우는 것도 중요하다. 내가 약해 보이면 상대는 그 틈새를 비집고 들어와 나를 휘두르려 한다. 타인에게 신세를 졌다고 해서 고마움의 표시로 상대에게 여지를 많이 주는 것도 그리 좋은 태도는 아니다. 고마운 존재는 동시에 위험한 존재이기도 하다. 고마워하고 의지하는 딱 그만큼 우리 위에 군림하려 들 수가 있기 때문이다. 부모에게 지나치게 의존하는 아이일수록 부모의 그늘에서 잘 벗어나지 못하고 결국 나이가 들어서까지 부모로부터 심한 간섭과

통제를 받게 된다.

진정한 힘은 사회적 지위나 돈에서 나오는 것이 아니라 삶을 대하는 진실한 마음 자세와 내면 수양에서 나온다. 노자도 '가장 강한 사람은 자신을 이기는 사람自勝者强'이라고 말했다. 그러한 내면의 힘을 갖춘 사람은 남 위에 군림하려는 지배욕을 품지도 않고, 남에게 휘둘리지도 않는다. 타인을 지배하거나 군림하려는 생각으로부터 자유로워지려면 '내 것'이라는 소유 관념과 '내 생각이 옳다'는 고집부터 내려놓아야 한다. 덩치가 큰 소나무라고 해서 연약한 민들레 위에 군림하려 들지 않는 것이 자연의 질서다. 너른 품으로 약자를 껴안고 배려하는 마음을 가지는 사람이 참된 덕을 갖춘 사람이다.

노자는 이렇게 말한다.

도는 만물을 낳고 기른다.

生之畜之 생지축지

널리 베풀되 군림하지 않으니 이를 일컬어 큰 덕이라 한다.

長而不宰 장이부재 **是爲玄德** 시위현덕

《도덕경》 10장

붙들고자 하는 마음이 강하면 놓친다

"흐르는 물 위에는 글씨를 쓸 수 없다.
손바닥 위로 흐르는 물은 애써 쥐어도 결코 머무르지 않는다.
물은 본디 흐르도록 된 존재다.
잡히지 않는 것을 애써 잡으려 하면 고통만 쌓인다."

-《대반열반경》

강물이 길을 가다가 사막을 만났다. 앞길이 막막해진 강물은 어떻게든 사막을 건너서 바다로 나아가기 위해 모래더미 밑으로 파고들었다. 처음에는 어느 정도 성공하는 듯했다. 조금씩 앞으로 나아갈 수 있었고 잘하면 바다에 도착할 수도 있을 것 같았다. 하지만 시간이 흐를수록 강물은 자신의 몸집이 점점 줄어들고 있음을 깨달았다. '이러다간 바다에 이르기도 전에 내 몸이 완전히 없어져버릴 거야'라고 생각하면서 강물은 다시 모래 위로 나왔다. 그때 곁에서 강물을 지켜보던 사막여우가 이렇게 말했다. "네 몸을 수증기로 만들어. 그러면 바람이 너를 바다로 데려다줄 거야." 강물은 여우의 말대로 자신을 증발시켜

수증기로 만들었다. 형체를 알 수 없게 되었지만 강물은 여전히 공중에 존재했다. 그리고 때마침 불어오던 바람을 타고 모래사막을 무사히 지나 바다에 도착했다. 그리고 다시 물로 변해 바다의 품으로 들어갔다.

인도의《수피우화》에 나오는 이야기로, 억지로 하고자 하는 마음을 내려놓아야 실패하지 않는다는 인생의 교훈을 잘 보여주고 있다. 파란색 유리가 파랗게 보이는 것은 유리가 파란색의 파장을 붙들고 있지 않기 때문이다. 빨간색과 보라색, 노란색 등 다른 빛깔의 파장은 모두 붙들고 있는 반면 파란색 파장은 그대로 통과시킨다. 그래서 파란 유리가 파랗게 보이는 것이다. 유리의 색깔은 유리가 붙들고 있는 파장에 따라 결정되는 것이 아니라 유리가 방출해내는 파장에 따라 결정된다. 우리의 진솔한 본모습도 우리가 소유하고 있는 것이 아니라 비워낸 것에 따라 결정된다.

어떤 물건이나 사람을 억지로 붙들고 있다고 그것이 내 것이 되지는 않는다. 사랑을 쟁취하겠다며 인연이 아닌 사람을 억지로 붙잡는다고 해서 그 사랑이 이루어지지는 않는다. '이 사람은 내 인연이 아닌가 보다'라는 마음으로 바람처럼 지나가게 두고 다른 사람을 만나는 것이 더 현명한 처신이다. 자동차 충돌 사고가 났을 때도 살기 위한 욕심으로 핸들을 꽉 붙잡는 것보다는 그냥 스르르 놓아버리는 것이 생명을 지키는 데 더 좋다고 한다. 억지로 힘을 줄 때 발생한 근육의 긴장이 우리의 몸을 충격에 더 취약하게 만들기 때문이다. 늪에 빠진 사람들의 특징은 다급한 마음에 끊임없이 팔다리를 휘저으며 허우적거린다는 것이다. 하지만 그렇게 하다가는 수렁에 더 깊이 빠져든다. 늪에서 빠져나오려면 나오고자 하는 그 욕망을 놓아버려야 한다. 맥이 풀릴 때처럼 자신을 가만히 놓으면 몸이 어느 순간 수평 상태를 유지한다. 그때 수영을 하듯이 손을 조금씩 앞으로 저으면 늪에서 탈출할 수 있다.

노자는 이렇게 말한다.

성인은 무위하기 때문에 실패하지 않는다.
집착하지 않기 때문에 잃지 않는다.
聖人無爲故無敗 성인무위고무패 無執故無失 무집고무실
욕망하지 않음을 욕망하며,
구하기 어려운 재물을 귀하게 여기지 아니하고,
欲不欲 욕불욕 不貴難得之貨 불귀난득지화
배우지 않음으로 배우고, 억지로 일을 도모하지 않는다.
學不學 학불학 而不敢爲 이불감위

《도덕경》 64장

사막을 만난 강물이 '바다에 이르겠다'는 욕망을 내려놓은 후 비로소 바다에 이르는 새로운 방법을 알게 되었듯이 막막하고 길이 보이지 않을 때는 붙들고 있던 것을 놓아버려야 새로운 길이 열린다. '이것이 아니면 절대 안 된다'며 꽉 움켜쥐고 있는 무기를 내려놓을 때 새로운 삶을 개척할 수 있다.

헨리 나우웬은 가톨릭 신부이면서 하버드대학교 신학 교수로 명성을 떨쳤다. 그는 책과 강연으로 많은 사람의 지친 영혼을 위로했다. 그런데 어느 날 나우웬 자신이 우울증에 걸렸다. 남을 위로하고 치유하는 전문가였지만 정작 자신의 우울증을 스스로 치유할 수는 없었다. 결국 그는 지적 장애인이 모여 사는 라르슈 공동체에 입소한다. 입소 날 그는 자신을 하버드대학교 교수라고 소개한다. 그런데 어떤 사람이 이렇게 묻는다. "하버드가 뭐죠?" 나우웬은 충격을 받는다. 그리고 이 일을 계기로 자신의 가치가 명성과 직함이 아니라 존재 그 자체에 있다는 사실을 깨닫는다. 하버드대학교 교수라는 지위를 내려놓고 자연인으로 돌아온 나우웬은 마침내 내면의 자유를 찾고 우울증을 극복한다.

인간관계에서 고통이 생기는 것은 붙들고자 하는 마음이 강하기 때문이다. 관계를 맺고 있는 사람에 대한 집착이 강하면 강할수록 고통도 커진다. 자기중심적으로 상대를 통제하고 싶은데 상대가 뜻대로 되지 않으면 심적인 상실감을 느끼고 그것이 고통으로 연결되는 것이다. 자식이나 배우자처럼 관계가 가까운 사이일수록 상실감과 고통은 더 커진다. 드라마 〈SKY 캐슬〉에서처럼 심할 경우 '너 같은 건 차라리 없는 게 낫다'며 자식을 향해 총부리를 겨누는 아버지가 될 수 있다. 하지만 그것만큼 무모한 행위는 없다.

〈SKY 캐슬〉의 부모들은 붙들고자 하는 마음이 너무 강해 모두 자식을 놓쳤다. 진심으로 아이들의 장래를 위한다면 무리한 목표를 향해 억지로 등을 떠밀기보다 있는 그대로의 모습을 인정해주는 편이 낫다. 공부를 조금 못해도, 성적이 조금 떨어져도 스스로의 생각과 결정으로 미래를 준비할 수 있게 옆에서 묵묵히 응원해주는 것이 훨씬 더 현명한 처신이다. 장 자크 루소가 《에밀》에서 말하고 있는 것처럼 '아이들은 사랑받기 위해 태어났지 두려워하거나 복종해야 할 존재로 태어나지 않았다'.

무언가를 소유한다는 것은 한편으로는 소유를 당한다는 것이며 무언가에 얽매인다는 뜻이다. 우리가 뭔가를 소유한다고 말하는 것은 물체가 영원히 지속되며 파괴되지 않는다는 믿음에 바탕을 둔다. 하지만 에리히 프롬은 《소유냐 존재냐》에서 그러한 믿음이 환상에 지나지 않으며 실제로 우리는 아무것도 소유하지 않고 있다고 말한다. 그 이유는 우리가 어떤 물체를 보유, 소유, 지배하는 것은 사는 과정에서 스쳐가는 한순간에 불과하기 때문이다.

내가 낳았다고 내 소유는 아니다

"재산이 내 것이라고 여기는 마음에서 집착은 시작된다.
왜 재산이, 왜 아이가 당신 것인가?
당신 자신조차 당신 것이 아닌 것을."

–《수타니파타》

식물원 산책을 하면서 자연을 가까이할 기회가 많아졌다. 옮겨 심은 식물들이라 말 그대로의 자연은 아니지만 그래도 시간이 지나니 제법 자연스러워져 이들을 자연이라 불러도 무방할 것 같다. 내 눈에 띄는 자연의 가장 큰 특징은 시간에 순응한다는 점이다. 봄이 되면 꽃을 피우고, 여름이 되면 녹음을 드리우고, 가을에는 열매를 맺고, 겨울이 되면 어김없이 가진 것을 모두 내려놓는다. 모양과 빛깔은 제각각이지만 때가 되면 피우고 맺었다가, 또 다른 때가 되면 자신을 모두 내려놓는다는 점에서는 똑같다. 자연에는 소유란 게 없다. 자연의 소유권은 자연 그 자체에 있을 뿐이다. 고운 꽃을 피우는 매화나 목련도, 푸른

잎을 자랑하는 버드나무도, 풍성한 열매를 맺는 살구나무도, 자신이 맺은 꽃과 잎, 열매를 자신의 소유물이라고 주장하지 않는다. 묵묵히 피우고 맺었다가 다시 자연에 돌려준다. 그것이 사람과 다른 점이다.

자연과는 달리 인간에게는 내가 만든 기업, 내가 개발한 기술, 내가 창작한 작품이 모두 내 소유다. 심지어는 내가 낳은 자식도 그렇게 생각한다. 우리가 살아가는 문명 세계의 틀에서 그런 관념을 완전히 부인할 수는 없다. 하지만 한편으로는 그런 관념이 인간을 고통 속으로 밀어 넣기도 한다. 내 소유를 마음대로 못 하는 경우, 내 소유가 뜻대로 되지 않는 경우 사람들은 극심한 괴로움의 바다에 빠진다. 그런 관념에서 자유로워질 때 비로소 고통으로부터 해방된다. 내가 낳은 자식이지만 내 소유물은 아니라는 점, 내가 만든 기업이지만 나만의 이익을 위해 존재하는 게 아니라는 사실, 내가 만든 기술 또는 창작물이지만 인류를 이롭게 하는 보편적 가치재라는 사실을 받아들일 때 마음이 좀 더 편해진다.

노자는 이렇게 말한다.

낳았으되 소유하지 않고, 일을 이루되 자랑하지 않는다.

生而不有 생이불유 爲而不恃 위이불시

《도덕경》 2장

우주의 시원을 돌이켜보면 인간에게는 내 것이라고 말할 만한 것이 아무것도 없다. 모두 자연의 것이고, 대지의 소산이다. 문명이 태동하면서 내 것과 네 것에 대한 구분이 생겼지만 그 이전에는 그런 구분이 없었다. 신대륙을 발견한 서구인들과 토착 원주민들 사이의 갈등은 그런 관념의 차이에서 비롯됐다. 아메리카 대륙에서 오랜 세월 정착해서 살고 있던 인디언들은 소유에 대한 관념이 없었다. 하지만 자본주의 체제를 기초로 연방국가를 건설한 미국인들은 그들과 정반대였다. 미국인들은 원주민들이 살고 있던 땅을 빼앗아 자신들의 소유로 만들기 위해 인디언들을 일정한 구역으로 몰아냈다. 그들이 설득당하면 터무니없는 보상금을 지불하고 계약서에 도장을 찍게 했고, 이를 거부하는 인디언들은 무력으로 진압했다. 이 과정에서 수많은 인디언이 피를 흘렸다. 류시화 시인이 편찬한 인디언 추장들의 연설문집《나는 왜 너가 아니고 나인가》에는 인디언들의 그런 고난의 역사가 고스란히 기록되어 있는데, 그 가운데서도 시애틀 추장의 연설문은 특히 많은 것을 생각하게 해준다.

"워싱턴 대추장이 우리 땅을 사고 싶다는 전갈을 보내왔다. 그대들은 어떻게 저 하늘이나 땅의 온기를 사고팔 수 있는가? 공기의 신선함과 반짝이는 물을 우리가 소유하고 있지도 않은데 어떻게 그것들을 팔 수 있다는 말인가? 우리에게는 이 땅의 모든 것들이 신성하다. 빛나는 솔잎, 모래 기슭, 어두운 숲속 안개, 맑게 노래하는 온갖 벌레들, 이 모두가 우리의 기억과 경험 속에서는 신성한 것들이다. 우리가 죽어서도 이 아름다운 땅을 결코 잊지 못하는 것은 이것이 바로 우리들의 어머니이기 때문이다. 백인의 식욕은 땅을 삼켜버리고 오직 사막만을 남겨놓을 것이다. 우리의 방식은 그대들과는 다르다. 백인의 도시에는 조용한 곳이 없다. 봄 잎새 날리는 소리나 벌레들의 날개 부딪치는 소리를 들을 곳이 없다. 쏙독새의 외로운 울음소리나 한밤중 못가에서 들리는 개구리 소리를 들을 수가 없다면 삶에는 무엇이 남겠는가? 인디언은 연못 위를 쏜살같이 달려가는 부드러운 바람소리와 한낮의 비에 씻긴 바람이 머금은 소나무 내음을 사랑한다. 만물이 숨결을 나누고 있으므로 공기는 우리에게 소중한 것이다. 짐승들, 나무들, 그리고 인간은 같은 숨결을 나누고 산다. 인간들은 바다의 파도처럼 왔다가는 간다. 그대들은 땅을 소유하고 싶어하듯 하느님을 소유하고 있다고 생각할는지 모르지만 그것은 불가능한 일이다. 하느님은 인간의 하느님이며 그의 자비로움은 인디언에게나 백인에게나 꼭 같은 것이다. 이 땅은 하느님에게 소중한 것이므로 땅을 해치는 것은 그 창조주에 대한 모욕이다."

노자는《도덕경》첫머리에서 '도란 천지의 시작이고, 만물의 어머니'라고 했다. 아리스토텔레스도 '아르케arche란 그것으로부터 다른 것이 나올 수 있지만 그 자체는 다른 어떤 것으로부터도 나올 수 없는 것이다'라고 말했다. 아르케는 원형을 뜻하는 그리스어다. 노자가 말하는 도와 아리스토텔레스가 말하는 아르케는 같다. 도가 곧 아르케이고 아르케가 곧 도라는 등식이 성립된다. 글자의 모양만 다를 뿐 속뜻은 완벽하게 일치한다. 이런 관점에서 우리는 모두 도와 아르케의 자식이고, 모두 한뿌리에서 나왔다. 그러므로 모든 인간은 동등하고 평등하다. 인간뿐만 아니라 식물과 동물도 그렇다. 서로 다른 개체지만 도와 아르케라는 한 뿌리에서 파생되어 나왔다는 점에서 동물이나 식물, 인간은 다를 것이 하나도 없다.

시애틀 추장이 말한 것처럼 우리는 모두 한 형제이며 우리 모두의 하느님은 하나다. 하느님이 곧 도이자 아르케다. 소유권을 등기한다고 해서 그게 내 것이 되는 건 아니다. 기업이나 기술, 창작물도 같은 맥락이다. 세상에서 빛을 보게 만든 것은 나이지만 결국은 자연의 것이고, 모두의 것이다. 톨스토이가 죽으면서 저작권을 사회에 환원한 것은 그런 점에서 시사하는 바가 크다. 어차피 법적 시간이 지나면 저작권이 소멸되지만 유언으로 세상에 곧바로 돌려준 것과는 차이가 있다. 빌 게이츠나 워런 버핏과 같은 미국을 대표하는 부자들이 재산을 사회에 환원하거나 일론 머스크와 제프 베이조스 같은 실리콘밸리의 천재들이 자신들이 개발한 핵심 기술을 완전히 개방하는 것도 같은 맥락이다. 우리가 내 것이라고 말하는 것들은 잠시 자연에서 빌려 쓰고 있는 것으로 언젠가는 다시 돌려주어야 하는 것들이다. 그것이 순리다. 죽음이 찾아온 마지막 순간에 이르러 순리를 찾는 것보다는 살아생전에 순리를 실천하다가 죽음을 맞는 것이 더 의미 있어 보인다.

흘러간 물로는 방아를 돌리지 못한다

"산다는 것은 달라진다는 것이다. 어제 느낀 것을 오늘도 느낄 수는 없다. 이제 더 바꿀 수 없는 일이라면 그 사실을 후회하거나 비난하지만 말고 단순하게 규정짓는 것이 좋다."

– 라이너 마리아 릴케 《말테의 수기》

세상의 모든 진리는 상대적이다. 그 가운데 유일하게 절대적인 진리가 하나 있다면 만물은 고정되어 있지 않고 변한다는 사실이다. 헤라클레이토스는 '같은 강물에는 두 번 발을 담글 수 없다'라고 말했다. 그런 사실을 잘 알고 있으면서도 우리는 자주 과거에 머문다. 잃어버린 권력, 떠나간 연인, 날려버린 기회를 아쉬워하면서 지나간 날의 끝자락을 붙잡고 번뇌한다. 그런 고민과 갈등이 미래의 더 나은 삶을 위한 자기 성찰의 기회를 제공하기도 하지만 가슴을 쥐어뜯는 자기 학대나 몸부림으로 이어지는 경우가 더 많다. 확실히 과거에 머무는 것은 긍정적인 요소보다 부정적인 요소가 더 많다.

끊는다는 한자 단斷은 복잡하게 얽힌 실타래絲를 도끼斤로 내리치는 동작을 의미한다. 복잡하게 얽힌 실타래는 과거의 유산이고 도끼는 과거와 단절하고 미래로 나아가기 위한 도구다. 일도양단이라는 말이 있듯이 단斷을 가장 효과적으로 실행할 방법은 고르디우스의 매듭을 단칼에 자른 알렉산더 대왕처럼 하는 것이다. 단을 하지 않고 과거에 머물면 단순한 삶을 실현할 수 없다. 단순하고 간소하게 살기 위해서는 과거와는 단절하고 현재에 충실한 삶을 살아야 한다.

노자는 이렇게 말한다.

현재에 충실한 것이 도의 근간이다.

執今之道 집금지도 是謂道紀 시위도기

《도덕경》 14장

과거는 흘러간 물이고 미래는 아직 도달하지 않은 물이다. 삶이라는 물레방아는 현재라는 물로만 돌릴 수 있다. 심리학자들이 조사한 통계 자료에 따르면 우리가 걱정하는 일 중 40퍼센트는 결코 일어나지 않을 일이다. 그리고 30퍼센트는 이미 일어난 일이고, 22퍼센트는 아주 사소한 걱정거리이며, 4퍼센트는 걱정해도 우리가 어떻게 해볼 도리가 없는 불가항력의 일이다. 이렇게 우리의 걱정거리 가운데

96퍼센트는 걱정하지 않아도 되는 것 혹은 걱정해봐야 소용없는 일들이다. 그런데 사람들은 쓸데없는 96퍼센트를 걱정하느라고 정작 중요한 4퍼센트에는 관심도 기울이지 않는다. '걱정도 팔자'라는 속담처럼 걱정을 너무 많이 하는 것이 현대인들의 걱정거리다.

별로 소용이 없는 물건임을 알면서도 그 물건에 담긴 추억 때문에 버리지 못하는 사람들이 있다. '결혼기념일에 산 건데', '첫 번째 해외여행에서 산 건데', '아이가 첫 월급으로 사준 건데'라는 생각으로 소용이 다한 물건들을 계속 보관한다. 그 물건을 버리면 과거의 추억도 함께 버린다고 생각하기 때문에 물건에 집착하는 것이다. 하지만 잘 생각해보면 그렇지만도 않다. 추억이 필요하면 물건들을 사진으로 찍어두고 생각날 때마다 꺼내 보면서 추억을 떠올리면 된다. 추억만을 위해서라면 굳이 실물을 소유해야 할 이유가 없다. 어쩌면 추억을 핑계 삼아 물건에 대한 소유욕을 감추는 것일 수도 있다.

다윈은 '살아남는 것은 가장 강한 종이나 가장 똑똑한 종들이 아니라, 변화에 가장 잘 적응하는 종들'이라고 했다. 과거에 머무르는 종보다는 과거와 단절하고 끊임없이 변화하는 종이 살아남는다는 것이다. 적자생존이라고 할 때의 적자는 우수한 종이 아니라 변화에 가장 잘 적응하는 종을 가리킨다. 다윈의 진화론뿐만 아니라 모든 과학혁명의 역사는 단斷의 역사였다. 갈릴레이 갈릴레오는 세상이 지구를 중심으로 움직인다는 생각을 단斷함으로써 과학사에 혁명적인 변화를 일으켰고, 아인슈타인은 지구가 물리적 좌표로써 절대적 가치를 가진다는 생각을 단斷함으로써 세계관을 혁명적으로 바꿨다. 양자물리학도 마찬가지다. 하이젠베르크와 닐스 보어는 빛이 입자 혹은 파동 가운데 한 가지 성질만을 갖는다는 기존의 생각을 단斷함으로써 현대과학에 새로운 장을 열었다.

변화를 위한 행동은 지금 당장, 나부터 시작해야 한다. 노자가 말한 것처럼 집금執今, 즉 현재에 충실한 것이 도에 가장 가까운 삶이다. 지금 존재하는 자리, 현재의 자리에서 당장 변화를 위한 행동에 돌입하지 않으면 지금으로부터 1년 후 '그때 시작했더라면 좋았을 텐데'라고 후회할 것이다. 그리고 변화를 바란다면 주변 환경이나 세상을 바꾸려 들지 말고 나부터 먼저 변해야 한다. 내가 변하지 않으면 주변 환경의 변화는 결코 일어나지 않는다. 그래서 톨스토이는 이렇게 말한다. "모든 사람이 세상을 변화시키는 것을 생각한다. 하지만 누구도 그 자신을 변화시키는 것은 생각하지 않는다." 월터 크라이슬러도 이렇게 말한다. "사람들이 성공하지 못하는 이유는 기회가 문을 두드릴 때 뒤뜰에 나가 네잎클로버를 찾기 때문이다."

성장할 수 있는 변화의 기회가 왔는데 딴짓을 하고 있으면 결코 그 기회를 잡을 수 없다. 현재present는 선물이다. 누군가 선물을 주려고 문을 두드릴 때 그것을 받기 위해서는 먼저 문부터 열어줘야 한다.

행복의 비결도 간단하다. 인생의 순간순간에 충분히 몰입하면 그것이 곧 행복이다. 행복은 오직 현재, 지금, 여기에만 머문다. 패자는 과거에 산다. 그러나 승자는 과거로부터 배우고 미래를 바라보며 현재의 삶을 즐긴다. 지금 내딛는 나의 한 걸음 한 걸음이 모여 삶이 된다. 도道란 길이기 때문에 걸음을 내딛지 않으면 도를 이룰 수 없다. 1959년 중국이 티베트를 침략했을 때 나이가 80이 넘은 노스님이 티베트에서 히말라야를 넘어 인도로 왔다. 기자들이 "어떻게 그 연세에 험준한 히말라야를 넘었느냐?"고 묻자 노스님은 이렇게 답했다. "한 걸음, 한 걸음 걸어서 왔지요."

원하는 인생을 살기 위해서는 생각을 바꾸고 행동을 바꿔야 한다. 그렇다고 많은 것을 한꺼번에 바꾸려고 덤빌 필요는 없다. 노스님의 말처럼 우선 한 걸음을 내딛는 것이 중요하다. 그렇게 걷다 보면 태산처럼 까마득해 보이던 목표도 달성할 수 있다. 다이어트나 규칙적인 운동으로 몸속에 있는 묵은 것들을 비워내듯이 마음속에 쌓인 먼지들을 조금씩 비워나가면 어느 순간 몸과 마음이 가벼워진다. 그 순간이 단순한 삶이라는 인생의 도가 시작되는 때다. 하루에 한 가지씩만 버린다는 생각으로 차근차근 실천해나가면 단순하고 소박하게 산다는 것이 어떤 의미인지를 깨달을 수 있다. 도란 결코 거창한 것이 아니다. 도는 작고 소박한 것에서 시작되고 또 그것들을 통해서 완성된다.

나오는 말

나는 자동차를 거의 이용하지 않는다. 무게가 많이 나가는 두꺼운 책을 빌리러 도서관에 갈 때나 아내의 텃밭에 장비를 싣고 가야 할 때 등 특별한 경우를 제외하고는 걷거나 대중교통을 이용한다. 내가 사는 동네에는 지하철 노선이 세 개가 지나가기 때문에 서울을 포함한 수도권의 어지간한 데는 다 지하철로 갈 수 있다. 그래서 버스보다는 지하철을 더 자주 이용한다. 어느 날 친구들과의 모임이 있어서 지하철을 타고 교대역으로 가는데 고속버스터미널에서 환승 열차를 기다리다가 플랫폼 스크린에 이런 시가 적혀 있는 걸 봤다. 사진으로 찍어뒀다가 지금 이 지면에 옮긴다.

부러운 것 하나 없습니다

강희복

누룽지 한 그릇에
마른 멸치 고추장
진수성찬이 부럽지 않습니다
값비싼 옷은 아니어도
철따라 가릴 수 있는 옷을 입습니다
비행기는 못 타도 비행기 지나가는
푸른 하늘을 올려다봅니다
세월이 익은 와인은 없어도
친구 같은 막걸리가 곁에 있습니다
넓은 거실에 푹신한 소파는 없어도
문 닫으면 아늑한 방에
아내와 있습니다

부러운 것 하나 없습니다

지은이의 말처럼 우리를 행복하게 하는 것은 많은 재물이나 돈이 아니라 소소한 일상의 기쁨이다. 진수성찬을 들고, 값비싼 옷을 입고, 해외여행을 다니고, 와인을 마시고, 넓은 집에서 산다고 반드시 행복한 것은 아니다. 그것이 행복의 한 요소는 될 수 있어도 그보다는 누룽지 한 그릇에 마른 멸치 고추장, 막걸리 한 사발을 마셔도 아늑한 방에서 소중한 가족과 함께하는 시간이 더 행복할 수 있다.

〈타임스〉가 영국 국민을 상대로 누가 가장 큰 행복감을 느끼는지 설문조사를 했다. 그 결과 권력을 가진 정치인이나 큰 부자가 아니라 소소한 일상에서 행복을 느끼며 살아가는 사람들이 높은 순위를 차지했다. 모래성을 쌓기 시작해서 이제 막 완성한 아이가 1위를 차지했고, 아기를 깨끗하게 목욕시키고 난 후 몸에 토닥토닥 분을 발라주며 미소를 짓는 엄마가 2위를 차지했다. 그리고 3위는 섬세한 공예품을 완성하고 나서 휘파람을 불며 일어서는 목수, 4위는 생명이 위독한 환자의 수술을 무사히 마치고 수술실을 나서는 의사가 차지했다. 행복은 일상의 기쁨에 있고 마음의 상태에 달려 있다. 자신이 좋아하는 일에 집중하는 순간, 사랑하는 가족과 함께 보내는 시간과 같은 단순하고 간소한 것들이 참된 행복을 느끼게 하는 요소들이다. 행복은 돈, 명예, 권력에 비례하는 것이 아니라 일에 대한 열정, 헌신과 사랑의 강도에 비례한다. 내가 식물원 산책을 하면서 느끼는 것 중 하나는 잔디밭에 돗자리를 깔아놓고 오붓한 시간을 보내고 있는 가족들, 다정하게 손을 잡고 걷는 부부나 연인, 반려견을 데리고 산책 나온 사람들의 표정이 가장 밝고 행복해 보인다는 점이다.

노자의 《도덕경》과 함께 도가사상의 양대 축을 형성하고 있는 《장자》에 보면 다음과 같은 우화가 나오는데, 장자 또한 이 우화를 통해 일상의 단순함 속에 도가 내재되어 있다고 말한다.

정나라에 귀신같이 답을 알아맞히는 무당 계함이 있었다. 열자가 그를 만나보고 돌아와서 스승인 호자에게 말하기를, "처음에 저는 선생님의 도가 최고라고 생각했습니다. 그런데 이제 보니 선생님보다 뛰어난 사람이 있습니다"라고 했다. 호자가 말하기를, "시험 삼아 그를 내게 데리고 와서 나의 관상을 보게 하라"라고 했다.
다음 날 열자가 계함과 함께 호자를 만났다. 계함이 호자의 관상을 보고 밖으로 나와 열자에게 말하기를, "아, 그대의 선생님은 곧 죽을 것이다. 살아날 가망이 없으니 열흘을 넘기지 못할 것"이라고 했다. 열자가 들어와 옷섶을 적시며 울면서 호자에게 무당의 말을 전하자 호자가 말하기를, "아까 나는 그에게 대지의 무늬만 보여주었다. 시험 삼아 다시 데리고 와보라"라고 했다.
다음 날 다시 호자를 만난 계함은 이렇게 말했다. "다행이다. 그대의 선생님은 나를 만나서 병이 나았다." 열자가 들어가서 그 말을 고하자 호자가 말하기를, "아까 나는 그에게 하늘의 모습을 보여주었다. 시험 삼아 내일 다시 데리고 와보라."고 했다. 다음 날 다시 호자를 만난 계함은 실성한 듯 달아나버렸다. 열자가 기이하게 여기자 호자는 이렇게 말했다. "이번에 나는 계함에게 내 본 마음을 보여주었다. 내가 그에게 마음을 텅 비우고 욕심이 전혀 없는 모습으로 대했더니 어찌할 바를 모르고 도망친 것이다." 그런 일이 있은 후에 열자는 스스로 아직 배움을 시작하지도 못했다고 생각하여 집으로 돌아가서 3년 동안 밖에 나오지 않으며 자기 아내를 위해 불을 피워 밥을 짓고 돼지를 마치 사람같이 먹였다. 일이 있으면 멀고 가까움을 따지지 않았고 인위人爲를 깎아버리고 쪼아 없애서 소박함으로 되돌아갔다.

《장자》〈응제왕편〉

자신의 배움에 한계를 느끼고 집으로 돌아온 열자가 3년간 한 행동은 두 가지 집안일이었다. 하나는 아내를 위해 불을 피워 밥을 짓는 일이었고, 또 하나는 돼지를 마치 사람같이 먹이는 일이었다. 3년간 그렇게 하고 나니 도의 참모습인 소박함으로 돌아갔다는 것이 우화의 요지다. 장자의 가르침처럼 자신에게 주어진 평범하고 소박한 일상생활에 최선을 다하는 것이 도에 가까워지는 지름길이다. 도행지이성道行之而成, 도란 행함으로 이루어가는 것이다.

쇼펜하우어 또한 이렇게 말한다.

"하루는 작은 일생이다."

《도덕경》으로 만나는 단순한 삶의 열 가지 원칙

1. 내 삶의 주인은 나다

   귀신천하貴身天下 **가기천하**可寄天下

2. 가진 것에 만족하는 것이 행복의 지름길이다

   지이영지持而盈之 **불여기이**不如其已

3. 말을 잘하는 기술보다 침묵하는 법을 먼저 배워라

   다언삭궁多言數窮 **불여수중**不如守中

4. 집착하는 마음을 내려놓고 성패에 연연하지 마라

   집자실지執者失之 **위자패지**爲者敗之

5. 총애를 받아도 욕을 당해도 늘 놀란 듯이 하라

   총욕약경寵辱若驚 **귀환약신**貴患若身

6. 한 번에 한 걸음씩 차근차근 나아가라

천리지행千里之行 **시어족하**始於足下

7. 화려한 불꽃놀이에 현혹되지 말고 담담하게 살아라

수유영관雖有榮觀 **연처초연**燕處超然

8. 부족해도 서툴러도 언제나 나를 응원하라

대성약결大成若缺 **대교약졸**大巧若拙

9. 작은 생각을 비운 자리에 큰 지혜를 채워라

위학일익爲學日益 **위도일손**爲道日損

10. 쌓아놓지만 말고 널리 베풀어라

성인부적聖人不積 **기이위인**旣以爲人

고전 및 경전

- 《금강경》
- 《논어》, 공자
- 《대반열반경》
- 《도덕경》, 노자
- 《동의보감》, 허준
- 《법성게》, 의상대사
- 《사기》, 사마천
- 《사십이장경》
- 《삼국지》, 진수 편찬
- 《세종실록》
- 《수사학》, 아리스토텔레스
- 《수타니파타》
- 《열하일기》, 박지원
- 《유교경》
- 《장자》, 장자
- 《채근담》, 홍자성
- 《탈무드》

현대 저서 및 번역서

- 《21세기를 위한 21가지 제언》, 유발 하라리, 전병근 옮김, 김영사, 2018
- 《강아지똥》, 권정생, 길벗어린이, 1996
- 《꽃들에게 희망을》, 트리나 폴러스, 김석희 옮김, 시공주니어, 1999
- 《나는 오늘도 나를 응원한다》, 마리사 피어, 이수경 옮김, 비즈니스북스, 2011
- 《나는 왜 너가 아니고 나인가》, 류시화 엮음, 더숲, 2017
- 《노는 만큼 성공한다》, 김정운, 21세기북스, 2021
- 《단순하게 살기》, 샤를 와그너, 강서경 옮김, 큰나무, 2016
- 《단순한 삶》, 두에인 엘진, 유자화 옮김, 필로소픽, 2011
- 《당신이 옳다》, 정혜신, 해냄출판사, 2018
- 《마당을 나온 암탉》, 황선미, 사계절, 2002
- 《말의 품격》, 이기주, 황소북스, 2017
- 《무소유》, 법정, 범우사, 2004
- 《버리고 떠나기》, 법정, 샘터, 2001
- 《살며 사랑하며 배우며》, 레오 버스카글리아, 이은선 옮김, 홍익피앤씨, 2023
- 《러셀 서양철학사》, 버트런드 러셀, 을유문화사, 2020
- 《세상에서 가장 가난한 대통령 무히카》, 미겔 앙헬 캄포도니코, 송병선·김용호 옮김, 21세기북스, 2015

- 《술 취한 코끼리 길들이기》, 아잔 브라흐마, 류시화 옮김, 연금술사, 2013
- 《스노볼 1》, 앨리스 슈뢰더, 이경식 옮김, 알에이치코리아(RHK), 2021
- 《습관의 재발견》, 스티븐 기즈, 구세희 옮김, 비즈니스북스, 2014
- 《씨알의 소리》, 함석헌, 한길사, 2016
- 《아들러의 인간이해》, 알프레드 아들러, 홍혜경 옮김, 을유문화사, 2016
- 《안녕한, 가》, 무과수, 위즈덤하우스, 2021
- 《어쩌구 저쩌구》, 이규경, 예림당, 1989
- 《언어의 온도》, 이기주, 말글터, 2016
- 《여행의 기술》, 알랭 드 보통, 정영목 옮김, 청미래, 2011
- 《영혼을 위한 닭고기 수프 2》, 잭 캔필드, 마크 빅터 한센, 류시화 옮김, 푸른숲, 2016
- 《오두막 편지》, 법정, 이레, 2009
- 《원씽》, 게리 켈러, 제이 파파산, 구세희 옮김, 비즈니스북스, 2013
- 《인간의 길》, 마르틴 부버, 장익 옮김, 분도출판사, 1977
- 《조화로운 삶》, 헬렌 니어링, 스콧 니어링, 류시화 옮김, 보리출판사, 2023
- 《좋은지 나쁜지 누가 아는가》, 류시화, 더숲, 2019
- 《창가의 토토》, 구로야나기 테츠코, 권남희 옮김, 김영사, 2019
- 《천천히 쉬어가세요》, 톤 막, 이병률 옮김, 북레시피, 2018
- 《하나만 더?》, I.C.스프링맨, 김지민 옮김, 주니어RHK, 2012
- 《혼자 사는 즐거움》, 사라 밴 브레스낙, 신승미 옮김, 토네이도, 2011
- 《홀로 사는 즐거움》, 법정, 샘터, 2007

"족함을 알면 욕을 당하지 않고,
그칠 줄 알면 위태롭지 않다"

흐르는 대로 살아가는 인생의 지혜

그저 지나가게 하라

1판 1쇄 발행 2023년 10월 11일
1판 2쇄 발행 2024년 1월 12일

지은이 박영규
펴낸이 고병욱

기획편집실장 윤현주 **기획편집** 유나경
마케팅 이일권 함석영 황혜리 복다은 **디자인** 공희 백은주
제작 김기창 **관리** 주동은 **총무** 노재경 송민진

펴낸곳 청림출판(주)
등록 제2023-000081호

본사 04799 서울시 성동구 아차산로17길 49 1009, 1010호 청림출판(주)
제2사옥 10881 경기도 파주시 회동길 173 청림아트스페이스 (문발동 518-6)
전화 02-546-4341 **팩스** 02-546-8053
홈페이지 www.chungrim.com **이메일** cr1@chungrim.com
블로그 blog.naver.com/chungrimpub **페이스북** www.facebook.com/chungrimpub

ISBN 978-89-352-1438-9 (03320)